쿠팡

엑스브레인 지음

진서원

돈이 된다! 쿠팡

초판 1쇄 인쇄 2023년 10월 4일
초판 2쇄 발행 2024년 8월 15일

지은이 • 엑스브레인
발행인 • 강혜진
발행처 • 진서원
등록 • 제 2012-000384호 2012년 12월 4일
주소 • (03938) 서울시 마포구 동교로 44-3 진서원빌딩 3층
대표전화 • (02) 3143-6353 | **팩스** • (02) 3143-6354
홈페이지 • www.jinswon.co.kr | **이메일** • service@jinswon.co.kr

책임편집 • 안혜희 | **마케팅** • 강성우, 문수연 | **경영지원** • 지경진
표지 및 내지 디자인 • 디박스 | **종이** • 다올페이퍼 | **인쇄** • 보광문화사

ISBN 979-11-983998-0-9
진서원 도서번호 23001
값 22,000원

Thanks to

No.1 쇼핑몰 창업 카페
'엑스브레인 쇼핑몰 & 스마트스토어연구소'
회원 여러분께 감사드립니다!

온라인에는 정보가 너무 많습니다.
하지만 단편적인 지식의 조합이다 보니
초보자들에게는 오히려 독이 되는 경우를 많이 보았습니다.
또한 잘못된 정보도 많습니다.
잘못된 정보인데 마치 비법인 것처럼
그럴듯하게 포장된 경우도 많습니다.

이 책은 보는 사람들을 현혹하는 내용이 아니라
어떻게 하면 실제로 잘될 수 있는지를 체계적으로 이야기하고 있습니다.
나의 열정이 의심스러울 때 우선 멈춰 서서 올바른 방향을 찾아보세요.
이 책은 그 올바른 방향을 이야기하기 위한 것입니다.

지금까지 많은 분을 만났고 그분들이 성공하고 발전하는 모습을 보았습니다.
더 많은 분의 성공을 진심으로 기원합니다.

머리말

월 1천만 원 수익을 내던 정민 씨,
매출 급감 충격으로 엑스브레인을 찾아오다!

"스마트스토어만 믿지 말고 쿠팡도 시작하세요!"

네이버 상위 노출 로직은 예측 불가!
스마트스토어 하나만으로 부족할 수 있습니다!

2년 전 스마트스토어에서 온라인 창업을 한 정민 씨의 이야기입니다. 처음 정민 씨를 만난 것은 제가 진행하는 스마트스토어 쇼핑몰 교육에서였습니다. 정민 씨는 그 당시 회사를 다니고 있었는데, 온라인 창업을 꼭 해 보고 싶은 마음에 교육에 참가했던 것입니다. 두세 달 열심히 스마트스토어를 준비한 후 퇴사했는데, 다행히 창업 후 몇 달도 안 되어 한 달에 1,000만 원 이상의 수익을 내고 있었습니다.

이렇게 잘 나가던 정민 씨가 제 교육을 듣고 2년이 지나서 저를 다시 찾아왔습니다. 이야기의 핵심은, 지금도 스마트스토어 하나만으로 회사 다닐 때보다 3~4배 이상은 벌고 있지만, 가끔 요동치는 스마트스토어의 상위 노출 문제 때문에 혹시라도 순위가 밀리면 사업이 안정적으로 돌아갈 수 없어서 불안하다는 것이었습니다. 그래서 지금 판매중인 상품을 스마트스토어 외에 다른 온라인 판매 채널(G마켓, 옥션, 11번가, 쿠팡 등)을 통해서 판매한다면 이런 문제를 해결할 수 있다고 생각하고 수많은 판매 채널에 상품을 등록했다고 합니다. 하지만 판매가 잘 안 된다는 이야기도 했습니다.

저는 우선 현재 정민 씨가 하고 있는 스마트스토어부터 점검해 보았습니다. 많은 상품을 팔고 있지는 않았지만, 주력으로 판매하는 상품은 해당 상품군에서 2~3등 정도에 리스팅되어 있었고 최근 6개월의 판매량도 2~3등 정도로 안정적인 판매를 이어가고 있었습니다. 단지 네이버의 정책에 의해 1년에 몇 차례 심한 리스팅 순위 변동이 있었는데, 이 시기에는 매출이 거의 절반까지 줄어드는 상황도 확인했습니다. 스마트스토어를 점검한 후 저는 정민 씨에게 이렇게 이야기했습니다

"정민 씨, 이 상황은 정민 씨에만 국한된 것이 아니라 스마트스토어에서 판매하고 있는 모든 판매자가 겪는 공통적인 상황입니다. 물건을 잘 못 파는 사람은 항상 안 팔리니까 이런 고충을 모르겠지만, 스마트스토어로 좀 많이 판매한다, 한 달에 1~2천만 원은 번다고 이야기하는 판매자라면 공통적으로 느끼는 상황입니다. 스마트스토어에서 너무 잘 팔려서 직원을 10명이나 고용했는데, 어느 순간 리스팅 순위가 5등, 10등도 아닌 3페이지까지 밀려서

개점 휴업 상태를 맞는 판매자도 보았습니다. 그래서 교육 당시에 스마트스토어로 어느 정도 팔리기 시작하고 수익이 된다 싶으면 다른 판매 채널에서도 판매해야 사업이 안정적으로 돌아간다고 이야기했던 것입니다.

쿠팡 vs 스마트스토어, 양대 채널 특성 파악부터!

하나의 판매 채널에만 집중하다가 해당 판매 채널에서 판매가 급감하면 내 사업도 위태로워지기 때문에 반드시 판매 채널의 다각화가 필요합니다. 하지만 무작정 많은 판매 채널에 입점해서 상품 등록만 하는 것은 무의미할 수 있습니다. 판매 채널별로 특성이 달라서 상품만 등록했다고 판매되지 않기 때문입니다. 예를 들어 스마트스토어에서 판매하는 방식으로 똑같이 쿠팡에도 상품 등록만 하면 잘 팔릴 것이라고 생각한다면 크게 잘못된 생각입니다. 스마트스토어는 스마트스토어만의 특징이 있고 쿠팡은 쿠팡만의 특징이 있습니다. 이런 이유로 각각의 판매 채널별로 어떻게 해야 잘 팔 수 있는지를 고려해서 차근차근 판매량을 늘려가는 것이 중요합니다..

제 이야기를 들은 정민 씨는 현재 운영중인 스마트스토어 외에 상품을 등록한 화면을 보여주었습니다. G마켓, 옥션, 11번가, 쿠팡, 롯데온 등 등록할 수 있는 많은 곳에 모두 상품을 등록했지만, 실질적으로 제대로 판매되지 않는 상황이었습니다. 나름대로 열심히 상품을 등록하고 하루 종일 어떻게 해야 잘 팔릴지 고민하고 있지만, 스마트스토어에서 매일 들어오는 주문에 신경 쓰다 보면 시간만 가고 더 이상 진전이 없는 상황이었습니다. 그래서 저는 정민 씨가 앞으로 어떻게 대처해야 할지 간략하게 이야기해 주었습니다.

지금은 쿠팡에 판매를 집중할 시기!
아직은 경쟁자가 적어서 먹을 게 많은 쿠팡!

"제가 이야기한 대로 열심히 상품을 등록했지만, 거의 판매되지 않는 상황이네요. 우선 많은 판매처에 상품 등록을 하는 것에 집중하지 말고 잘될 만한 한 곳에 집중해서 판매를 시작해 봅시다. 그중 첫 번째가 어디에 집중해서 판매할 것인가인데, 현재의 상황이라면 저는 쿠팡에 집중할 것 같습니다. 왜냐하면 지금 온라인 시장은 '스마트스토어와 쿠팡의 양대 시장'이라고 말할 정도로 쿠팡의 위력이 대단합니다. 단순히 '양대 시장'이라는 말 때문에 그런 것이 아니라 실제로 판매해 보면 똑같이 노력해도 다른 판매 채널보다 쿠팡이 훨씬 잘 팔립니다. 따라서 이왕이면 쿠팡 판매를 가장 먼저 고려하는 것이 유리합니다. 나머지 채널은 쿠팡이 잘되고 나면 생각해 보는 게 좋겠습니다."

상품과 판매자에 따라 달라지는 쿠팡 판매 방식
마켓플레이스 vs 로켓그로스 vs 로켓배송

"두 번째로는 쿠팡에서 판매하기로 결정했다면 어떤 방식으로 판매할지 생각해 봐야 합니다. 쿠팡은 스마트스토어와 다르게 3가지 판매 방식이 있습니다. 1. 스마트스토어와 비슷한 '마켓플레이스'이라는 방식이 있고 2. '로켓그로스'라고 하는 판매자로켓으로 판매하는 방식, 3. 일반 소비자도 잘 알고 있는 '로켓배송'이 있죠. 그런데 상품군에 따라서 어떤 방식으로 판매하는 것이 더 좋을지 생각해 보아야 합니다. 똑같은 상품군이어도 판매자의 경험과 상황에 따라 어떤 방식으로 팔지 다를 수 있습니다. 그런데 이런 3가지 판매 방식 중 어떤 방식으로 판매할지는 이들 방식을 정확하게 이해해야 정확하게 결정할 수 있습니다. 우선 기본적으로 이들 3가지 판매 방식에 대해 설명할 것이니 어떻게 할지 생각해 봅시다."

결과적으로 정민 씨는 쿠팡의 첫 판매 시작은 스마트스토어와 비슷한 방식인 마켓플레이스 방식을 통해 진행했습니다. 그리고 어느 정도 자신감이 붙은 후에는 로켓그로스를 주력으로 하여 목표했던 것을 달성했습니다. 정민 씨는 현재 스마트스토어와 쿠팡에서 안정적으로 판매하고 있고 이제 다른 판매 채널까지 하나하나 확장할 준비를 하고 있습니다.

쿠팡의 3가지 판매 방식은 물론
상품 등록, 상위 노출, 상세 페이지 만들기까지!

스마트스토어의 등장으로 지금까지 온라인에서 판매해 보지 않은 분들도 아주 쉽게 온라인 판매를 할 수 있게 되었습니다. 진입 장벽이 낮아진 만큼 많은 사람이 판매하다 보니 현재의 스마트스토어는 경쟁이 너무 치열해져서 이전만큼 쉬운 성공을 보장하지는 못합니다.

반면 쿠팡은 네이버 이상의 판매량이 나오는데도 아직까지 스마트스토어보다 판매자가 많지 않은 상황입니다. 또한 스마트스토어와 전혀 다른 시스템인데도 스마트스토어에서 했던 방식 그대로 판매하는 분들이 많다 보니 쿠팡에서 잘 판매할 수 있는 방법만 알고 있으면 스마트스토어보다 훨씬 쉬운 시장이라고 볼 수 있습니다.

정리해서 이야기해 본다면
스마트스토어를 벌써 하고 있다면 쿠팡은 '필수!!'
온라인 판매를 처음 시작한다면
스마트스토어는 '기본!' 쿠팡은 '필수!'입니다.

이 책에서는 아주 기초적인 부분부터 쉽게 설명하고 있습니다. 쿠팡의 3가지 판매 방식뿐만 아니라 쿠팡에 어떻게 상품을 등록할지, 실제로 상위 노출하려면 어떤 단계를 거쳐야 하고, 소비자가 구매하고 싶게 만들려면 어떻게 상세 페이지를 꾸며야 하는지 등을 설명하고 있습니다. 조금 귀찮을 수 있지만, 눈으로만 보지 말고 이 책에 나온 것들을 실제로 따라 해 보세요. 그것만으로도 쿠팡에서 성공할 수 있는 준비의 절반은 끝났다고 할 수 있습니다.

엑스브레인
(cafe.naver.com/ktcfob)

1등 판매자가 되고 싶다면?
부자가 되고 싶다면?

단 5일이면 충분!

쿠팡 플랫폼 감 잡기

To Do List

- □ 쿠팡에서 물건 직접 구매
- □ 쇼핑몰 배송 체험 비교
- □ 로켓배송 입점 신청
- □ 아이템 고민
- □ 쿠팡 판매 방식 결정

쿠팡 입점 & 상품 등록하기

To Do List

- □ 사업자등록증과 통신판매업신고증 필수
- □ 구매안전서비스 이용확인증 발급
- □ 통신판매업 신고
- □ 쿠팡윙 계정 생성 및 상품 등록
- □ 로켓그로스 & 로켓배송 신청

쿠팡 상위 노출 공식 엿보기

To Do List

- □ 온라인 마켓 상위 노출 방법 고민
- □ 쿠팡의 상위 노출 알고리즘 이해
- □ 검색 정확도 높이는 비결 파악
- □ 아이템위너 되는 방법 찾기

취업 준비생, 퇴사 준비생, 자영업자, 제2의 월급을 꿈꾸는 직장인 여러분!

하루 2시간 5일만 투자해 봅시다!

소비자의 눈길을 사로잡는 상세 페이지 구성하기

To Do List

- □ 상세 페이지 구성 및 기획
- □ 고객 클레임 방지 방법 고민
- □ 사진 촬영 & 디자인 작업 공부
- □ 상세 페이지 업로드 방법 습득

쿠팡 광고와 마케팅 최적화 설정하기

To Do List

- □ 쿠팡과 스마트스토어 광고 효율성 비교
- □ 광고 진행 프로세스 습득
- □ 쿠팡 광고 진행
- □ 온라인 매출 결정 요소 분석

목차

쿠팡 플랫폼 감 잡기

3일 차 쿠팡 상위 노출 공식 엿보기

아이템 선정의 기술 6가지

1일 차

쿠팡 플랫폼 강잡기

coupang

쿠팡은 어떻게 오픈마켓과 소셜커머스를 제쳤는가?

판매자들의 고민 '쿠팡도 해야 할까?' 당연히 YES!

불과 6~7년 전만 해도 온라인 판매를 시작하는 분들이 저에게 가장 많이 하는 질문 중 하나는 "쇼핑몰과 오픈마켓, 스마트스토어 중 어디에서 판매하는 것이 가장 좋을까요?"였습니다. 그러다가 "스마트스토어에서 판매하고 싶은데 어떻게 해야 잘할 수 있나요?"라는 질문을 거쳐서 최근 2~3년 사이에는 "쿠팡도 해야 하나요?"로 질문이 바뀌었습니다.

"쿠팡도 해야 하나요?"라는 질문에 결론부터 이야기한다면 상품군과 전략에 따라서 다를 수 있겠지만, 지금 시점에 온라인에서 돈을 벌려면 "쿠팡은 필수!"라고 답변해야 할 것 같습니다. 그 이유를 간단하게 정리해 보면 쿠팡 플랫폼에서 판매되는 거래액적인 부분, 즉 매출에 대한 부분과 쿠팡에 대한 소비자의 인식에 대한 부분, 그리고 모바일 비즈니스라는 측면에서 생각해 볼 수 있습니다.

쿠팡의 시작은 공동구매 형식의 소셜커머스

쿠팡은 2010년 특정 물품을 하루 또는 짧은 기간 동안 '50% 할인'과 같은 파격적인 할인 혜택을 내걸어서 판매하는 소셜커머스social commerce로 시작했습니다. 소셜커머스는 기존에 있었던 공동구매와 형식이 거의 같지만, 트위터나 페이스북 등과 같은 SNS를 이용해서 해당 물품의 판매 사실을 퍼트린다는 점이 달랐습니다. 좀 더 쉽게 이야기해 볼까요?

> "이 제품을 내일까지 1,000명이 구매하면 진짜 50% 할인된 가격으로 판매할 테니 SNS를 통해 너의 주변 지인들에게 알려!"
>
> "1,000명이 되어야만 50% 할인된 가격에 판매할 테니 SNS를 통해 빨리 주변 지인들에게 알려!"

이게 바로 쿠팡의 초기 비즈니스 모델이었습니다. 티몬과 위메프도 쿠팡과 똑같이 소셜커머스로 시작했습니다.

티몬과 위메프처럼 소셜커머스로 시작한 쿠팡

사실 싸게 판매한다고 하는데 물건을 잘 못 팔 사람은 없을 것입니다. 예를 들어 남들이 다 사고 싶어 하는 100만 원짜리 아이폰을 50만 원에 팔겠다는 것인데, 안 팔릴 수가 없는 상황이었습니다. 여기서 꼭 한 번 짚고 넘어가야 하는 부분은, 싸게 팔면 누구나 쉽게 팔 수 있다고 이야기했지만, 이게 쉬운 일이 아닐 수 있습니다. 막상 홈페이지(쇼핑몰) 하나 만들어 놓고 싼 가격에 상품을 올려봐야 홍보가 잘 되어 있지 않다면 이렇게 싸게 팔고 있다는 것을 알고 있는 사람이 많지 않아 실제로는 많이 판매되지 않은 상황에 직면하게 되기 때문입니다.

아이폰처럼 수요가 많은 상품은 공급처에서도 굳이 엄청나게 할인된 가격으로 공급하지 않습니다. 그래서 초기의 소셜커머스는 약간 상품성이 떨어지는 제품, 신상품이어서 마케팅이 필요한 상품, 잘 안 팔려서 재고가 많이

2011년 쿠팡의 TV 광고

가수 김현중과 영화배우 이나영을 모델로 기용해 반값 쿠팡을 알렸다.

남은 상품을 비롯하여 추가로 돈을 더 지불할 수밖에 없는 미끼상품 등을 중심으로 판매했습니다. 물론 소셜커머스가 제조사에서 비싸게 사와 소비자에게는 싸게 판매한 경우도 많았습니다. 상황이 이렇다 보니 TV 광고를 비롯한 각종 마케팅 활동을 통해 자사몰(여기서는 쿠팡, 티몬, 위메프)을 열심히 알릴 수밖에 없는 상황이 되었습니다.

엄청난 돈을 쏟아부으면서 마케팅에 집중했던 소셜커머스 3사는 브랜드 인지도를 높이는 데 성공했습니다. 우리나라 사람이라면 쿠팡, 티몬, 위메프를 모르는 사람은 없었으니까요.

그런데 여기서 생각해 볼 것이 있습니다. TV 광고를 보니 반값이라고 해서 기껏 해당 쇼핑몰에 방문했는데 생각보다 구매할 게 없으면 어떻게 될까요? 맞습니다! 기껏 광고를 보고 방문했는데 구매할 만한 상품이 없다면 고객들은 곧바로 이탈할 것입니다. 결국 마케팅의 효과가 없어지는 것입니다. 이러한 이유로 실패했던 대표적인 서비스가 바로 G마켓이 만들었던 G9 서비스였습니다. 그래서 소셜커머스 3사는 이런 소비자들의 이탈을 막기 위해 소싱이 어려웠던 공산품만 판매한 것이 아니라 지역 기반의 오프라인에서 판매하는 서비스 상품을 티켓 형태로 판매하게 되었습니다.

지역을 기반으로 하는 대표적으로 서비스라고 하면 음식점, 마사지숍 등을 이야기할 수 있는데, 강남역 A 음식점 50% 할인쿠폰 같은 것들이 대표적인 서비스 상품이었습니다. 그 당시 이렇게 지역 기반의 영업을 담당했던 직원만 수백 명이 넘었다는 사실은 해당 업종에서 초기에 근무했던 분들이라면 다 알 것입니다.

쿠팡을 비롯한 소셜커머스의 입장에서 보면 싸게 판매할 수 있는 판매자(제조사, 유통업자 등)가 많아야 상품의 구색이 맞춰져서 지속적으로 판매할 수 있습니다. 하지만 현실적으로 이런 상황이 쉽지 않았습니다. 또한 지역 기반의 쿠폰 서비스도 서비스를 유지하려면 수백 명 이상의 영업 인력이 소요되는 상황이어서 수익적인 측면을 고려하면 변신을 꾀할 수밖에 없는 상황이었습니다.

판매자 확대를 위해 오픈마켓으로 변신한 쿠팡과 소셜커머스 3사

결국 이 시점에서 쿠팡을 포함한 소셜커머스 3사는 오픈마켓으로의 변화를 시도했습니다. 소셜커머스는 특정 물품을 하루 또는 짧은 기간 동안 50%

할인해 주는 파격적인 할인 조건을 내걸어서 판매하기 시작했고, G마켓과 옥션, 11번가는 판매자가 상품을 등록 및 판매하는 오픈마켓 플랫폼을 결합하는 방식으로 변화하기 시작했습니다.

소셜커머스 3사는 오픈마켓을 지향한다고는 하지만 기존 오픈마켓의 강자인 G마켓, 옥션, 11번가와 똑같은 모습으로 가게 된다면 차별화가 쉽지 않은 상황이었습니다. 사실 오픈마켓의 핵심은 판매자 간의 경쟁을 통해 가격을 낮추게 해서 소비자가 좀 더 저렴하게 살 수 있는 공간을 만들어 주는 것이었죠. 하지만 소셜커머스 3사는 판매자가 직접 상품을 등록할 수 있는 시스템도 제대로 안 되어 있었고 상품을 등록할 만한 판매자도 많지 않은 상황이었습니다. 그래서 소셜커머스 3사는 부분적이나마 대량 직매입◆을 통해 구매 단가를 낮추어서 판매하는 전략을 쓰게 됩니다.

쿠팡의 차별화 – 직매입+아마존의 '빠른배송' 벤치마킹

마케팅에서는 남들과 같아서는 성공하기 어렵다는 이야기를 많이 합니다.
물론 포화 시장이 아니라면 남들과 같아도 성공할 수 있습니다.
하지만 포화 시장에서는 남들과 같아서는 성공하는 것이 쉽지 않기 때문에
마케팅을 공부하다 보면 차별화에 대한 이야기를 많이 볼 수 있습니다.

◆ **대량 직매입**: 상거래를 목적으로 판매할 상품을 직접 구매하고 재고까지 책임지는 운영 방식

그렇다면 쿠팡은 어떻게 다른 마켓플레이스(G마켓, 옥션, 11번가, 티몬, 위메프 등)와 차별화했을까요?

쿠팡의 차별화 포인트는 앞에서 말한 '직매입'과 '빠른 배송'이었습니다. 불과 10년 전만 해도 온라인 판매가 활성화되어 있기는 했지만, 구매한 제품이 늦게 도착하는 경우가 종종 있었습니다. 저도 해외여행을 가기 위해 4~5일 전에 온라인에서 수영복을 구매했는데 제때에 도착하지 못하여 어쩔 수 없이 백화점에 가서 구매했던 경험이 있었으니까요.

온라인으로 주문한 물건이 늦게 도착할까봐 걱정하던 소비자들은 로켓배송의 등장과 함께 이러한 고민도 함께 끝나게 되었습니다. 쿠팡의 혁신적인 배송 속도 때문이었죠. 로켓배송은 쿠팡이 직매입한 제품을 쿠팡의 물류창고에서 고객에게 직접 배송하는 형태로 진행됩니다. 그 덕분에 배송이 늦어지는 문제점을 한 번에 해결할 수 있게 되었습니다. 결과적으로 쿠팡의 로켓배송은 다른 마켓플레이스와 차별화 포인트로 작용했습니다. 그래서 기존 온라인 강자인 오픈마켓(G마켓, 옥션, 11번가)과 경쟁사였던 소셜커머스(티몬, 위메프)를 제치고 온라인 마켓에서 스마트스토어와 더불어 2강의 체계를 구축하게 되었습니다.

아마존은 어떻게 세계 1등 커머스 플랫폼이 되었는가?

아마존의 회장인 제프 베이조스(Jeff Bezos)가 인터뷰에서 언급한 것처럼, 아마존의 핵심은 '고객 집착(customer obsession)'입니다. 다시 말해서 아마존의 모든 전략은 고객 중심으로 펼쳐지는데, 그중 하나가 배송이었습니다. 그리고 서비스 강화를 목표로 로스 리더(loss leader) 정책과 수익을 높이기 위한 PB(Private Brand) 전략이 있습니다.

전략 1 빠른 배송과 유료 회원제도

미국의 경우 땅이 넓어서 온라인에서 상품을 구매한 후 택배를 통해 받으려면 길게는 5일 이상 시간이 걸렸습니다. 넓은 땅에서 배송하기 위한 이동 시간이 많이 걸렸기 때문입니다. 그래서 아마존은 'FBA(Fulfillment By Amazon)'라고 부르는 자체 물류 체계를 만들었습니다.

판매자가 한 곳의 FBA에 해당 상품을 입고하면 이 상품은 다시 지역별 수요에 맞추어서 전국에 걸쳐 있는 FBA에 나뉘어 배치됩니다. 그 결과, 구매자의 지역에서 가장 빨리 도착할 수 있는 FBA에서 배송이 시작되어 배송 시간을 단축할 수 있었습니다. 그래서 아마존의 프라임 회원(유료 회원)은 '미국 내 무료 배송+미국 전 지역 2일 배송' 서비스를 받을 수 있게 되었습니다. 이러한 배송 서비스는 사실 쿠팡의 유료 회원(와우멤버십) 제도나 익일배송(로켓배송)과 같은 서비스라고 말할 수 있을 정도로 모든 것이 유사합니다.

전략 2 유료 멤버십 강화를 위한 로스 리더

경제학 용어 중에 '로스 리더(loss leader)'가 있습니다. 다른 제품을 더 많이 판매하기 위해 손실을 보고 추가로 제공하는 제품으로, 흔히 말하는 끼워팔기 미끼상품 등이 로스 리더에 속합니다.

아마존은 유료 회원으로 가입하면 넷플릭스나 와차와 같은 OTT(Over The Top) 서비스인 아마존 프라임 비디오를 무료로 제공합니다. 쿠팡도 마찬가지로, 유료 회원으로 가입하면 쿠팡플레이를 제공합니다. 쿠팡과 아마존 모두 로스 리더는 멤버십을 강화하는 강력한 매개체가 되었을 뿐만 아니라 로스 리더의 방법으로 OTT를 제공했다는 것도 쿠팡과 아마존 모두 같습니다.

전략 3 수익을 높이기 위한 PB상품

유통업체가 제조업체에 제품 생산을 위탁하면서 자체 브랜드로 만든 상품을 'PB상품(Private Brand goods)'이라고 이야기합니다. 이렇게 PB상품을 만드는 이유는, 수익을 높이거나 가격 경쟁력을 확보하기 위해서입니다.

아마존이 먼저 시작했던 PB상품 판매를 쿠팡에서도 하고 있습니다. 대표적으로 탐사, 코멧, 곰곰 등의 상품이 해당되는데, 이런 PB상품을 이용해서 쿠팡의 수익은 극대화하고 상황에 따라서는 저렴한 가격을 이용해서 미끼상품을 만들기도 합니다.

아마존과 쿠팡, 이들 두 회사의 닮은꼴은 과연 우연의 일치일까요?

지금 당장 온라인에서 돈을 벌고 싶다면?

ft. 스마트스토어는 기본! 쿠팡은 필수!

코로나 팬데믹 발생, 스마트스토어가 주춤할 때 쿠팡은 급상승!

로켓배송은 자정인 밤 12시까지 주문하면 익일배송을 보장하는 서비스입니다. 냉장과 냉동이 아닌 공산품만 가능하고 전 국민의 70%는 로켓배송이 가능한 지역에 거주하고 있습니다. 로켓배송 때문에 쿠팡에서 구매한다고 말할 정도로 로켓배송은 쿠팡의 핵심 서비스입니다.

쿠팡은 여기서 멈추지 않고 2019년 로켓프레시를 시작했습니다. 로켓프레시는 신선식품(정육, 계란, 수산, 야채, 밀키트 등)을 배송해 주는 서비스로, 하루 2번 이용할 수 있습니다. 즉 밤 12시까지 주문하면 다음 날 오전 7시까지, 오전 10시까지 주문하면 당일 오후 8시까지 배송해 줍니다.

33쪽에서 아마존의 빠른 배송을 따라 했던 로켓배송이 쿠팡의 성공 비결이라고 이야기했습니다. 하지만 한 가지 생각해 봐야 하는 것은, 우리나라의 국토 면적입니다. 미국은 땅이 크다 보니 배송이 너무 오래 걸렸습니다. 하지만 우리나라는 미국보다 땅도 작고 물류도 잘 갖추어져 있는 상황이라 대다수 지역이 온라인에서 주문하면 1~2일 후에 택배를 받을 수 있는데, 굳이 쿠팡의 로켓배송이 큰 의미가 있을 것인가입니다. 그 당시만 해도 각종 언론기사를 비롯하여 증권가의 애널리스트와 기업의 마케터들은 대부분 쿠팡의 로켓배송이 시장 점유율을 높일 수는 있겠지만, 여기에 들어가는 비용이 너무 커서 쿠팡의 성공은 쉽지 않은 것이라고 이야기했습니다.

급성장 1등 공신 – 신선식품 하루 2번 배송, 로켓프레시

하지만 이런 상황에서도 쿠팡은 투자에 투자를 거듭하여 냉장식품과 냉동식품을 포함한 신선식품까지 '로켓프레시'라는 이름으로 2019년 서비스를 시작했습니다. 운이 좋았을까요? 2019년 12월 중국에서 코로나19 바이러스가 유행하기 시작했고 2020년 1월에는 우리나라도 결국 코로나 팬데믹의 영향권에 들어가기 시작했습니다. 방역 마스크는 필수였고, 몇 명 이상 모일 수도 없었으며, 하물며 결혼식장도 참석 인원을 제한해야 하는 상황이 되었습니다. 공산품이야 인터넷으로 많이 구매했지만, 정육이나 계란, 수산, 야채 등 신선식품의 경우에는 코로나 때문에 이전처럼 이마트, 롯데마트, 홈플러스와 같은 오프라인 마트에 가는 것이 쉽지 않았습니다. 이때 아주 많은 사람이 쿠팡의 로켓프레시를 이용하게 되었습니다.

이 시점에서 쿠팡의 매출은 기하급수적으로 늘었습니다. 2020년도에는 전년 대비 88%, 2021년에는 전년 대비 67%, 2022년도에는 전년 대비 23% 성장하는 등 경쟁사(스마트스토어를 비롯한 오픈마켓 3사 등)는 주춤하고 있거나 소폭 상승하는 시점에 쿠팡은 성장에 성장을 거듭하게 됩니다. 로켓프레시로 쿠팡을 경험했던 사람들이 드디어 습관처럼 쿠팡에서 구매하기 시작했습니다. 로켓으로 구매하는 것도 '쿠팡!', 로켓이 아닌 상품도 '쿠팡!', 신선식품도 '쿠팡!'이 된 것입니다.

온라인 쇼핑몰의 흥망성쇠!
인터파크 → G마켓 → 스마트스토어 → 쿠팡 1등 등극!

2000년대 초반만 해도 온라인 쇼핑의 최대 강자는 인터파크www.interpark.com였습니다. 지금은 '어떻게 인터파크가 1등일 수 있을까?'라는 생각이 들 수 있겠지만, 그 당시에는 어느 누구도 인터파크를 이길 수 없다고 생각했습니다. 하지만 결국 G마켓이 이 시장을 깨뜨렸습니다.

인터파크는 홈쇼핑처럼 MD들이 소수의 대형 판매자(제조사, 총판, 벤더 업체 등)와 함께 상품을 기획하고 판매하는, 대형 판매자 중심의 플랫폼이었습니다. 그 당시 인터파크는 MD만 900명이 넘을 정도로 타의 추종을 불허하는 1등 온라인 마켓이었습니다. 그런데 대형 판매자만 팔 수 있는 마켓이 아닌 규모에 상관없이 누구나 물건을 팔 수 있는 오픈마켓(G마켓, 옥션, 11번가)의 등장으로 G마켓이 1등, 11번가가 2등, 옥션이 3등인 시장으로 재편되었습니다. 이후 상세 페이지를 만들기도 쉽고, 광고비도 안 들며, 판매 수수료까지 저렴한 스마트스토어의 등장으로 1등은 스마트스토어로 바뀌었습니다. 그랬던 온라인 커머스 시장은 2022년에 3분기에 쿠팡이 드디어 1등으로 등극했습니다.

네이버 제치고 쿠팡 역전! 단일몰 최고는 쿠팡!

2020년까지의 시장을 살펴보면 네이버의 스마트스토어가 이커머스 시장 전체의 18%를 차지하여 1등을 차지했고, 그 뒤를 쿠팡과 이베이코리아가 비슷한 점유율을 기록했습니다. 그런데 이베이코리아는 G마켓과 옥션, G9를 합친 수치이고 쿠팡은 단일몰 하나의 결과입니다. 따라서 플랫폼만 본다면 1등은 네이버, 2등은 쿠팡, 그리고 그 뒤를 잇는 오픈마켓(G마켓, 옥션, 11번가)+SSG 정도의 모습이었습니다. 하지만 코로나의 영향으로 쿠팡의 로켓프레시를 이용하는 구매자들이 늘어나면서 2022년 3분기를 기점으로 쿠팡이 네이버의 스마트스토어를 제치고 드디어 1등으로 등극했습니다. 그렇다고 네이버가 성장을 안 한 것은 아니고 쿠팡이 더 높게 성장하여 역전된 것입니다. 치고 올라가는 쿠팡과 지키려고 하는 네이버, 그리고 점차 떨어지고 있는 오픈마켓 3사, 이것이 바로 현재 이커머스 시장의 모습입니다.

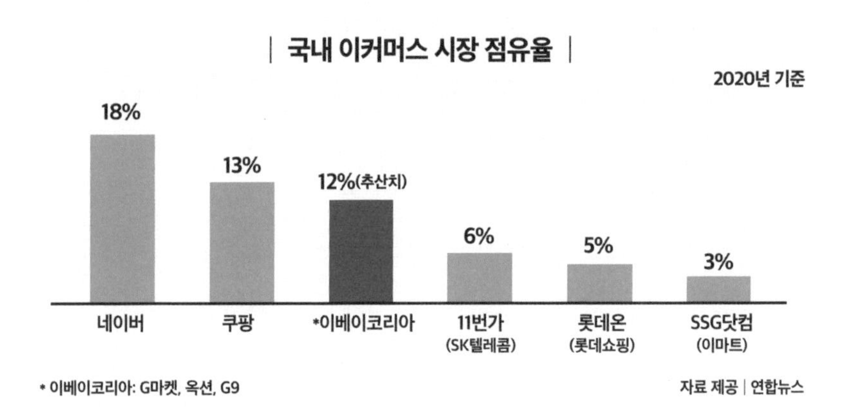

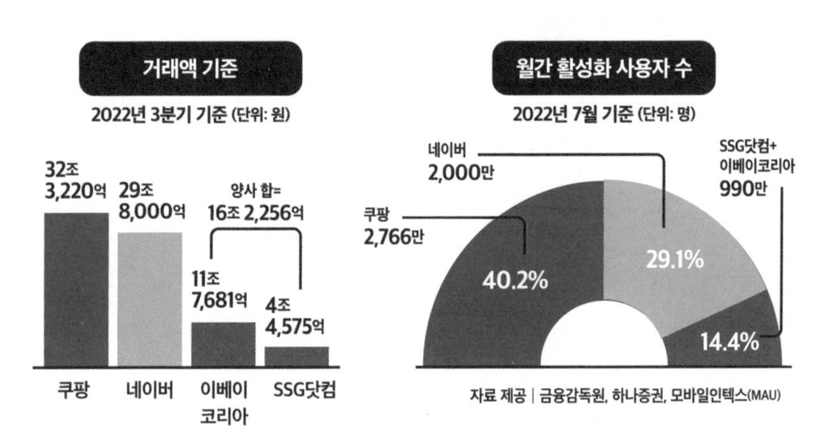

온라인 쇼핑몰 현황
2강(쿠팡+네이버) 1중(이베이코리아를 포함한 SSG)

지금까지 왜 쿠팡이 성공했는지를 설명했는데, 이제 코로나 팬데믹이 끝났으니 다시 쿠팡의 매출은 줄어들 것인지 많이 질문합니다. 경쟁사의 상황과 쿠팡의 전략에 따라 다를 수 있겠지만, 최소한 이전에 펼쳐졌던 1강 네이버와 2중(쿠팡, 이베이코리아를 포함한 SSG)의 상황이 아닌 2강(쿠팡, 네이버) 1중(이베이코리아를 포함한 SSG)의 구도로 갈 것으로 예상됩니다. 코로나 기간중 로켓배송과 로켓프레시를 경험했던 수많은 구매자가 쿠팡을 떠나지 않을 것으로 판단되기 때문입니다. 따라서 쿠팡이 1등이 되었으니 스마트스토어는 필요 없는 것이 아니라 쿠팡만 하고 있다면 스마트스토어도 해야 하고 스마트스토어만 하고 있다면 쿠팡도 꼭 해야 한다는 시점이라고 생각합니다.

2017~2022년도 쿠팡의 매출액 및 전년 대비 성장률

연도	매출액(원)*	전년 대비 성장률(%)
2017년	2조 6천억	
2018년	4조 3천억	65
2019년	7조 1천억	65
2020년	13조 3천억	87
2021년	22조 2천억	66
2022년	27조 2천억	23

* 매출액과 거래액은 차이가 있음 (자료 제공: 쿠팡 매출액 하나증권 자료)

변화하지 않으면 도태된다

저는 대처하지 못하고 변하지 않으면 결국 도태된다는 이야기를 항상 합니다. (물론 G마켓은 인터파크의 사내 TFT로 시작했지만) 오픈마켓의 등장에 대처하지 못한 인터파크는 결국 시장을 내주었습니다. 그리고 중소 판매자를 대상으로 쉽게 판매할 수 있는 플랫폼을 제공했던 스마트스토어에 대처하지 못한 오픈마켓 3사도 결국 시장을 내주었습니다. 스마트스토어 역시 쿠팡에 대응하지 못한다면 지금의 스마트스토어와 쿠팡이라는 2강의 체제에서 쿠팡 1강의 체제로 변경될 것입니다.

이런 이야기를 하는 이유는, 거대한 마켓플레이스에만 이와 같은 상황이 해당되는 것이 아니라 중소 규모의 판매자들도 시장의 변화에 대처하지 못하고 변하지 않으면 도태되기 때문입니다. 그중 하나가 바로 판매 채널입니다. 잘 팔리는 채널은 계속 변하고 있는데, 자신은 기존의 판매 채널만 고집한다면 결국 매출이 떨어지고 사업을 안정적으로 운영할 수 없는 상황이 될 것입니다.

각종 언론 기사를 살펴보면 거래액이나 매출액을 이용해서 경쟁사를 비교하는 경우가 많습니다. 그런데 거래액과 매출액을 정확하게 이해하지 못하면 오류를 저지를 수 있습니다. 2022년 기준 G마켓과 옥션의 연간 매출액은 1조 원이 조금 넘지만, 쿠팡의 연간 매출액은 30조 원이 넘습니다. 그렇다면 쿠팡은 G마켓과 옥션의 연간 매출액보다 30배나 더 많이 팔리는 것일까요?

정답은
전혀 그렇지 않다는 것입니다.

스마트스토어와 오픈마켓(G마켓, 옥션, 11번가)처럼 소비자와 판매자를 이어주는 플랫폼만 제공하면 판매 수수료만 매출로 인식됩니다. 하지만 쿠팡의 로켓배송처럼 직매입을 하게 되면 쿠팡에서 판매한 금액 전체가 매출로 잡힙니다.
예를 들어 100만 원짜리 상품을 판매했을 때 오픈마켓의 수수료가 10%라면 수수료인 10만 원만 매출로 인식됩니다. 하지만 쿠팡의 로켓배송은 직매입을 해서 판매했으므로 매출이 100만 원으로 인식됩니다. 반면 오픈마켓과 쿠팡의 거래액은 둘다 100만 원이 됩니다.

이런 이유로 각 플랫폼 간 매출액의 비교는 의미가 없고 거래액을 기준으로 비교하는 것이 정확합니다.

모바일에서 더 강력한 쿠팡!

모바일에 강하다 – 온라인 쇼핑 구매 중 75%는 모바일!

PC(노트북 포함)와 모바일 중 어디서 소비자들은 더 많이 구매할까요?

전 세계 시장을 기준으로 본다면 대략 PC에서는 40% 정도, 모바일은 60% 정도로 추정합니다. 하지만 우리나라의 쇼핑몰 시장을 살펴보면 PC는 25% 내외, 모바일은 75% 내외로, 상품군에 따라 다르지만 모바일에서의 구매가 압도적으로 많습니다. 그래서 해당 쇼핑몰 앱이 소비자의 모바일에 얼마나 많이 설치되어 있는지, 그리고 실제 이용률이 얼마나 높은지는 굉장히 중요한 부분입니다.

앱의 사용자 형태 분석 데이터를 제공하는 와이즈앱(https://www.wiseapp.co.kr)에 따르면 한국인이 가장 많이 사용하는 10개의 앱 중에서 쇼핑몰 앱은 유일하게 쿠팡이 있었습니다. 그리고 쇼핑몰 앱 중에서는 쿠팡이 압도적으로 사용자가 많았습니다. 물론 스마트스토어는 네이버 앱에서 사용할 수 있어서 스마트스토어만 따로 측정할 수는 없었습니다. 하지만 나머지 G마켓, 옥션, 11번가 등의 스마트스토어와 쿠팡의 뒤를 잇는 쇼핑몰들의 사용량을 감안하면 쿠팡의 사용자 수가 압도적인 숫자임을 알 수 있습니다. 이렇게 된 가장 큰 이유는, PC세대에 시작한 기존의 쇼핑몰(G마켓, 옥션, 11번가, 네이버 등)과 모바일을 중심으로 시작한 소셜커머스의 차이에서 비롯되었다고 이야기할 수 있을 것입니다.

| 한국인이 가장 많이 사용하는 앱 |

한국인 만 10세 이상 안드로이드+iOS 앱 사용자 추정

2021년 4월 기준

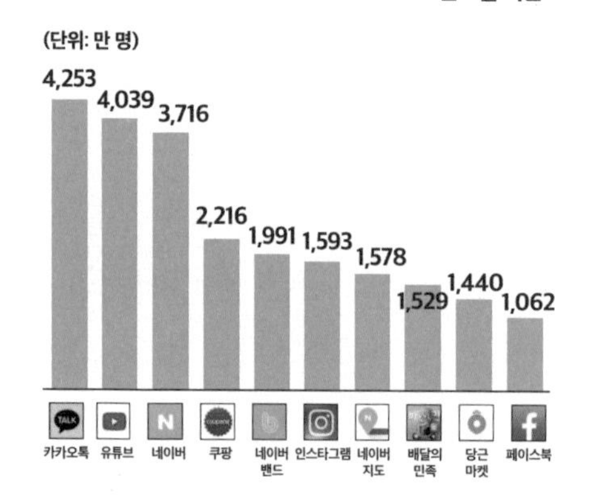

자료 제공 | 와이즈앱

| 한국인이 가장 많이 사용하는 쇼핑 앱 |

한국인 만 10세 이상 안드로이드+iOS 앱 사용자 추정

2021년 4월 기준

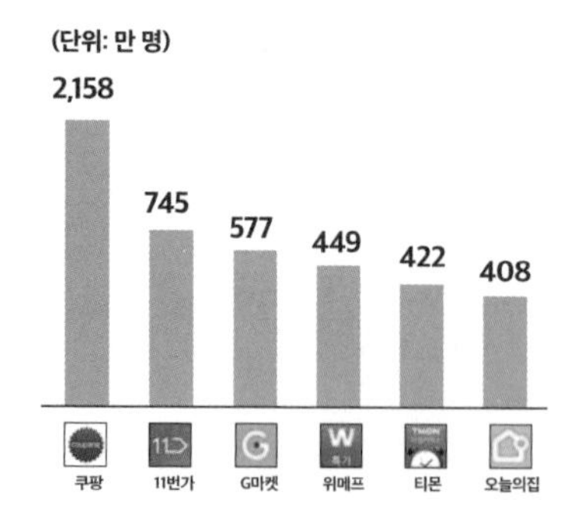

자료 제공 | 와이즈앱

상세 페이지도 모바일 중심으로 제작 필수!

이와 같은 이유로 온라인 판매자들은 반드시 모바일을 중심에 두고 상세 페이지를 제작해야 합니다.

온라인 구매의 75% 정도가 모바일에서 발생하는 상황에서 PC를 기준으로 상세 페이지를 만들면 구매 전환율이 떨어지는 문제가 발생할 수 있기 때문입니다. 지금까지 설명한 것들을 종합해 보면 '스마트스토어는 기본! 쿠팡은 필수!'라는 부분을 이해했을 것입니다.

자사몰 상품을 그대로 쿠팡에서 팔면 안 되는 이유

A군의 SOS! "쿠팡에서 납품하라고 전화가 왔어요!"

어느 날 저에게 교육받은 A군이 일대일 상담을 요청했습니다. 상담의 요지는, 저에게 교육받은 후 자사몰을 통해 월 매출 2억 원 정도 나오는 상황인데, 갑자기 쿠팡에서 연락이 왔다고 하더군요.

"안녕하세요? 쿠팡 MD입니다. 저희가 A님이 판매하는 상품을 2억 원어치 정도 직매입하고 싶은데, 현재 자사몰에서 판매하는 가격의 60% 정도에 구매할 수 있을까요?"

A군이 저에게 상담을 요청했던 내용은, 쿠팡에서 한 번에 2억 원 정도 구매한다고 하는데, 자사몰에서 판매하는 가격의 60%가 적정한지의 여부였습니다. 그리고 이렇게 진행했을 때 다른 문제는 없는지에 대한 부분이었습니다. 이러한 질문에 대해 저는 이렇게 조언했습니다.

"원가가 30%도 안 되는 상품이어서 60% 가격으로 납품하는 것 자체는 문제가 되지 않습니다. 또한 A군이 판매하고 있는 상품은 12월과 1월이 비수기여서 인건비는 계속 나가지만 실제 판매가 잘 안되는 시즌이라 그 시점에 쿠팡에 납품하는 것은 나쁘지 않습니다. 단지 이 경우 자사몰에서 판매하고 있는 상품과 쿠팡에서 판매하고 있는 상품이 가격 경쟁을 할 수밖에 없는 상황이 발생할 수 있기 때문에 이왕이면 자사몰에서 파는 상품과 같은 상품이 아닌 조금 다른 상품 위주로 납품한다면 큰 문제가 없을 것 같습니다. 하지만 혹시라도 자사몰과 완전히 똑같은 상품을 납품한다면 당장은 2억 원이라는 큰돈이 들어와서 좋을 수 있지만, 결국 자사몰의 매출과 수익을 깎아 먹는 상황이 되므로 주의해야 합니다."

결과적으로 A군은 본인이 팔고 있는 상품과 조금 다른 상품을 쿠팡에 납품했습니다. 그래서 상품이 잘 판매되지 않는 비수기에 추가 수익을 올릴 수 있을 뿐만 아니라 나중에 발생할 수 있는 가격 경쟁에서도 문제없이 대처할 수 있었습니다.

coupang shopping

04 쿠팡 판매 시작 전 당장 해야 할 일 4가지

제가 집필한 《돈이 된다! 스마트스토어》(진서원 출간)에서는 쇼핑몰을 운영해 보았거나 오픈마켓에서 판매했던 경험이 없어도 판매할 상품의 사진과 글만으로 쉽게 스마트스토어를 시작할 수 있다고 설명했습니다.

쿠팡도 마찬가지입니다. 쿠팡은 온라인 판매를 해 보지 않은 초보자도 쉽게 시작할 수 있는 시장입니다. 쿠팡에서 상품을 잘 파는 가장 쉬운 방법은 쿠팡이 다른 플랫폼과 어떻게 다른지를 제대로 아는 것이고 이것이 바로 쿠팡의 시작입니다. 간혹 쿠팡에서 판매할까, 말까 고민만 하다가 시작조차 못하는 분들을 봅니다. 처음부터 많이 준비해야 한다는 생각보다 쿠팡의 플랫폼을 제대로 이해하고 어떻게 판매할지를 생각하는 것이 제일 쉬운 방법입니다. 그래서 이번에는 지금 당장 쿠팡 플랫폼을 이해할 수 있는 4가지 방법(구매 중심)을 먼저 소개하겠습니다.

쿠팡을 이해하려면 물건부터 직접 사보자

상품을 판매할 때 온라인인지, 오프라인인지는 크게 중요하지 않습니다. 잘 파는 방법은 온라인이나 오프라인이나 비슷하기 때문입니다. 또한 온라인 중에서도 G마켓에서 잘 파는 것이나, 스마트스토어에서 잘 파는 것이나, 쿠팡에서 잘 파는 것이나 큰 차이가 없습니다. 플랫폼적인 특성만 정확하게 이해한다면 나머지는 비슷합니다. 그래서 우선 쿠팡은 다른 플랫폼과 어떻게 다른지부터 이해하는 것이 매우 중요합니다.

쿠팡이 다른 플랫폼과 어떻게 다른지 이해하려면 실제 사용해 보는 것이 가장 좋습니다. 쿠팡도 사용해 보고, 스마트스토어도 사용해 보고, G마켓 같은 오픈마켓도 사용해 보는 것이 중요합니다. 벌써 각 채널을 많이 사용해서 해당 채널별 차이를 충분히 알고 있다면 이 부분은 넘어가도 됩니다. 하지만 제가 만나본 많은 분은 생각보다 각각의 채널별 특징을 제대로 알지 못하더군요. 그래서 잘 안다고 생각해도 여기서 제시하는 3가지 포인트에 맞추어서 한 번씩 구매해 보는 방법을 추천합니다.

자, 그러면 이제 모바일로 쿠팡에서 상품을 구매해 볼까요?

만약 쿠팡 앱이 설치되어 있지 않다면 안드로이드폰은 플레이스토어 **Play Store**에서, 아이폰은 앱 스토어 **App Store**에서 쿠팡 앱을 검색하여 설치합니다. 그리고 회원 가입을 하는데, 아직 유료 회원 가입은 하지 마세요.

연습으로 상품을 하나 구매해 보겠습니다. 쿠팡의 특징을 알아보기 위해

①

플레이스토어에서 '쿠팡'을
검색한 후 설치한다.

②

쿠팡 앱을 열고
'마이쿠팡'을 누른다.

③

'로그인'을 누르고
회원 가입한다.
(유료 가입은 나중에)

서 유료 회원은 가입하지 않습니다. (1개월 무료 체험이 있지만 이것도 아직 가입하지 마세요.)

쿠팡은 유료 회원(로켓와우 회원)이 있는 플랫폼이지만, 유료 회원이 아니어도 상품을 구매할 수 있습니다. 유료가 아닌 일반 회원의 경우 로켓배송은 19,800원 이상 구매해야 이용할 수 있고 로켓프레시 상품은 구매할 수 없습니다. 물론 무료 반품도 안 되고 쿠팡플레이도 사용할 수 없습니다. 50쪽에 쿠팡 유료 회원 혜택을 정리했으니 참고하세요.

쿠팡 와우멤버십 혜택(월 4,990원 유료 회원)

① '로켓배송' 마크(로켓배송)가 있는 상품은 금액에 상관없이 무료 배송을 받을 수 있습니다.

② '로켓프레시' 마크(로켓프레시)가 있는 상품은 무료 회원은 구매가 불가능합니다. 반면 와우멤버십에 가입하면 15,000원 이상 주문할 경우 구매할 수 있고 당연히 무료 배송입니다.

③ 로켓배송 상품은 단순 변심이어도 상품을 받은 후 30일 안에 조건 없이 무료로 반품할 수 있습니다.

④ 넷플릭스 같은 OTT 서비스인 쿠팡플레이를 무료로 이용할 수 있습니다.

이러한 쿠팡의 회원 정책이 다소 복잡해 보일 수 있습니다. 하지만 다음 4가지 방법으로 몇 번 반복해서 구매해 보면 쿠팡 플랫폼에 대해 쉽게 이해할 수 있습니다.

구매 방법 1 일반 회원으로 19,800원 미만의 로켓배송 상품 구매하기

쿠팡의 로켓와우 회원(유료 회원)이 아닌 상태에서 비누를 하나 구매해 보겠습니다. 쿠팡 앱에서 '비누'를 검색하면 비누에 대한 검색 결과가 나옵니다. 이 중에서 19,800원이 안 되는 로켓배송 상품을 구매하려고 하니 19,800원 미만이라 이것만 구매할 수는 없습니다. 그렇다면 어떻게 해야 원하는 비누를 구매할 수 있을까요?

이 경우에는 2가지 방법이 있습니다. 지금 고른 상품을 장바구니에 넣고

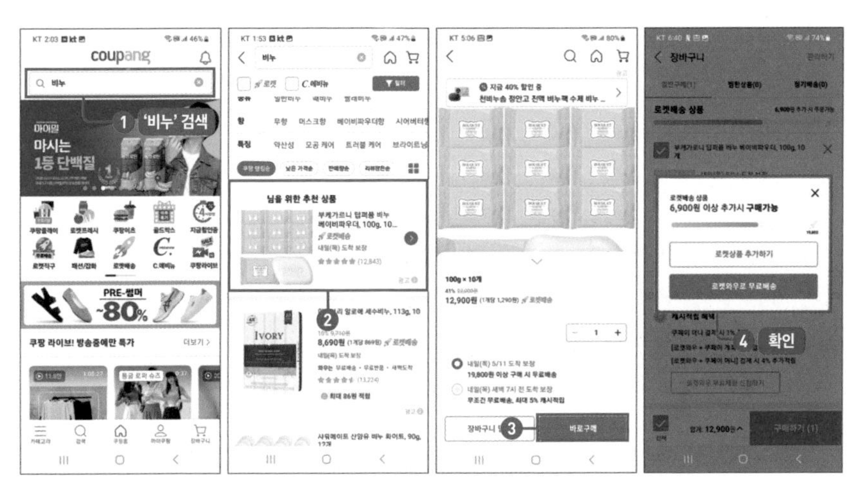

쿠팡에서 일반 회원으로 '비누'를 검색해 로켓배송 주문하기

상품을 추가 선택하여 총결제 금액을 19,800원 이상으로 만들면 됩니다. 또는 유료 회원(와우멤버십)에 가입해야 합니다.

여기서 한 번 생각해 봐야 하는 부분은, 쿠팡 로켓배송은 기본적으로 무료배송이라는 것입니다. (쿠팡에서는 무료 배송이라고 이야기하지만 실질적으로는 제품 가격에 배송료를 녹여 넣은 것입니다.) 유료 회원(와우멤버십)의 경우에는 금액에 상관 없이 주문할 수 있지만, 와우멤버십에 가입하지 않은 일반 회원들의 경우에는 총구매액이 19,800원이 되지 않으면 주문할 수 없습니다. 그래서 결과적으로 19,800원 이상을 맞추기 위해 해당 상품 외에 추가로 구매하는 경향이 많다는 것입니다.

네이버 블로그나 지식인 등의 글을 보면 로켓배송 19,800원 채우기 아이템과 관련된 글이 꽤 많습니다. 이런 종류의 글이 포스팅된다는 것은, 유료 회원에 가입하지 않고도 로켓배송을 이용하는 사람들이 많다고 이해하면 됩니다. 이 부분을 집중적으로 살펴본다면 판매하는 아이템과 접목할 수 있는 부분이 분명히 있을 것입니다.

로켓배송 19,800원 채우기 추천 아이템 관련 글

구매 방법 2 쇼핑몰 배송 체험 비교하기 – 스마트스토어 vs 쿠팡

와우멤버십이 아닌 상태에서 19,800원 이상의 로켓배송 상품을 직접 구매해 보겠습니다. 쿠팡의 로켓배송이 왜 좋은지를 느끼려면 평일 밤 11시 30분쯤(밤 12시 이전에) 한 번 구매해 보는 것이 좋습니다. 또한 토요일 밤 11시 30분에(밤 12시 이전에) 주문해 보는 것도 좋습니다.

월요일 밤 11시 30분에 주문하면 언제 도착할까요?
토요일 밤 11시 30분에 주문하면 언제 도착할까요?

쿠팡의 로켓배송은

월요일 밤 11시 30분에 주문해도 화요일에 도착합니다.
토요일 밤 11시 30분에 주문해도 일요일에 도착합니다.

스마트스토어나 오픈마켓의 일반 상품*은

월요일 밤 11시 30분에 주문하면 빨라야 수요일에 도착합니다.

토요일 밤 11시 30분에 주문하면 빨라야 화요일에 도착합니다.

*** 스마트스토어의 도착보장서비스나 오픈마켓의 빠른 배송 서비스가 아닌 상품**

네이버 스마트스토어의 도착보장서비스는

월요일 밤 11시에 30분에 주문하면

화요일에 도착할 수도, 수요일에 도착할 수도 있습니다.

토요일 밤 11시에 30분에 주문하면

월요일에 도착할 수도, 화요일에 도착할 수도 있습니다.

판매 상품과 구매자의 지역에 따라서 상품 도착 시간이 변할 수 있습니다.

이렇게 배송 속도가 차이 나는 이유는 무엇일까요?

쿠팡의 로켓배송은 자체 풀필먼트◆를 통해서 쿠팡에서 직접 배송합니다. 하지만 네이버 스마트스토어의 도착보장서비스는 네이버와 계약한 풀필먼트를 통해 택배사에서 배송하기 때문에 속도에 차이가 생깁니다. 그리고 쿠

◆ **풀필먼트(fulfillment)**: 물류 전문 업체가 물건을 판매하려는 업체들의 위탁을 받아 상품의 보관과 배송, 포장, 재고 관리뿐만 아니라 교환 및 환불에 이르기까지 판매에 필요한 일련의 모든 과정을 담당하는 물류 대행 서비스

팡은 자체 배송이어서 공휴일과 주말에도 배송할 수 있습니다. 하지만 네이버는 주말처럼 택배사가 배송하지 않는 날에는 다음 날 배송받을 수 없다는 한계가 발생합니다. 물류창고도 쿠팡에 비해 부족해서 구매자가 해당 물품이 위치한 물류창고와 멀리 떨어져 있으면 배송이 더 오래 걸릴 수도 있습니다.

결과적으로 소비자의 입장에서 보면
쿠팡은 12시 이전에 로켓배송 상품을 구매하면 무조건 다음 날 받을 수 있지만,
스마트스토어는 판매 상품에 따라
어떤 상품은 11시 이전에 구매해야 다음 날 받을 수 있고
어떤 상품은 12시 이전에 구매해도 다음 날 받을 수 없는 상황이 되니
물건을 구매할 때마다 언제 배송될지 신경 써야 해서 불편할 수밖에 없습니다.
또한 택배사가 배송을 안 하는 일요일과 공휴일에는 배송을 받을 수 없기 때문에
소비자들은 쿠팡에 더 열광하는 것입니다.

구매 방법 3 일반 회원으로 신선식품 구매하기

쿠팡 로켓프레시는 정육, 계란, 수산물을 비롯하여 밀키트 등의 신선식품을 빠른 시간 안에 배송해 주는 서비스입니다. (요즘에는 생필품과 건강식품의 일부 제품도 로켓프레시에 포함되었습니다.) 오전(00:00~10:00)에 주문하면 당일 20시까지, 그 이후 시간(10:00~23:59)에 주문하면 다음 날 오전 7시 이전에 배송해 줍니다. 로켓프레시는 유료 회원(와우멤버십)만 구매할 수 있고 유료 회원이어도 총결제 금액이 15,000원 이상이어야만 구매할 수 있습니다.

쿠팡 로켓프레시 서비스 요약(와우멤버십 회원만 구매 가능)

① 1일 2회 배송 가능

② 오전(00:00~10:00) 주문 시 당일 20시까지 배송

③ 오전 외(10:00~23:59) 주문 시 다음 날 오전 7시 이전에 배송

④ 총결제 금액 15,000원 이상일 때만 구매 가능

여기서 생각해 볼 것은, 이 책을 읽는 판매자들은 대부분 로켓프레시에 납품할 정도로 규모가 크지 않을 것입니다. 로켓프레시에 납품할 정도로 규모가 크다면 로켓프레시를 통해 판매하면 되지만, 그렇지 않다면 어떻게 해서 판매할 것인지를 생각해 봐야 합니다.

참고로 로켓프레시에 해당하는 상품군의 경우 로켓프레시만큼은 아니어도 일반 판매자들이 판매하는 신선식품도 꽤 많이 팔리고 있습니다. 왜냐하면 유료 회원이 아닌 경우에는 로켓프레시 상품 위주로 상품이 리스팅 되는 것이 아니라 일반 판매 중심으로 화면이 보여지기 때문입니다. 화면의 위쪽에 로켓프레시가 아닌 상품들이 리스팅 되다 보니 로켓프레시가 아니어도 팔릴 수 있는 구조가 된 것입니다.

구매 방법 4 유료 회원으로 로켓프레시와 로켓배송 상품 구매하기

마지막으로 1개월 무료로 제공되는 와우멤버십에 가입해서 상품을 구매해 보는 것을 권장합니다. 로켓프레시를 이용해 정육, 계란, 수산물뿐만 아니라 밀키트 등의 음식도 구매해 보고 로켓배송으로 되어 있는 상품도 구매해 봅니다. 유료 회원은 로켓배송을 구매할 경우 결제 금액이 19,800원 미만이어도 구매할 수 있습니다. 상품에 따라서는 로켓배송 중에서도 로켓와우 마크(로켓와우)가 붙어 있는 상품은 로켓프레시처럼 오전에 주문하면 저녁에 받을 수 있고 저녁에 주문하면 새벽에 받을 수 있습니다.

나도 쿠팡 고수

쿠팡 와우멤버십 가입하기

다음은 쿠팡 와우멤버십에 가입하는 방법입니다.

❶ 와우멤버십에 가입하려면 쿠팡 앱에서 '마이쿠팡'에 들어간 후 로켓와우클럽에서 [지금 무료체험 신청하기]를 누릅니다.

❷ 1개월간 로켓와우를 무료로 이용할 수 있고 그 이후에는 유료로 전환됩니다. 무료 체험이어도 신용카드 번호를 등록해야 하지만, 1개월 후에 가입을 해지하면 됩니다.

쿠팡에서 상품을 판매하는 방법 3가지

쿠팡에서는 다음 3가지 방법으로 상품을 판매할 수 있습니다.

판매 방법 1 스마트스토어나 오픈마켓처럼 회원에 가입하고 상품을 등록하는 '마켓플레이스 방식'

판매 방법 2 소비자들이 가장 선호한다는 '로켓배송 방식'

판매 방법 3 '판매자로켓'이라고 하는 '로켓그로스 방식'

판매자의 상황에 따라 적합한 판매 방법이 다를 수 있으므로 이들 3가지 방법을 모두 알아야 합니다. 이들 방법을 하나하나 정확하게 이해하면 그다음에는 어떻게 쿠팡을 준비할지 알 수 있습니다. 그래서 이번에는 이들 3가지 판매 방법의 특징과 장단점에 대해서 알아보겠습니다.

마켓플레이스 방식과 로켓배송 방식, 로켓그로스 방식의 표시 방법

상품을 로켓배송형으로 판매하면 '로켓배송' 마크(로켓배송)가, 로켓그로스형으로 판매하면 '판매자로켓' 마크(판매자로켓)나 '로켓배송' 마크(로켓배송)가 표시됩니다. 그리고 마켓플레이스형으로 상품을 판매하면 아무런 표시가 없습니다.

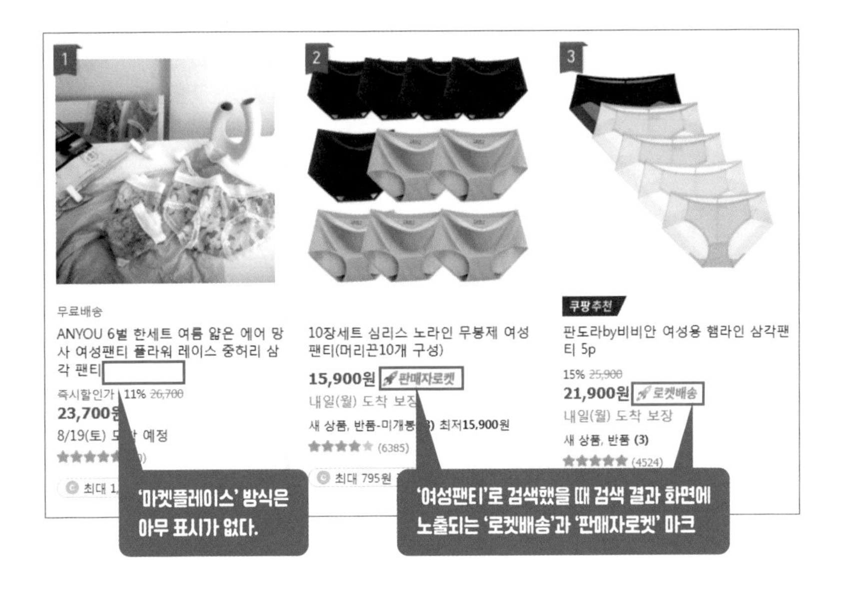

판매 방법 1 마켓플레이스 방식

마켓플레이스 방식은 쉽게 이야기해서 스마트스토어나 오픈마켓(G마켓, 옥션, 11번가)과 같은 방식을 이야기합니다. 쿠팡은 판매의 장(마켓플레이스)을 제공할 테니 판매자는 회원 가입하고 상품을 등록해서 판매하면 되는 것을 말합니다. 쿠팡이 오픈마켓처럼 판매의 장만 제공하니 판매자는 당연히 상품 등록부터 고객 응대, 상품 배송에 이르기까지 일련의 모든 과정을 수행하게 됩니다. 이에 따라 판매 금액의 4.0~10.8%(부가세 별도)의 수수료가 부과됩니다. 쿠팡 수수료는 네이버의 스마트스토어보다는 높고 오픈마켓보다는 조금 낮은 수준입니다.

쿠팡 마켓플레이스의 수수료 체계

분류	중분류	소분류	기준 수수료 (부가세 별도, 단위: %)
가전 디지털	기본 수수료		7.8
	게임		6.8
	냉난방가전	냉난방에어컨	5.8
	카메라, 카메라용품	디지털카메라	5.8
	태블릿PC, 액세서리	태블릿PC	5.0
	생활가전	냉장고, 세탁기	5.8
	빔, 스크린	빔, 프로젝터	5.8
	영상가전	TV	5.8
	컴퓨터/게임	컴퓨터	5.0
	컴퓨터 주변기기	레이저, 잉크젯 복합기	5.8
		마우스, 키보드	6.5
		유무선 공유기	6.5
		태블릿, 노트북 액세서리	6.4
가구/홈 인테리어	기본 수수료		10.8
도서	기본 수수료		10.8
음반	기본 수수료		10.8
문구/사무용품	기본 수수료		10.8

분류	중분류	소분류	기준 수수료 (부가세 별도, 단위: %)
출산/유아	기본 수수료		10.0
	영유아식품		7.8
	분유		6.4
	기저귀		6.4
스포츠/레저용품	기본 수수료		10.8
	골프용품		7.6
	자전거용품	자전거	7.6
	스포츠 의류		10.5
	스포츠 신발		10.5
뷰티	기본 수수료		9.6
식품	기본 수수료		10.6
	영양제	유아건강식품	7.6
	채소류	감자, 고구마	7.6
	신선식품	쌀, 잡곡류	5.8
	면/라면		10.9
완구/취미	기본 수수료		10.8
	RC완구	RC드론, 쿼드콥터	7.8
주방용품	기본 수수료		10.8
	조리 보조 도구	제면기	7.8
패션	기본 수수료		10.5
	주얼리	순금, 골드바, 돌반지	4.0
	패션의류		10.5
	패션잡화		10.5
반려/애완용품	기본 수수료		10.8

판매가가 1만 원인 여성 원피스와 100만 원인 자전거를 쿠팡 마켓플레이스 방식으로 판매했을 경우 얼마나 정산받을 수 있는지 계산해 보겠습니다.

	판매가 1만 원 여성 원피스	판매가 100만 원 자전거
판매자 매출	1만 원(부가세 포함)	100만 원(부가세 포함)
쿠팡 수수료 (=판매자 매입)	• 부가세 별도 1,050원 • 부가세 포함 1,155원 (패션의류 쿠팡 수수료 부가세 별도 10.5%)	• 부가세 별도 76,000원 • 부가세 포함 83,600원 (자전거 쿠팡 수수료 부가세 별도 7.6%)
판매자 정산 금액	10,000원-1,155원=8,845원	1,000,000원-83,600원=916,400원

판매 방법 2 로켓배송 방식

로켓배송 방식은 쿠팡에서 판매자의 상품을 직매입◆하여 판매하는 방식입니다. 로켓배송으로 진행하면 판매자는 쿠팡에 해당 상품을 납품해야 합니다. 그러면 납품받은 제품의 보관부터 판매, 포장, 배송, 고객 응대에 이르기까지 모든 일련의 작업을 쿠팡에서 진행합니다. 그래서 판매자는 납품하고 나면 크게 신경을 쓸 것이 없다는 장점이 있습니다.

반면 마켓플레이스 방식으로 팔 때보다 싸게 납품해야 한다는 단점이 있습니다. 하지만 고객 응대를 비롯하여 포장 및 배송에 이르는 모든 부분을 쿠팡에서 담당하고 있고 상품이 판매되지 않아도 쿠팡에서 책임을 지고 있어서 편할 수 있습니다. 그리고 로켓배송 마크(로켓배송)를 달고 있으면 그렇

◆ **직매입**: 상거래를 목적으로 판매할 상품을 직접 구매한 후 재고까지 책임지고 운영하는 방식

지 않은 상품보다 몇 배 더 잘 팔리기 때문에 이런 부분까지 고려해야 할 것입니다.

로켓배송의 직매입 가격은 카테고리별, 상품별로 다를 수 있지만, 평균적으로 판매 가격의 60~75% 선으로 알려져 있습니다. 판매 가격 및 매입 가격은 판매자가 쿠팡 서플라이어 허브에 상품을 등록하면 쿠팡의 BM◆이 허가하는 방식으로 진행됩니다.

로켓배송 방식의 단점은 무엇일까?

첫 번째는 판매자가 쿠팡 서플라이어에 상품을 등록하면(상세 페이지와 판매 가격 포함) 쿠팡의 담당 BM이 승인해 주었을 경우에만 로켓배송 방식으로 판매할 수 있다는 것입니다. 쿠팡이 직매입 방식으로 진행하기 때문에 당연한 것이지만, 아이템 등을 추가할 때는 항상 담당 BM이 승인해야 한다는 점에서 내가 판매하고 있는 모든 상품을 로켓으로 판매하기는 어려울 수 있습니다.

두 번째는 한 번 상품 가격이 정해지면 가격 변동이 쉽지 않다는 것입니다. 예를 들어 납품하던 상품의 원가가 상승해서 가격 인상을 원하는 경우 쿠팡이 승인해 주지 않으면 원래 가격으로 납품하거나 로켓배송 판매를 포기해야 하는 방법뿐이라는 문제가 있습니다. 그래서 로켓배송으로 진행해도 59쪽에서 이야기한 마켓플레이스 방식과 64쪽에서 이야기할 로켓그로스(판매자로켓) 방식을 함께 고려해야 합니다.

◆ BM: Brand Manager. R비즈니스(Retail business)의 수익성을 올리고 성장하기 위해 브랜드별 전략을 수립하고 진행하는 업무 담당자. 다른 쇼핑몰의 MD와 같은 역할을 담당하지만, 쿠팡에서는 'MD'라는 용어보다 'BM'이라는 용어를 더 많이 사용합니다.

판매 방법 3 로켓그로스(판매자로켓) 방식

흔히 말하는 로켓그로스(판매자로켓)는 마켓플레이스 방식과 로켓배송 방식을 합친 방식입니다. 로켓배송은 쿠팡에서 직매입하여 쿠팡의 물류창고에 보관한 후 주문이 들어오면 쿠팡이 직접 소비자에게 배송하는 구조입니다. 그래서 물건이 안 팔리면 쿠팡이 재고를 떠안게 됩니다.

이에 비해 로켓그로스는 쿠팡풀필먼트를 이용하는 부분은 로켓배송과 똑같습니다. 판매자가 쿠팡의 물류센터에 상품을 입고하면 고객 응대부터 배송 반품까지 쿠팡이 담당합니다. 하지만 쿠팡에서 직매입해 주는 것이 아니라 마켓플레이스처럼 판매된 매출에 대해 수수료를 받는 방식으로 운영됩니다. 그래서 로켓그로스의 수수료는 '판매 수수료+쿠팡풀필먼트 이용 요금(보관 요금+입출고 요금+배송 요금 등)'으로 계산할 수 있습니다.

| 일반 오픈마켓과 로켓그로스의 운영 방식 차이 |

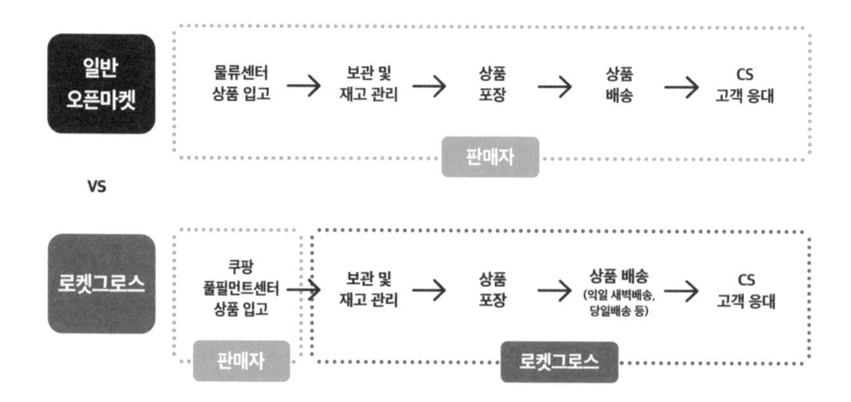

쿠팡에 로켓배송 입점 신청하기

다음은 쿠팡에 로켓배송 입점을 신청하는 방법입니다.

❶ 쿠팡 서플라이어 페이지(supplier.coupang.com/welcome/join)에서 [로켓배송 입점신청]을 클릭합니다.

❷ 쿠팡 서플라이어 허브 페이지가 열리면 질문에 맞게 양식을 작성하고 [제출하기]를 클릭합니다.

coupang
SUPPLIER HUB
한국어

서플라이어 허브에 오신 것을 환영합니다!
우리는 당신이 우리와 사업을하기로 선택한 것을 영광으로 생각합니다!

- 간이과세자는 등록이 불가합니다.
- 가입 완료 후 최초 로그인 시 등록하신 핸드폰번호 또는 이메일로 인증번호가 전송되므로 해당 연락처는 실제 서플라이어 허브를 운영하시는 담당자분의 연락처로 가입하여 주세요.
- 최초 로그인 후 업체정보에서 연락처를 수정할 수 있습니다.

회사 이름 (국문)
사업자등록증의 상호(또는 법인명)을 입력해 주세요
회사 이름 (영문)
회사 형태 — 타입을 선택하세요.
대표 이름
사업자 등록증 내 대표자 명을 입력해 주세요
전화 번호
개인정보보호를 위해 휴대전화번호가 아닌 사업장의 대표 전화번호를 입력해 주세요
핸드폰 번호
가입 인증번호를 받으실 연락처를 입력해 주세요
이메일
가입 인증번호를 받으실 연락처를 입력해 주세요
주요 카테고리 — 카테고리를 선택하세요.

[필수] 개인정보 수집 이용 동의 자세히보기
[필수]만 19세 이상입니다

제출하기

① 작성
② 체크
③

쿠팡 입점 준비가 아직 안 되어 있다면 99쪽 참고

❸ 입점이 승인되면 '쿠팡 서플라이어 허브'(supplier.coupang.com)에서 로그인합니다.

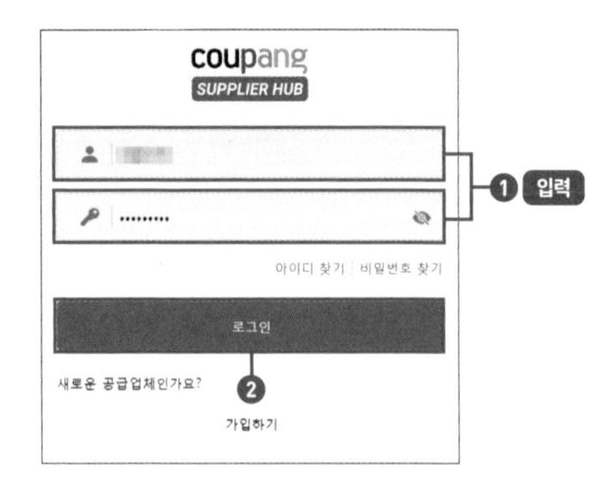

❹ 화면의 위쪽에서 [상품] → [개별 상품 등록]을 선택하고 판매 쿠팡윙(마켓플레이스 및 로켓그로스 상품 등록 및 관리하는 곳)에 상품을 등록하듯이 등록합니다.

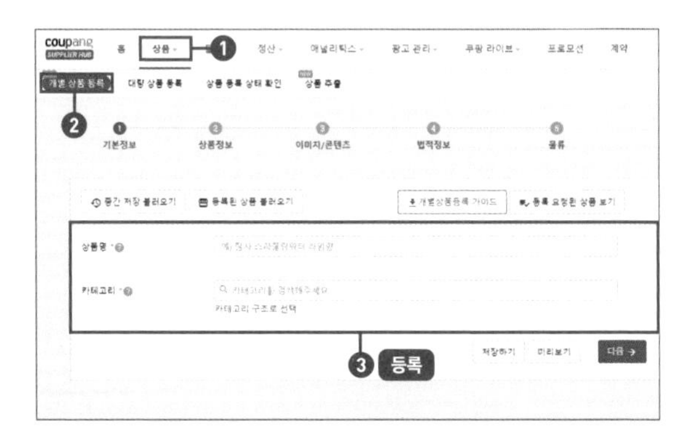

115쪽에서 마켓플레이스(쿠팡윙)에 상품을 등록하는 방법뿐만 아니라 상세 페이지를 만드는 방법도 설명하겠지만, 로켓배송을 통해 판매한다고 해도 마켓플레이스(쿠팡윙)에 등록하는 것처럼 똑같이 상세 페이지까지 전부 등록해야 합니다.

선택! 마켓플레이스 vs 로켓그로스 vs 로켓배송

ft. 29,900원짜리 신발과 19,800원짜리 여성 의류

사례 29,900원짜리 신발은 어떤 판매 방식이 유리할까?

판매 비용 – 마켓플레이스 2,800원 vs 로켓그로스 2,100원

58쪽에서 쿠팡의 3가지 판매 방법에 대해 살펴보았습니다. 그렇다면 어떤 선택을 해야 판매자에게 수익이 더 돌아갈까요? 사례를 통해 좀 더 쉽게 이야기해 보겠습니다. 만약 29,900원짜리 패션 신발을 쿠팡에서 마켓플레이스 방식과 로켓그로스(판매자로켓) 방식으로 판매할 때의 비용 차이를 비교해 보겠습니다.

판매 수수료는 마켓플레이스와 로켓그로스가 같지만, 마켓플레이스 방식으로 판매하면 배송을 위한 포장비와 택배비가 들어갑니다. 판매자의 상황

쿠팡에서 29,900원짜리 신발 판매 시 최종 비용 차이

	마켓플레이스	로켓그로스	
판매 수수료	10.5%(부가세 별도)	10.5%(부가세 별도)	
택배비	약 2,500원(부가세 별도)	해당 없음	
포장재 비용	약 300원(부가세 별도)	해당 없음	
쿠팡풀필먼트 비용	해당 없음	기본 요금	4,100원(부가세 별도)
		할인	2,000원(부가세 별도)
최종 금액	약 2,800원(부가세 별도)	2,100원(부가세 별도)	

에 따라 택배비는 변동될 수 있습니다. 판매량이 많지 않은 판매자의 경우 부가세 별도 택배비 2,500원과 포장재 비용 300원 정도로 생각해 본다면 대략 2,800원의 비용이 소요됩니다. 반면 로켓그로스를 이용하면 원칙적으로는 기본 요금(부과세 별도) 4,100원이 들지만, 판매 상품과 판매 금액에 따라 할인이 적용되어 최종 비용은 2,100원이 듭니다.

이 경우 당연히 로켓그로스가 훨씬 유리한 상황일 수밖에 없습니다. 고객 응대도 해 주고, 배송도 해 주며, 상품 포장도 대신해 주고, 문제가 있으면 반품도 알아서 해 주는 로켓그로스가 비용이 더 저렴한 상황인 것입니다.

상품 가격에 따라 달라지는 쿠팡풀필먼트 비용이 변수!

물론 반대의 경우도 있습니다. 똑같이 패션 신발을 판매해도 45,000원짜리를 판매하려면 다음과 같이 쿠팡풀필먼트 비용이 변경됩니다.

쿠팡에서 45,000원짜리 신발 판매 시 최종 비용 차이

	마켓플레이스	로켓그로스	
판매 수수료	10.5%(부가세 별도)	10.5%(부가세 별도)	
택배비	약 2,500원(부가세 별도)	해당 없음	
포장재 비용	약 300원(부가세 별도)	해당 없음	
쿠팡풀필먼트 비용	해당 없음	기본 요금	4,100원(부가세 별도)
		할인	
최종 금액	약 2,800원(부가세 별도)	4,100원(부가세 별도)	

45,000원짜리 패션을 판매할 경우 마켓플레이스는 직접 배송하기 위해 약 2,800원의 비용이 들지만, 로켓그로스는 4,100원의 비용이 듭니다. (29,900원에 판매할 때는 풀필먼트 비용이 2,000원 할인이 적용되었지만, 45,000원에 판매하면 풀필먼트 할인이 전혀 적용되지 않았습니다. 어떻게 할인이 정해지는지에 대해서는 70쪽에서 설명하겠습니다.)

1,300원의 차이는 판매자 개개인의 상황에 따라서 달라질 수 있습니다. 포장을 위한 직원이 이미 있는데, 현재는 판매량이 많지 않아서 여력 인력이 있고 사무실(또는 창고) 역시 재고 물건을 쌓아두는 데 큰 문제가 없다면 1,300원은 아까운 비용이 될 수 있을 것입니다. (물론 이 경우에도 로켓그로스로 판매해서 판매자로켓 마크(판매자로켓)가 노출되면 마켓플레이스 방식보다 많이 팔릴 수 있으므로 이 부분까지 고려해서 선택해야 합니다.) 반면 쿠팡에서 판매하기 위해 포장을 위한 인력을 추가 고용해야 하고 적재할 공간이 부족해서 공간을 늘려야 하는 상황이라면 1,300원의 비용이 더 들어도 로켓그로

스가 훨씬 유리한 선택일 수 있습니다.

앞에서 소개한 2가지 사례만 보아도 로켓그로스로 진행할지의 여부를 판단하려면 무조건 쿠팡풀필먼트 비용이 얼마인지 알아야 합니다. 쿠팡풀필먼트 비용과 택배 비용(+포장 비용) 등의 차이가 얼마인지에 따라서 판매 전략이 달라질 수 있기 때문입니다.

쿠팡풀필먼트 비용의 구조 살펴보기

로켓그로스 이용 요금은 쿠팡 마켓플레이스 수수료와 쿠팡풀필먼트 이용 요금으로 구성되어 있습니다.

로켓그로스 이용 요금 = 쿠팡 마켓플레이스 수수료 + 쿠팡풀필먼트 이용 요금

이 중에서 쿠팡풀필먼트 이용 요금은 ① 보관 요금 ② 입출금 요금 ③ 배송 요금 ④ 반품 요금을 비롯한 폐기 요금 등으로 구성됩니다.

71쪽의 표를 보면 Small, Medium, Large 사이즈에 따라 입출금 요금과 배송 요금이 달라지는 것을 볼 수 있습니다. 일반 택배사도 사이즈(크기, 무게 등)에 따라 택배비가 변동됩니다. 크고 무겁다면 비싸게 받고, 작고 가볍다면 싸게 받는데, 기준은 다음과 같습니다.

로켓그로스의 수수료 체계

쿠팡 판매 수수료
(쿠팡 마켓플레이스 수수료와 동일)

\+

쿠팡풀필먼트 이용 요금(①+②+③+④)		
① 보관 요금	60일간 무료	
② 입출금 요금	1,750원(Small) 1,800원(Medium) 2,400원(Large)	판매 품목 및 판매 가격에 따라 최대 2,150원 할인 (2023년 5월 기준)
③ 배송 요금	2,350원(Small) 2,500원(Medium) 3,300원(Large)	
④ 반품 요금/폐기 요금 등	2023년 무료	

① **보관 요금**: 쿠팡의 물류창고에 보관하는 요금

② **입출금 요금**: 판매자가 쿠팡의 물류창고로 판매 상품을 입고하면 해당 물품을 옮겨서 적절한 물류창고로 이동 및 적재해야 합니다. 그리고 실제 판매가 발생하면 해당 상품을 포장하기 위해서 꺼내야 하는 작업이 필요한데, 여기에 드는 비용입니다.

③ **배송 요금**: 택배비라고 생각하면 됩니다.

④ **반품 요금**: 반품이 발생했을 때 청구하는 반품 배송비(일반 택배도 반품되면 반품 배송비가 청구됨)
폐기 요금: 반품된 상품 등을 판매자가 회수해 가지 않으면 이 상품을 폐기하는 데 드는 비용

| 물류센터에서 사용하는 바구니의 종류 |

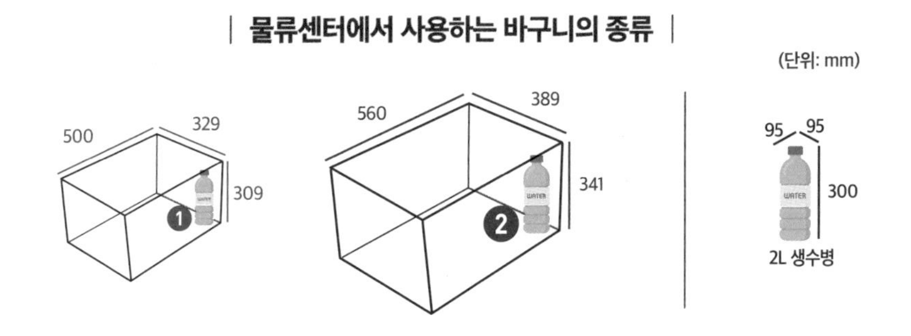

쿠팡의 사이즈별 대표 상품군

	사이즈	대표 상품
Small	❶번 바구니에 3개 이상 적재 가능 & 무게 5kg 이하	운동화, 귀걸이, 화장품세트, 맨투맨 셔츠 등
Medium	• ❶번 바구니에 3개 이상 적재 가능 & 무게 5kg 초과 • ❶번 바구니에 2개 이하 적재 가능 • ❷번 바구니에 적재 가능	15L 쓰레기통, 소형 압력솥, 접이식 캠핑 의자, 냄비/프라이팬 세트 등
Large	❷번 바구니에 적재 불가	어린이용 킥보드, 3단 접이식 토퍼, 매트리스, 빨래건조대, 여행용 캐리어 등

71쪽의 표와 앞의 표를 기준으로 사이즈별 쿠팡풀필먼트의 요금을 계산해 보면 다음과 같은 기본 요금이 나옵니다.

개별 포장 상품 사이즈	기본 요금(입출금 요금+배송 요금) 부가세 별도	할인 금액
Small	4,100원(1,750+2,350원)	판매 품목 및 판매 가격에 따라 기본 요금에서 최대 2,150원 할인
Medium	4,300원(1,800+2,500원)	
Large	5,700원(2,400+3,300원)	

쿠팡풀필먼트 할인 비용은 꼭 확인해야 한다

67쪽에서 사례로 들었던 29,900원짜리 패션 신발의 경우 사이즈는 Small이 되어 풀필먼트 기본 요금은 4,100원이지만, 2,000원을 할인해서 2,100원만 요금이 청구됩니다. 반면 똑같은 사이즈의 45,000원짜리 패션 신발은 같은 Small 사이즈여서 쿠팡풀필먼트 기본 요금은 4,100원으로 같지만, 전혀 할인되지 않아 4,100원의 요금이 적용됩니다. 왜일까요?

로켓배송과 로켓그로스(판매자로켓)의 경우 쿠팡에서는 무료 배송이라고 이야기하지만, 실질적으로는 배송비를 상품의 가격에 녹여 팔아야 하는 상황입니다. 이렇게 하지 않으면 수익을 낼 수 없기 때문입니다. 그런데 저렴한 상품의 경우 풀필먼트 비용이 너무 비싸면 가격 경쟁력을 잃을 수 있어서 상품별, 사이즈별, 판매 가격별 풀필먼트 할인 금액에 차등을 두었을 것이라고 예측됩니다.

결론적으로 로켓그로스로 판매를 생각한다면 쿠팡풀필먼트 요금 계산은 필수입니다. 할인 금액을 포함한 쿠팡풀필먼트 요금은 'wing.coupang.com/tenants/rfm/settlements/onboarding'에서 정확하게 계산할 수 있습니다.

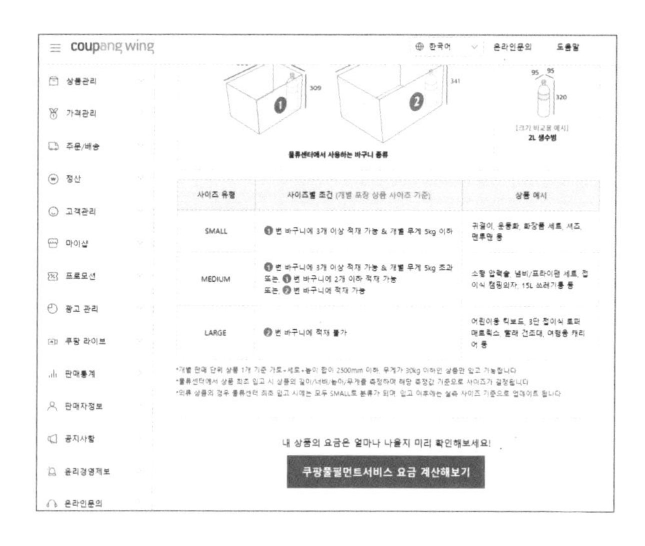

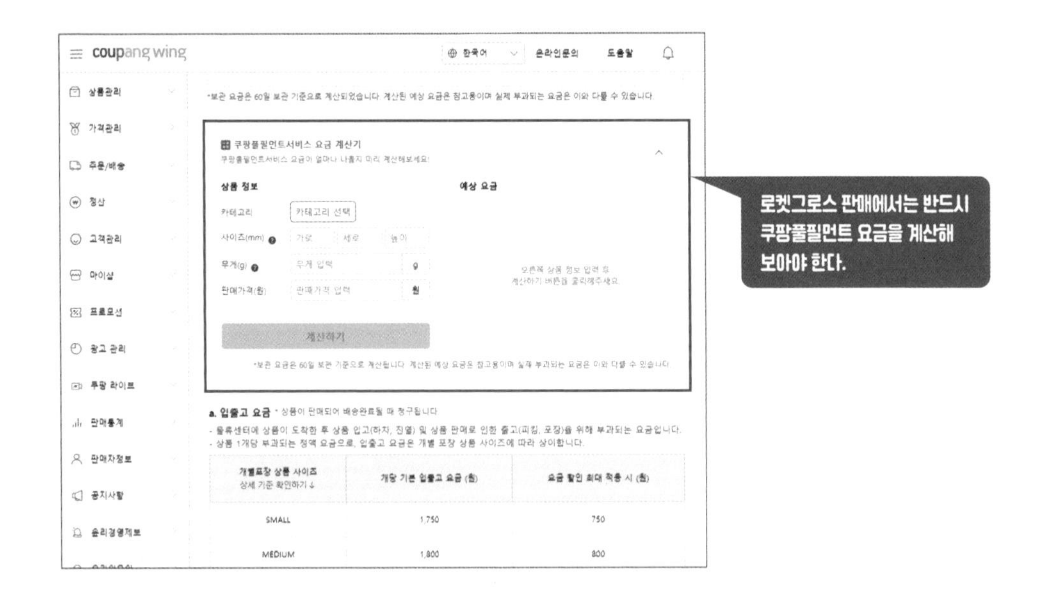

사례 19,800원짜리 여성 의류를 판매할 경우 로켓배송 vs 마켓플레이스 중 어떤 판매 방식이 유리할까?

소비자 가격 19,800원짜리 여성 의류를 판매한다고 가정하고 쿠팡 마켓플레이스와 로켓배송 중 어떤 것이 판매자에게 유리한지 비교해 보겠습니다.

쿠팡의 여성 의류 마켓플레이스 수수료는 부가세 포함 11.55%입니다. 이 경우 쿠팡에서 수수료(19,800원×11.55%=2,287원)를 제외한 17,513원을 정산받을 수 있지만, 소비자에게 직접 배송하기 위해 택배비 및 박스 비용 등 포장 재료비가 들어갑니다. 그래서 이 비용을 뺄 경우 최종 금액은 14,513원이 됩니다.

로켓 매입가가 소비자 가격의 70%인 경우

		마켓플레이스 방식(원)	로켓배송 방식(원)
소비자 가격		19,800	19,800
쿠팡 마켓플레이스 수수료	11.55%(부가세 포함)	2,287	해당 없음
쿠팡 직매입 가격	70%(가정)	해당 없음	13,860
쿠팡에서 정산받은 금액		17,513	13,860
추가 소요 비용	택배비	2,700	0
	박스 및 포장용 부자재 비용	300	0
수익(제품 원가는 고려하지 않았음)		14,513	13,860

로켓 방식으로 진행하고 직매입 가격이 70%라고 가정하면 쿠팡에서 13,860원의 매출이 발생합니다. 하지만 이 경우 추가로 들어가는 택배비나 박스 비용 등 포장 재료비가 들어가지 않게 되어 결과적으로 이들 2가지 방식의 갭은 653원이 됩니다.

차이가 이 정도라면 저는 무조건 로켓배송을 진행할 것입니다. 직접 배송할 경우 택배 포장에 인력이 필요한데, 이런 것만 고려해도 로켓배송이 훨씬 유리한 결정이기 때문입니다.

로켓 매입가가 소비자 가격의 60%인 경우

		마켓플레이스 방식(원)	로켓배송 방식(원)
소비자 가격		19,800	19,800
쿠팡 마켓플레이스 수수료	11.55%(부가세 포함)	2,287	해당 없음
쿠팡 직매입 가격	60%(가정)	해당 없음	11,880
쿠팡에서 정산받은 금액		17,513	11,880
추가 소요 비용	택배비	2,700	해당 없음
	박스 및 포장용 부자재 비용	300	해당 없음
수익(제품 원가는 고려하지 않았음)		14,513	11,880

마켓플레이스와 로켓배송 방식은 로켓 매입가가 70%인 경우에는 653원 차이가 났지만, 로켓 매입가가 60%인 경우에는 2,633원 차이가 납니다. 이 경우에는 어떤 선택을 해야 할까요?

상황에 따라 다르겠지만, 일반적으로 로켓배송으로 판매하면 마켓플레이스보다 2배 이상 더 팔린다고 알려져 있습니다. 그리고 로켓배송으로 판매하면 택배 배송을 위한 포장 인력 등의 인건비가 들어가지 않기 때문에 최소 이들 2가지 요소(추가 소요되는 인건비와 로켓배송으로 판매했을 때 더 팔리는 판매량)를 생각한 후 자신의 상황에서 무엇이 유리한지 잘 생각해서 선택하는 것이 좋습니다.

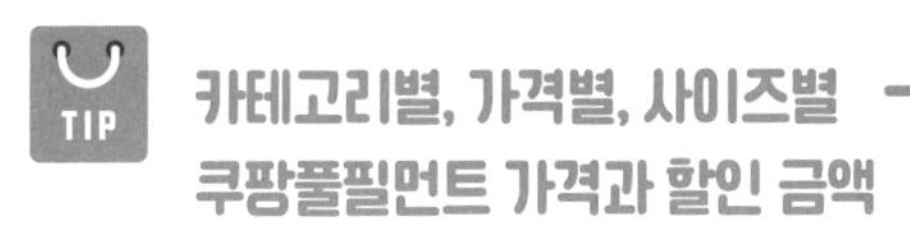

카테고리별, 가격별, 사이즈별 쿠팡풀필먼트 가격과 할인 금액

다음은 카테고리별, 가격별, 사이즈별 쿠팡풀필먼트 가격과 할인 금액의 일부분입니다.

카테고리 1차분류	카테고리 2차분류	개별 포장 상품 사이즈	최종 소비자 판매가 구간(이상 ~ 미만)별 입출고 및 배송 요금의 합				
			8,000원 미만	8,000원~20,000원	20,000원~30,000원	30,000원~40,000원	40,000원~
		SMALL	600원 할인 ~~4,100~~ 3,500	200원 할인 ~~4,100~~ 3,900	4,100	4,100	4,100
영유아 필수품	기저귀	MEDIUM	600원 할인 ~~4,300~~ 3,700	200원 할인 ~~4,300~~ 4,100	4,300	4,300	4,300
		LARGE	600원 할인 ~~5,700~~ 5,100	200원 할인 ~~5,700~~ 5,500	5,700	5,700	5,700
		SMALL	600원 할인 ~~4,100~~ 3,500	100원 할인 ~~4,100~~ 4,000	4,100	4,100	4,100
영유아 필수품	분유	MEDIUM	600원 할인 ~~4,300~~ 3,700	100원 할인 ~~4,300~~ 4,200	4,300	4,300	4,300
		LARGE	600원 할인 ~~5,700~~ 5,100	100원 할인 ~~5,700~~ 5,600	5,700	5,700	5,700
		SMALL	600원 할인 ~~4,100~~ 3,500	1,050원 할인 ~~4,100~~ 3,050	4,100	4,100	4,100
영유아 필수품	물티슈	MEDIUM	600원 할인 ~~4,300~~ 3,700	1,050원 할인 ~~4,300~~ 3,250	4,300	4,300	4,300
		LARGE	600원 할인 ~~5,700~~ 5,100	1,050원 할인 ~~5,700~~ 4,650	5,700	5,700	5,700
		SMALL	600원 할인 ~~4,100~~ 3,500	700원 할인 ~~4,100~~ 3,400	4,100	4,100	4,100
영유아 기타용품	유아 세제	MEDIUM	600원 할인 ~~4,300~~ 3,700	700원 할인 ~~4,300~~ 3,600			
		LARGE	600원 할인 ~~5,700~~ 5,100	700원 할인 ~~5,700~~ 5,000			
		SMALL	600원 할인 ~~4,100~~ 3,500	800원 할인 ~~4,100~~ 3,300			
영유아 기타용품	어린이식품	MEDIUM	600원 할인 ~~4,300~~ 3,700	800원 할인 ~~4,300~~ 3,500			
		SMALL	600원 할인 ~~4,100~~ 3,500	2,000원 할인 ~~4,100~~ 2,100	4,100	4,100	4,100
주방	테이블웨어	MEDIUM	600원 할인 ~~4,300~~ 3,700	2,000원 할인 ~~4,300~~ 2,300	4,300	4,300	4,300
		LARGE	600원 할인 ~~5,700~~ 5,100	2,000원 할인 ~~5,700~~ 3,700	5,700	5,700	5,700
		SMALL	600원 할인 ~~4,100~~ 3,500	1,500원 할인 ~~4,100~~ 2,600	1,500원 할인 ~~4,100~~ 2,600	4,100	4,100
주방	주방조리도구	MEDIUM	600원 할인 ~~4,300~~ 3,700	1,500원 할인 ~~4,300~~ 2,800	1,500원 할인 ~~4,300~~ 2,800	4,300	4,300
		LARGE	600원 할인 ~~5,700~~ 5,100	1,500원 할인 ~~5,700~~ 4,200	1,500원 할인 ~~5,700~~ 4,200	5,700	5,700

쿠팡에서는 판매 가격 8,000원~20,000원에 가장 많은 할인을 적용한다.

※ 지면이 한정되어 일부분만 제시했음

판매 아이템의 카테고리별, 사이즈별, 가격별 할인 폭이 다르지만, 판매가 부분을 주의해서 보세요. 상품군에 따라 다를 수 있지만, 상당수의 상품군이 판매 가격 기준 8,000원~20,000원에 가장 많은 할인을 적용하고 있습니다. 이것은 여러 가지 의미가 있겠지만, 상품을 기획할 때 8,000원~20,000원 사이의 상품으로 기획하는 것이 판매에 유리할 수 있으므로 꼭 기억해야 합니다.

상품마다 궁합이 잘 맞는 판매 방식은 따로 있다

쿠팡은 다른 플랫폼과 다르게 판매 방식이 3가지나 있습니다. 스마트스토어와 같이 다른 마켓플레이스에서 잘 판매하고 있는 판매자들도 쿠팡이 복잡하다고 생각해서인지 쿠팡에서는 판매를 안 하는 경우도 많습니다. 판매한다고 해도 단순히 상품 등록 정도에서 끝내다 보니 실질적으로는 잘 판매하지 못하는 경우가 많은 상황입니다. 하지만 쿠팡 플랫폼에 대해 정확하게 이해하고 있으면 스마트스토어에 비해 경쟁이 치열하지 않아서 훨씬 쉽게 성공할 수 있습니다. 그러면 앞에서 이야기했던 내용을 바탕으로 쿠팡에서는 어떤 판매 방식을 선택해야 할지 살펴보겠습니다.

마켓플레이스 vs 로켓배송 vs 로켓그로스 비교하기

마켓플레이스와 로켓배송, 로켓그로스(판매자로켓)를 비용적인 측면뿐만 아니라 마케팅적인 측면에서 비교해 보겠습니다.

1 | 비용적인 측면

쿠팡에서 판매하는 3가지 방식에 따라 비용적인 부분을 고려하면 다음과 같이 정리할 수 있습니다.

	마켓플레이스	로켓배송	로켓그로스
쿠팡 매입가	해당 없음	판매가의 60~75%	해당 없음
판매 수수료	4~10.8% (부가세 별도)	해당 없음	4~10.8% (부가세 별도)
쿠팡풀필먼트 비용	해당 없음	해당 없음	할인 적용 시 최소 2,100원~ 최대 5,700원(부가세 별도)
택배비	2,500원 (부가세 별도)	해당 없음	해당 없음
포장 비용	300원 (부가세 별도)	해당 없음	해당 없음
포장 인력	자체 인력 필요	필요 없음	필요 없음
고객 응대	자체 인력 필요	필요 없음	필요 없음

예를 들어 29,900원짜리 패션 신발을 쿠팡에서 판매할 때 마켓플레이스와 로켓배송, 로켓그로스 방식으로 각각 진행하면 어떻게 될까요? 참고로

패션 신발의 경우 판매 수수료는 10.50%(부가세 별도)이고 부가세까지 포함하면 11.55%입니다. 그리고 패션 신발 가격이 소비자 판매가 기준 20,000~30,000원인 경우에는 쿠팡풀필먼트 비용 할인이 적용되어 부가세 별도는 2,100원, 부가세 포함은 2,310원이 적용됩니다. 이 경우 로켓의 매입가를 60%, 70%로 가정하면 다음과 같이 계산할 수 있습니다.

(부가세 포함, 단위: 원)

	마켓플레이스	로켓그로스	로켓배송	
			매입가 60%	매입가 70%
쿠팡 판매가	29,900	29,900	29,900	29,900
쿠팡 매입가	해당 없음	해당 없음	17,940	20,930
판매 수수료 (부가세 포함 11.55%)	3,453	3,453	해당 없음	해당 없음
택배비	2,750	해당 없음	해당 없음	해당 없음
포장재 비용	330	해당 없음	해당 없음	해당 없음
쿠팡풀필먼트 비용	해당 없음	2,310	해당 없음	해당 없음
판매자 정산 금액	23,367	24,137	17,940	20,930

마켓플레이스로 판매하면 쿠팡 수수료 및 택배비 등을 제외하고 23,367원을, 로켓그로스로 판매하면 24,317원을 정산받습니다. 로켓배송은 매입가를 60%로 했을 때와 70%를 했을 때 17,940원과 20,930원으로, 정산 금액이 차이가 납니다.

이처럼 내가 판매하려는 상품의 종류 및 가격에 따라 비용이 달라지므로 상황에 맞추어서 어떤 것이 더 유리한 선택인지 한 번쯤 생각해 보아야 합니다. 아울러 로켓배송을 진행할 경우 매입가를 얼마 정도로 정할지도 생각해 볼 수 있습니다.

2 | 마케팅적인 측면

쿠팡은 판매 방식에 따라 제공하는 배지가 다릅니다.

로켓배송을 하면 로켓배송 배지(로켓배송)가,

로켓그로스로 판매하면 판매자로켓 배지(판매자로켓)가 제공됩니다.

(로켓그로스로 판매하는데 판매자로켓 배지가 아닌 로켓배송 배지가 제공되는 경우도 있습니다. 일반적으로는 아주 많이 팔리면 판매자로켓이 아닌 로켓배송 배지를 제공합니다.)

마켓플레이스 방식으로 판매하면 배지가 제공되지 않습니다.

| 마켓플레이스와 로켓배송, 로켓그로스별로 제공하는 배지 |

마켓플레이스

로켓배송

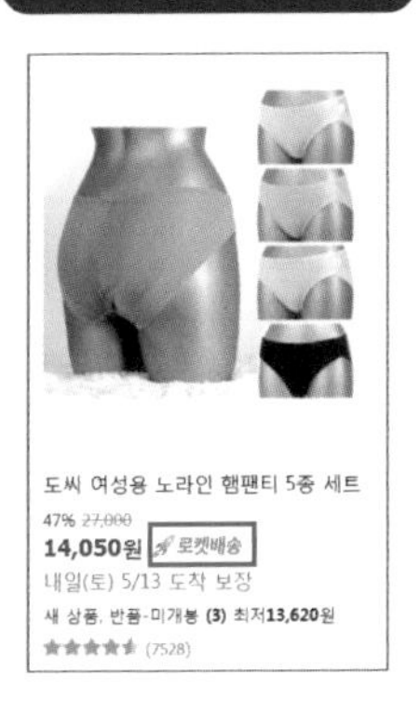

로켓그로스

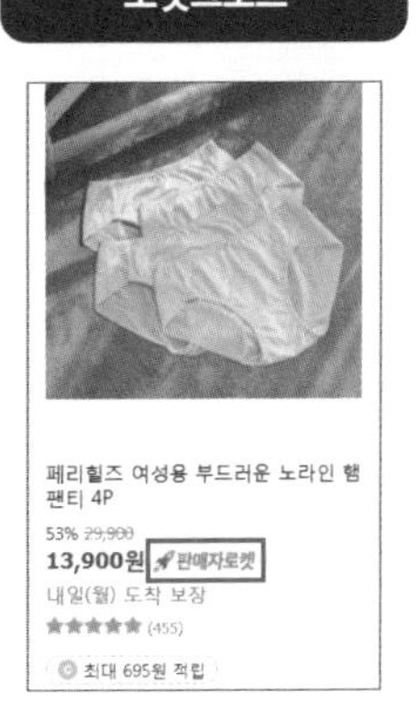

쿠팡에서 구매하는 가장 큰 이유는 로켓배송 때문입니다.

로켓 방식으로 판매하면 로켓배송 배지(로켓배송)가 제공되는데, 가격과 품질이 똑같은 상품이어도 로켓배송 배지가 달려 있으면 2배 이상 더 팔린다는 것이 정설입니다. 80쪽에서 비용적인 측면에서 살펴보았을 때 로켓배송으로 판매했을 경우 판매자는 제일 적은 정산 금액을 받게 됩니다. 하지만 마케플레이스 대비 훨씬 많이 판매할 수 있다면 어떤 것이 유리할지 생각해 보아야 할 것입니다.

판매자로켓 배지(판매자로켓)도 마찬가지입니다. 로켓배송보다는 좀 덜 판매되지만, 배지가 없는 마켓플레이스 방식으로 판매할 때보다 훨씬 많이 팔린다는 것이 정설입니다. 이런 상황에서 단순히 상품 1개당 수익만 생각할 것이 아니라 예측되는 판매량을 바탕으로 어떤 것이 유리할지 생각해 보는 것이 중요합니다.

3 | 가격적인 측면

세 번째는 가격의 설정 부분입니다.

마켓플레이스 방식으로 판매하면 당연히 판매가는 판매자가 설정합니다. 그리고 가격 변경의 요인(공급가 인상 등)이 생겼을 때도 판매자가 알아서 가격을 변경하면 됩니다. 로켓그로스 방식도 판매자가 알아서 정하고, 가격이 바뀌면 그것을 반영하여 판매가를 변경하면 됩니다. 하지만 로켓배송의 경우에는 판매가를 변경하려면 담당 BM의 승인을 받아야 합니다. 첫 판매를 시작할 때도 판매자가 제시한 가격에 대해 담당 BM이 승인해야 판매가 됩니다. 이처럼 판매하는 도중에 공급가 인상 등 가격 변경 요인이 생겼을 때 판매자가 마음대로 가격을 변경할 수 있는 것이 아니라 담당 BM의 승인을 받아야 합니다.

로켓배송은 쿠팡이 판매자로부터 직매입하는 방식을 취하다 보니 판매자가 가격을 올렸을 경우 쿠팡에서는 직매입할지의 여부를 결정해야 합니다. 이 경우 로켓 판매자 중에서 판매량이 매우 많은 판매자는 담당 BM과 전화해서 협의를 하기도 합니다. 하지만 그렇지 않은 판매자들의 경우 담당 BM과 컨택하는 방법은 이메일 E-mail뿐입니다. 쿠팡에서는 당연히 담당 BM의 전화번호 등의 연락처는 알려주지 않습니다.

이처럼 마케팅적인 요인들(가격 책정, 로켓 배지 등)을 고려하여 3가지 판매 방식(마켓플레이스, 로켓그로스, 로켓배송) 중 어떤 것으로 판매를 진행할지 잘 생각해 보는 것이 중요합니다.

4 | 공간+인력+재고적인 측면

마켓플레이스 방식은 택배 포장을 비롯하여 고객 응대까지 직접 해야 합니다. 반면 로켓배송과 로켓그로스는 고객 응대부터 배송 및 반품에 이르기까지 쿠팡이 알아서 해 준다는 것이 가장 큰 장점입니다. 결과적으로 판매에 따른 인건비를 절약할 수 있다는 장점이 있습니다.

또 한 가지 장점은 공간적인 부분입니다. 상품을 적재할 충분한 창고나 사무실을 가지고 있다면 문제가 되지 않지만, 그렇지 않은 경우에는 여기에 들어가는 추가 비용이 발생할 수 있습니다. 하지만 로켓배송이나 로켓그로스를 이용하면 상품을 쿠팡 물류센터에서 보관해 주기 때문에 여기에 드는 비용이 없습니다.

아울러 로켓배송은 (가격 변경이 쉽지 않지만) 재고 부담이 없습니다. 판매를 위해 제조사에서 제품을 구매해 왔는데 팔리지 않을 수 있습니다. 이때 마켓플레이스나 로켓그로스는 판매자가 재고에 대한 부담을 갖지만, 로켓배송은 직매입으로 진행하다 보니 재고에 대한 부담이 없습니다.

지금까지 설명한 내용을 기반으로 다음 표에서 제시하는 4가지 요소를 살펴보면서 판매 방식을 정하는 것이 좋습니다.

판매 방식 결정 체크리스트

1 | 비용적인 측면

- □ 쿠팡풀필먼트 비용 할인이 적용되는가?
- □ 로켓배송 매입가는 얼마로 할 것인가?
- □ 판매 수수료는 얼마인가?
- □ 택배비는 얼마인가?
- □ 포장비는 얼마인가?
- □ 자체 인력(포장+CS)이 있는가?

---

2 | 마케팅적인 측면

- □ 배지(로켓배송 OR 판매자로켓)가 필요한가?

---

3 | 가격 설정에 대한 측면

- □ 가격 결정권을 갖고 싶은가? (BM 승인 여부)

---

4 | 공간, 인력, 재고에 대한 측면

- □ 판매사 내부에 택배 포장과 고객 응대 직원이 있는가?
- □ 판매사 내부 혹은 외부에 물건을 보관할 수 있는 공간이 있는가?

판매자에 따라 판매 방식도 달라진다

스마트스토어는 쉽게 시작했는데, 쿠팡은 어떻게 시작해야 할지 막막하다고 이야기하는 판매자들이 많습니다. 스마트스토어의 경우에는 판매자의 규모나 상황과 상관없이 상품을 등록하는 것부터 시작합니다. 그런데 쿠팡은 시작할 때 3가지 판매 방식 중 하나를 선택할 수 있습니다. 즉 스마트스토어 같은 마켓플레이스 방식으로 판매할지, 로켓배송을 해야 할지, '로켓그로스'라고 하는 판매자로켓을 해야 할지 선택해야 합니다. 또한 판매 방식별로 관리자 페이지가 다르기도 하고 쿠팡과 계약도 체결해야 합니다.

그냥 쿠팡에서 연락이 와서 아무것도 모르는데 로켓배송을 시작했다고 이야기하는 분들도 가끔 있습니다. 그래서 이번에는 간략하게나마 어떤 방식으로 상품을 판매하는 것이 좋을지 정리해 보았습니다.

판매 방식 1 마켓플레이스 방식 – 판매자라면 누구나 기본!

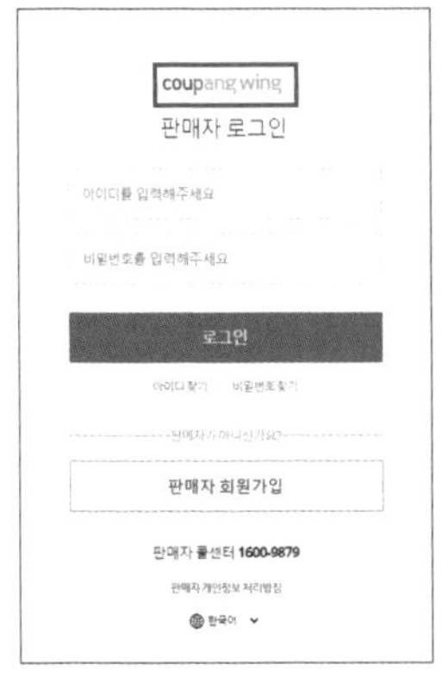

마켓플레이스 방식을 가입할 수 있는 쿠팡윙 화면

마켓플레이스 방식은 스마트스토어나 오픈마켓처럼 판매자가 상품을 등록하고 판매자가 계약한 택배를 통해 구매자에게 상품을 발송하는 구조입니다. 이 방식은 'wing.coupang.com'에서 판매자로 가입한 후 시작할 수 있습니다(107쪽 참고). 왼쪽 이미지에 나온 것처럼 'coupang wing'이라고 쓰여 있어서 마켓플레이스 판매를 위한 관리자 페이지를 '쿠팡윙'이라고도 부릅니다.

쿠팡윙은 쿠팡에서 판매하려면 무조건 해야 하는 기본 요소입니다. 로켓그로스로 판매하려고 해도 쿠팡윙을 신청하지 않으면 진행할 수 없기 때문입니다. 마켓플레이스 판매 방식에 적합한 판매자 유형을 정리해 보면 다음과 같습니다.

- 온라인 판매가 처음인 판매자
- 스마트스토어의 경험이 있는 판매자(스마트스토어에서 아주 잘 파는 판매자라고 해도 로켓배송만으로 판매할 것이 아니면 무조건 쿠팡윙을 해야 합니다.)
- 오픈마켓 경험이 있는 판매자(오픈마켓에서 아주 잘 파는 판매자라고 해도 로켓배송만으로 판매할 것이 아니면 무조건 쿠팡윙을 해야 합니다.)
- 현재 로켓배송 방식으로만 판매를 하고 수익률 등의 문제 때문에 로켓배송으로 진행할 수 없는 상품이 있는 판매자 등

마켓플레이스 방식은 그냥 누구나 다 해야 하는 방식이라고 생각하면 됩니다.

판매 방식 2 로켓그로스(판매자로켓) 방식 – 쿠팡윙 경험 후 도전

온라인 판매가 처음인 판매자에게 판매자로켓 방식을 하라고 하면 실질적으로 진행하지 못하는 경우가 대부분입니다. 가장 큰 이유는 쿠팡의 물류창고에 내 상품을 입고해야 하는데 혹시 안 팔리면 어떻게 해야 하는지, 물류창고에 물건을 어떻게 입고해야 하는지 등등 온라인에서 경험이 전혀 없어서 걱정이 앞서는 경우가 많기 때문입니다. 그래서 보통은 마켓플레이스 방식으로 판매해서 어느 정도 자신감을 키우고 그 이후에 로켓그로스 방식을 진행하는 경우가 많습니다.

하지만 스마트스토어나 G마켓, 옥션 등에서 판매해 본 경험이 있는 분들이라면 로켓그로스는 아주 유용한 판매 방식이 될 것입니다. 판매자로켓 배지(판매자로켓)를 달고 있어서 마켓플레이스 방식으로 판매하는 것보다 더 많은 판매를 기대할 수도 있고, 고객 응대 및 배송에 대한 부담도 거의 없으므로 어렵지 않게 시작할 수 있다는 장점이 있습니다. 또한 투잡으로 온라인에서 판매할 경우 위탁 판매로 진행한다고 해도 고객 응대부터 배송까지 신경 쓸 것이 많은데, 판매자로켓으로 진행하면 업무량을 크게 줄일 수 있어서 매우 유리합니다.

로켓배송을 진행하기 어려운 분들도 로켓그로스는 아주 좋은 선택이 됩니다. 로켓배송을 하려면 쿠팡 서플라이어 허브supplier.coupang.com에서 판매가와 납품가를 정해 쿠팡의 승인을 받아야 합니다. 그런데 이 과정에서 마진율 문제 등으로 로켓배송을 진행하기 어려운 경우가 많습니다. 이때 로켓그로스는 아주 좋은 대안이 됩니다. 로켓그로스 방식, 즉 로켓 판매에 적합한 판매자 유형을 정리해 보면 다음과 같습니다.

- 스마트스토어나 오픈마켓 등에서 판매 경험이 있는 판매자
- 투잡으로 일하다 보니 고객 응대 및 배송 등이 부담스러운 판매자
- 납품가 문제로 로켓배송을 진행하기 어려운 판매자
- 로켓배송 대비 높은 수익을 원하는 판매자
- 마켓플레이스 방식으로 시작해서 어느 정도 판매에 자신감이 생긴 판매자

판매 방식 3 로켓 판매 방식

일반적으로 로켓 판매 방식은 마진율이 제일 낮습니다. 그럼에도 불구하고 로켓배송을 하고 싶어 하는 이유는 다음 2가지입니다.

1 | 로켓 배지 때문에 더 많이 판매할 수 있다

마진율이 낮아도 판매량이 늘어나면 결과적으로 수익이 더 많이 늘어나는 효과가 있습니다.

2 | 재고에 대한 부담에서 벗어날 수 있다

예를 들어 의류 판매자가 잘 팔릴 것이라고 생각해서 사입이나 주문 제작

을 많이 했는데, 실제로 잘 판매되지 않으면 재고 때문에 판매하고도 마이너스 수익이 되는 경우가 많습니다. 하지만 로켓배송을 통해 판매하면 해당 상품이 팔리든, 안 팔리든 쿠팡이 재고를 떠안기 때문에 재고에 대한 부담에서 벗어날 수 있습니다.

참고로 로켓배송은 대형 업체만 한다고 생각하지만, 1인 사업자도 로켓배송으로 판매하고 있는 경우가 많습니다. 그래서 마켓플레이스 방식을 통해 어느 정도 판매에 자신이 생기면 로켓배송을 이용해 판매를 시도하는 것도 좋은 방법입니다.

결론적으로 이야기하면
제조사라면 쿠팡 로켓배송은 기본입니다.
판매량이 높은 판매자라면 로켓배송 또는 로켓그로스를 고민해 보아야 합니다.
1인 사업자라고 해도 어느 정도 자신감이 생기면
판매하는 일부 상품에 대해 로켓배송을 고려하는 것도 좋습니다.
마진은 다소 적을 수 있지만,
안정적인 판매와 재고 부담이 없고
인력적인 부분이나 장소 문제까지 해결할 수 있기 때문입니다.

쿠팡은 스마트스토어보다 판매 방식이 다양해서 가장 많이 팔리는 마켓플레이스입니다. 다양한 판매 방식 때문에 판매자들은 복잡하다고 생각하지만, 스마트스토어보다 판매자들의 경쟁이 치열하지 않습니다. 그래서 쿠팡은 다른 어떤 플랫폼보다 성공하기 쉬운 플랫폼이라고 생각합니다.

2일 차

쿠팡 **입점 & 상품** 등록하기

coupang

사업자 종류별 장단점과 나의 선택은?

쿠팡은 사업자등록증과 통신판매업신고증 필수!

스마트스토어와 쿠팡은 여러 부분에서 다르지만, 그중 입점하는 방법에서도 차이가 있습니다. 스마트스토어는 사업자 등록을 하지 않아도 판매자로 등록하고 상품을 판매할 수 있습니다. 그래서 우선 개인으로 스마트스토어에 가입하고 상품을 등록한 후 점차 판매량이 늘어나면 사업자 등록을 해도 괜찮습니다. 하지만 쿠팡은 사업자등록증과 통신판매업신고증이 없으면 상품을 판매할 수 없습니다. 그래서 쿠팡에서 판매하려면 사업자등록증, 통신판매업신고증, 통장 사본을 준비하고 시작해야 합니다.

| 쿠팡 vs 스마트스토어 입점 시 차이 |

스마트스토어	vs	쿠팡
□ 사업자등록증 선택		□ 사업자등록증 필수
□ 통신판매업신고증 선택		□ 통신판매업신고증 필수
□ 판매 방식 1가지		□ 판매 방식 3가지

사업자 등록은 사업을 시작했음을 정식으로 신고하는 작업으로, 사업을 시작한 날로부터 20일 안에 사업장 관할 세무서에 구비 서류를 갖추어 신청하면 됩니다. 물론 쿠팡에서 판매하려면 사전에 사업자 등록을 해야 합니다.

사업자의 종류는 크게 '개인 사업자'와 '법인 사업자'로 구분됩니다. 법인 사업자는 일반적으로 삼성전자㈜처럼 주식회사의 형태로, 법인설립등기 이후에 사업자 등록을 할 수 있습니다. 반면 개인 사업자는 별도의 설립등기 없이 세무서에 사업자 등록만으로 사업을 진행할 수 있습니다.

개인 사업자 vs 법인 사업자의 차이점

개인 사업자와 법인 사업자는 우선 신뢰도 면에서 차이가 있습니다. 법인 사업자라고 이야기하면 개인 사업자라고 이야기하는 것보다 규모가 있고 믿을 수 있다고 느껴져서 거래할 때 신뢰도가 높아지는 장점이 있습니다.

개인 사업자로 시작할 때의 가장 큰 장점은, 비용을 절약할 수 있고 절차가 간편하다는 것입니다. 왜냐하면 별도의 사무실을 얻지 않고 지금 거주하는 집을 사업장으로 등록할 수도 있고, 세무와 관련된 문제도 홈택스에서 직접 처리하면 되므로 별도의 비용이 들어가지 않기 때문입니다.

반면 법인 사업자로 시작하려면 법인설립등기를 해야 하는데, 개인이 직접 하기는 어렵고 법무사 등을 통해야 합니다. 자본금과 지역에 따라 다르지만, 각종 인지세를 비롯해 법무사 비용을 합치면 자본금을 제외하고 대략 50~80만 원 정도의 비용이 듭니다. 또한 세무적인 부분에서도 기장을 맡겨야 해서 매월 부가세 별도 15만 원이 듭니다. 1년에 한 번씩 결산할 때도 업

		개인 사업자	법인 사업자
사업자 등록	1단계: 법인설립등기	필요 없다.	필요(자본금 별도. 각종 인지세 및 법무사 비용 50~80만 원 소요)
	2단계: 사무실	집에서도 가능	사무실 계약 필요
	3단계: 사업자 등록	세무서에 사업자 등록 (홈택스에서도 가능)	세무서에 사업자 등록 (홈택스에서도 가능)
사업자 유지비	기장 비용	홈택스에서 직접 가능	15만 원/월
	결산 비용	직접 할 수도 있고 이 시점에만 비용 내고 세무사 도움 가능	최소 50~100만 원/연
	사무실 비용	집에서도 가능	필요
장단점		• 비용이 적게 든다. • 법인 사업자 대비 종합소득세 등이 높을 수 있다. • 매출이 20~30억 원 이상이면 법인 전환이 유리하다.	• 개인 사업자 대비 신뢰도가 높다. • 개인 사업자 대비 비용 처리 등이 쉬워 절세가 가능하다.

종과 매출에 따라 다르지만, 매년 부가세 별도 최소 50~100만 원의 비용이 듭니다. 그리고 기본적으로 사무실을 얻어야 합니다.

따라서 초기에 소규모로 최소한의 비용을 가지고 시작한다면 개인 사업자를, 일정 자본금 이상의 큰 규모로 시작하려면 개인 사업자나 법인 사업자를 선택하면 됩니다. 단, 개인 사업자로 시작했어도 규모가 커지거나(연 20~30억 원 이상 매출) 절세 등의 목적이 있다면 법인으로 전환하는 것이 좋습니다.

개인 사업자의 종류 – 간이 과세자 vs 일반 과세자

개인 사업자는 '간이 과세자'와 '일반 과세자'로 나뉘는데, 차이점에 대해 알아보겠습니다. 우선 간이 과세자의 가장 큰 장점은 세금이 적다는 것입니다. 법인 사업자나 개인 사업자의 일반 과세자는 '매출세액(매출액의 10%)–매입세액(매입액의 10%)'을 부가세로 내야 합니다. 반면 간이 과세자는 '매출세액(매출액×업종별 부가가치율×10%)–매입세액(매입액×0.5%)'만 세금을 내기 때문에 세금이 훨씬 적습니다.◆

◆ 간이 과세자로 등록하면 세제 혜택이 큽니다. 그래서 일부 판매자의 경우 간이 과세자로 시작한 후 매출이 늘어나서 일반 과세자가 되면 폐업을 신청하고 다시 간이 과세자로 사업자 등록을 하는 경우가 꽤 많습니다. 좋은 방법은 아니지만 간이 과세자가 얼마나 혜택이 많은지 반증하는 현상입니다.

11,000원짜리 빵을 팔면 세금은 얼마? – 간이 과세자 vs 일반 과세자

제품의 판매 가격은 '공급가'와 '부가가치세'로 나뉘어져 있습니다.

부가가치세는 공급가의 10%입니다.

빵 1개의 가격이 11,000원이라면

공급가 10,000원+부가세 1,000원으로 구성된 것입니다.

또한 10,000원(부가세 별도)과 11,000원(부가세 포함)은 같은 의미입니다.

예를 들어 재료비 50만 원(부가세 별도)을 주고 빵을 만들어서 100만 원(부가세 별도)에 판매했다면 납부해야 하는 부가가치세는 얼마일까요?

	일반 과세자		간이 과세자	
매출 부가세(A)	1,000,000원×10% =100,000원	매출액의 10%	1,000,000원× 15%× 10% =15,000원	매출액×업종별 부가 가치율×10%(소매업의 부가가치율은 15%)
매입 부가세(B)	500,000원×10% =50,000원	매입액의 10%	500,000원×0.5% =2,500원	매입액×0.5%
납부해야 하는 부가세 (A-B)	100,000원-50,000원 =50,000원		15,000원-2,500원 =12,500원	

간이 과세자 제도는 일반 과세자보다 세금을 덜 낸다.
국가에서 세제 혜택을 주어 살아남으라는 제도인 셈이지만,
연 매출 8,000만 원 이상이 되면 자동으로 일반 과세자가 된다.

간이 과세자의 단점

간이 과세자가 세금을 덜 낸다고 무조건 좋은 것이 아니라 단점도 있습니다.

1 | 세금계산서를 발행하지 못한다

기업과 기업 간의 거래에는 세금계산서가 필수인데, 세금계산서를 발행하지 못하면 구매한 회사는 부가세를 돌려받을 수 없어서 거래가 쉽지 않을 수 있습니다. 하지만 쿠팡, 스마트스토어, G마켓 같은 마켓플레이스에서 거래할 경우 해당 마켓플레이스에서는 신용카드 영수증이나 현금 영수증 등으로 처리되므로 간이 과세자로 진행해도 됩니다.

2 | 매출보다 매입이 커도 부가세를 환급받을 수 없다

예를 들어 사업을 시작하기 위해 부가세 별도 2억 원의 비용이 들었는데, 실제 판매는 부가세 별도 1억 원인 경우 일반 과세자는 매출부가세(1,000만 원)에서 매입부가세(2,000만 원)를 뺀 1,000만 원을 환급받을 수 있습니다. 하지만 간이 과세자는 매출보다 매입이 커도 환급을 받을 수 없습니다. 그래서 초기에 투여하는 비용(사입 비용, 카메라, 조명, 컴퓨터 등 사업을 준비하는 데 투자한 비용)이 커서 부가가치세를 환급받고 시작하고 싶다면 일반 과세자로 등록해야 합니다.

간이 과세자 제도는 국가에서 소규모 자영업자에게 일정한 규모로 커질 때까지 세제 혜택을 주어 살아남을 수 있게 해 주는 제도라고 보면 됩니다.

간이 과세자는 연 매출 기준으로 8,000만 원 이상이 되면 일반 과세자로 자동 전환됩니다. 간이 과세자의 특징을 간단하게 요약하면 다음과 같습니다.

- 초기에 많은 자본이 들어가지 않는다면 간이 과세자로 시작하는 것이 좋습니다.
- 연 매출 8,000만 원이 넘어가면 일반 과세자로 자동 전환됩니다.

쿠팡 입점 준비 4단계 실천법

쿠팡은 스마트스토어보다 진입 장벽이 높은 편!

사업자 등록을 해야 한다고 하니 쿠팡을 해야 할지, 말아야 할지 고민하는 분들이 많을 것입니다. 네이버의 스마트스토어는 사업자 등록을 안 해도 시작할 수 있는데, 쿠팡은 사업자 등록뿐만 아니라 통신판매업 신고까지 해야 한다니 부담이 되기 때문입니다. 게다가 스마트스토어는 판매 방식이 1가지이지만 쿠팡은 3가지입니다. 이와 같이 쿠팡 입점이 복잡하다는 생각에 포기하는 판매자들이 많기 때문에 결과적으로 스마트스토어보다 경쟁이 덜 치열하다는 점을 꼭 기억하세요.

쿠팡에 입점하여 상품을 판매하려면 다음 4단계 과정을 거쳐야 합니다.

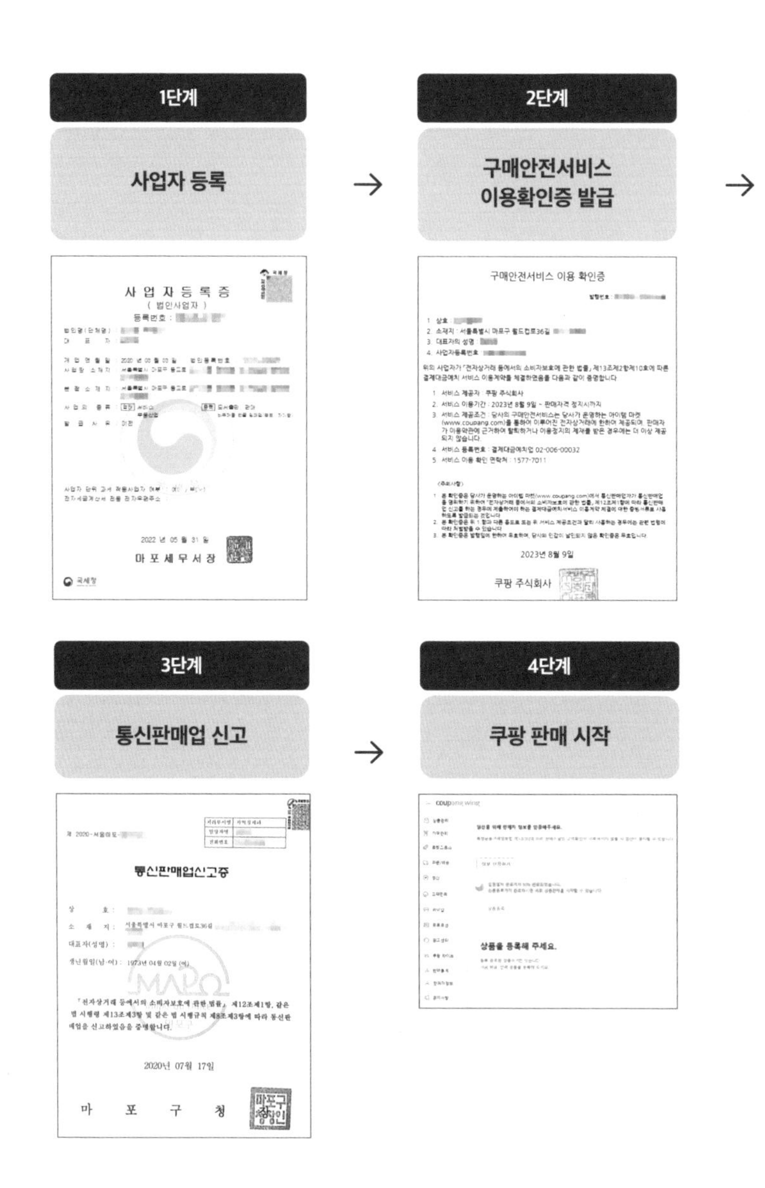

① 사업자 등록하기

법인 사업자로 사업자등록증을 만들려면 대행업체(법무사, 세무사)를 이용하는 것이 좋습니다. 법인설립등기가 필요해서 셀프로 진행하는 것이 어렵기 때문입니다. 반면 개인 사업자로 사업자 등록을 하는 것은 국세청 홈택스 홈페이지에서 10~20분이면 무료로 쉽게 접수하여 발급받을 수 있습니다.

❶ 홈택스 가입하기

'국세청 홈택스'(www.hometax.go.kr)에 회원 가입합니다.

❷ 공동인증서로 로그인합니다.

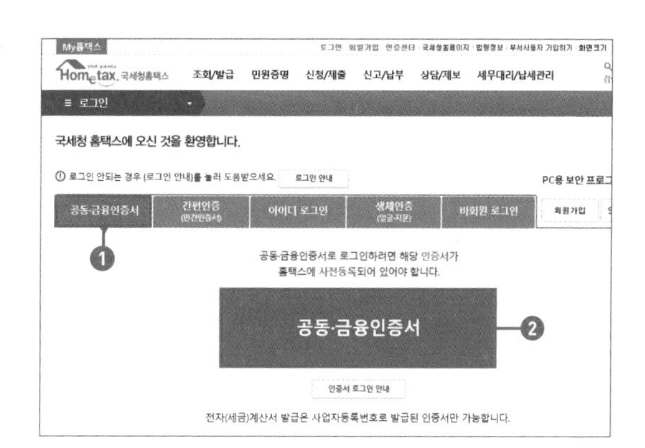

❸ '사업자 등록신청' 선택하기

'신청/제출' → '사업자등록신청/정정 등'의 '사업자등록신청(개인)'을 선택합니다.

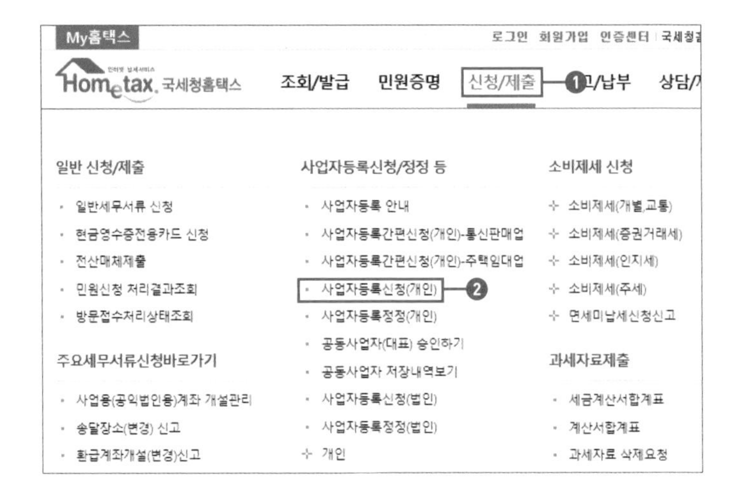

❹ '사업자 등록신청(개인)'에서는 '기본정보'의 '상호명(단체명)'에 상호명을 넣습니다. '주민등록번호'와 '성명(대표자)' 등은 자동으로 입력되어 있습니다.

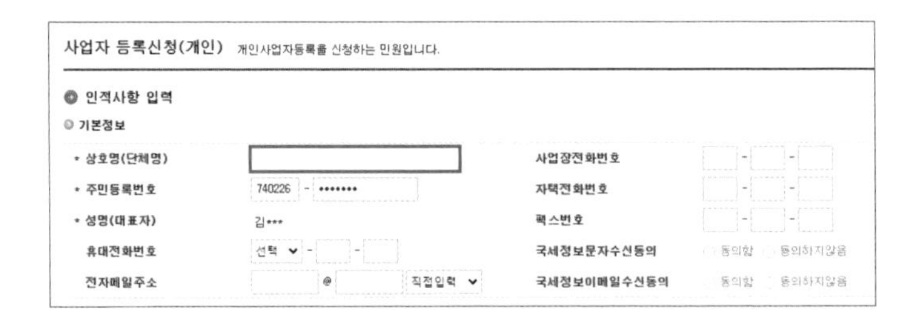

상호명을 만드는 것부터 어떻게 만들어야 할지 모르겠다면 내가 판매하려고 하는 상품군과 연관 있는 이름으로 정하는 것도 좋은 방법입니다. 예를 들어 삼성전자는 전자제품을, 삼성생명은 보험을 판매한다는 것을 이름만 봐도 알 수 있죠? 이런 식으로

이름을 만들 수 있습니다. 내가 온라인에서 과일과 야채를 판매하려면 '가락일등청과'(가락동에서 청과물을 파는 일등업체라는 뜻)처럼 상호만 봐도 무엇을 팔고 있는지 소비자가 알 수 있게 만드는 방식입니다.

다른 방법도 있습니다. 상품과 아무런 상관이 없게 상품명을 만드는 것입니다. 아이폰을 만드는 '애플(Apple)'을 생각해 보세요. '애플'이라는 이름과 스마트폰, 컴퓨터, 태블릿은 전혀 관련성이 없습니다. 이렇게 애플처럼 판매 상품과 회사명을 전혀 관련 없이 정해도 상관없습니다. 그러니 상호명은 앞에서 말한 2가지 방식 중 하나를 선택해서 어렵지 않게 만들 수 있습니다.

5. '사업장(단체) 소재지'의 '주소지 동일여부'에서는 현재 거주지에서 사업할 경우에는 '여'를, 사업장이 별도로 있으면 '부'를 선택합니다.

6. 업종 선택하기

'업종 선택'에서는 업종을 선택합니다. '전체업종 내려받기'를 선택해 업종을 실제로 찾아서 등록할 수도 있고 [업종 입력/수정]을 클릭해서 빠르게 선택할 수도 있습니다.

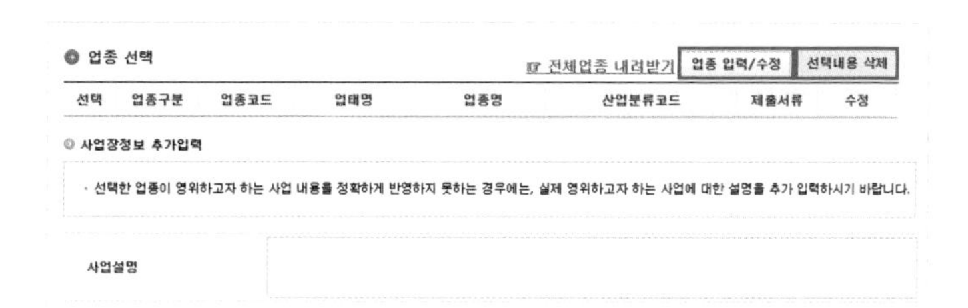

7 [업종 입력/수정]을 클릭하면 '업종 선택' 화면이 나타나는데, '업종코드'의 [검색]을 클릭합니다.

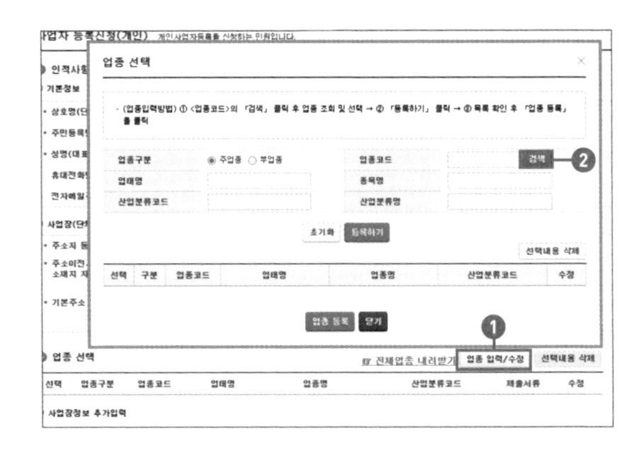

8 쿠팡이나 스마트스토어 같은 오픈마켓에서 판매할 것이면 '업종'에 '오픈마켓'을 입력하고 [조회하기]를 클릭합니다. (판매하는 상품군과 직접 제조 여부 등 상황에 따라 업종 코드가 다르므로 '전체업종 내려받기'에서 다시 한번 살펴보고 등록하는 것이 좋습니다.)

9 적용 범위 및 기준의 내용을 읽어보고 적합한 업종을 선택합니다. 여기에 선택한 것 외에 여러 가지 사업을 한다면 이와 같은 방식으로 업종을 추가할 수 있습니다.

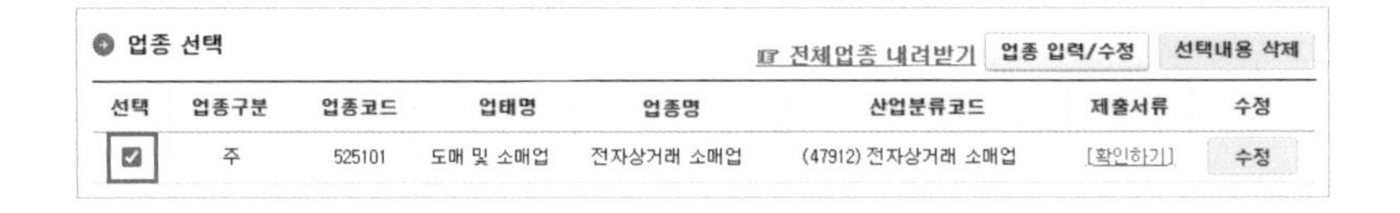

⑩ 사업자 유형 선택하기

이제 사업장 정보 및 사업자 유형 등을 선택하는데, '사업자 유형'에서 '일반', '간이', '면세' 중 어느 것을 선택하는지가 중요합니다. 일반 과세자와 간이 과세자는 95쪽에서 설명했고 면세는 부가세가 붙지 않는 상품입니다. 농축수산품이나 도서(책)가 '면세'에 해당되고 이런 상품이 아닌 경우에는 '일반'이나 '간이'를 선택합니다.

⑪ 사업자등록증 접수하기

[저장 후 다음]을 클릭해서 사업자등록증 접수를 끝냅니다. 이렇게 사업자등록증을 접수하면 3일 안에 처리되므로 세무서에 가서 직접 수령하거나 홈택스에서는 '민원증명' → '사업자등록증명'을 선택하여 발급할 수 있습니다.

부가세가 없는 상품이 있다? 농축수산물과 책은 면세상품!

부가세가 없는 상품도 있습니다. '면세상품'이라고 부르는데, 농축수산물과 책이 대표적인 면세상품에 해당합니다. 예를 들어 돼지고기를 11,000원에 구매했다면 '공급가(11,000원)+부가세(0원)'로 구성되어 부가세를 납부할 필요가 없습니다.

쇼핑몰도 마찬가지입니다. 스마트스토어에서 장난감을 11,000원에 팔았다면 공급가(10,000원)는 내 수입이지만 부가세(1,000원)는 국가에 납부해야 하는 세금입니다. 반면 돼지고기를 11,000원에 팔았다면 공급가 11,000원에 부가세는 없습니다.

이와 같이 부가세가 과세되는 상품을 판매한다면 '과세상품'을, 부가세가 없는 상품을 판매한다면 '면세상품'을 선택해야 합니다.

나도
쿠팡
고수

② 구매안전서비스 이용확인증 발급받기

쿠팡에서 판매하려면 사업자 등록과 통신판매업 신고가 필수라고 92쪽에서 강조했습니다. 그런데 통신판매업 신고를 하려면 구매안전서비스 이용확인증이 필요합니다. 구매안전서비스 이용확인증은 은행을 통하거나 오픈마켓(옥션, G마켓, 11번가, 스마트스토어, 쿠팡 등)을 통해 발급할 수 있습니다. 이 중에서 은행을 통한 발급 방법은 복잡하여 (은행에 따라 다르지만 대부분의 경우 은행에 사업자등록증 원본 및 신분증을 지참하여 에스크로 사업자로 등록한 후 공동인증서로 해당 은행 에스크로 사이트에서 회원 가입과 로그인한 후에 발급 가능) 잘 사용하지 않고 보통 오픈마켓에서 발급받고 있습니다. 그래서 이번에는 쿠팡에서 구매안전서비스 이용확인증을 발급받는 방법을 알아보겠습니다.

쿠팡윙은 사업자등록증과 통신판매업신고증이 없어도 가입할 수 있지만, 구매안전서비스 이용확인증을 받으려면 사업자등록증 필수!

❶ 쿠팡윙 가입하기

쿠팡에서 구매안전서비스 이용확인증을 발급받으려면 우선 판매자로 등록(가입)해야 합니다. 마켓플레이스 방식으로 팔든, 로켓그로스로 팔든 쿠팡윙은 무조건 필수이기 때문에 쿠팡윙부터 가입해 보겠습니다. 쿠팡윙은 사업자등록증과 통신판매업신고증이 없어도 가입은 할 수 있습니다. (하지만 판매하려면 사업자등록증과 통신판매업신고증이 꼭 필요합니다.) 통신판매업신고증을 발급받기 위해 구매안전서비스 이용확인증을 발급받으려면 사업자등록증이 있어야 하므로 사업자등록증이 발급된 이후에 쿠팡윙의 가입을 진행해야 합니다.

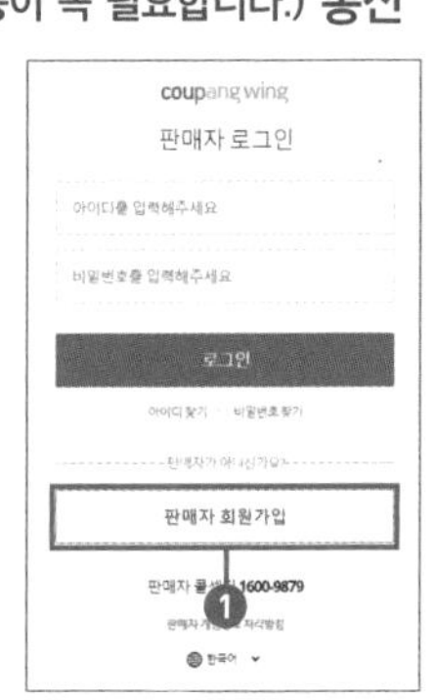

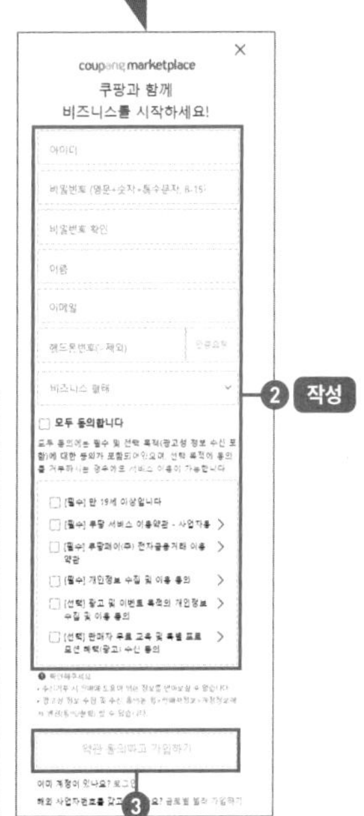

'쿠팡윙'(wing.coupang.com)에 접속한 후 [판매자 회원가입]을 클릭하고 아이디와 비밀번호, 이름, 이메일, 핸드폰 번호 등을 입력하여 가입합니다.

❷ 사업자 인증하기

설정한 아이디와 비밀번호를 입력하여 쿠팡윙에 로그인한 후 [사업자 인증하기]를 클릭합니다.

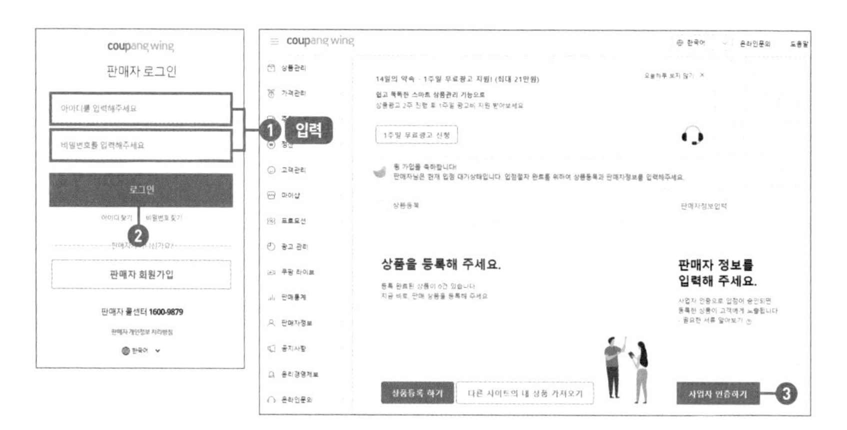

❸ '사업자 정보입력' 화면이 나타나면 '통신판매업신고번호'를 제외한 '사업자등록번호' 등 기본 정보를 입력하고 임시 저장을 합니다. 아직 통신판매업 신고가 안 된 상태여서 '통신판매업신고번호'를 입력할 수 없습니다.

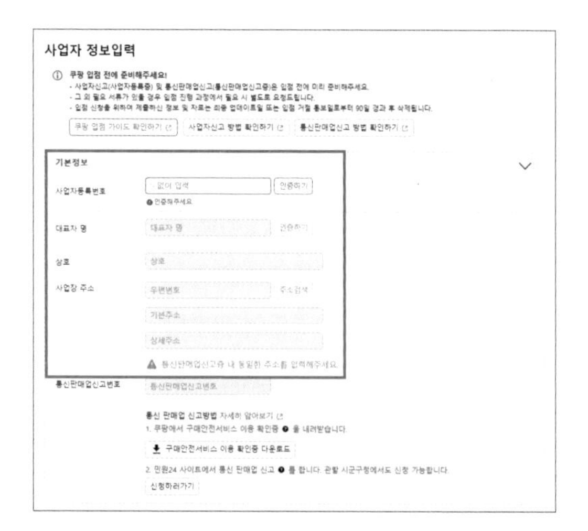

❹ 쿠팡윙의 첫 화면으로 되돌아가면 [사업자 인증하기]가 [서류 제출하기]로 바뀌어 있는데, 이것을 클릭합니다.

❺ **구매안전서비스 이용확인증 발급받기**

[구매안전서비스 이용 확인증 다운로드]를 클릭하면 구매안전서비스 이용확인증을 발급받을 수 있습니다.

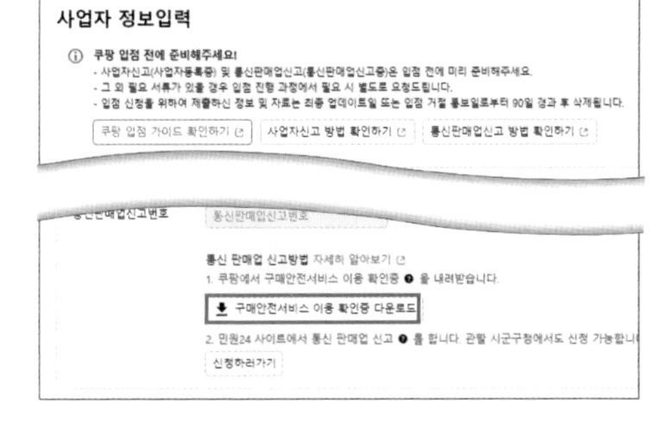

❻ 다운로드한 구매안전서비스 이용확인증은 파일로 보관합니다.

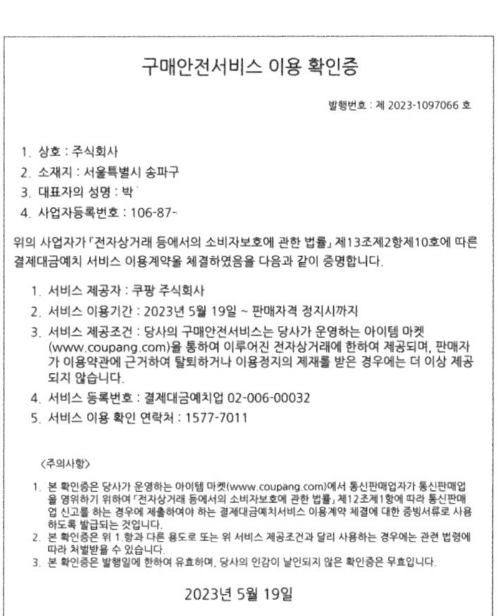

구매안전서비스 이용 확인증

발행번호 : 제 2023-1097066 호

1. 상호 : 주식회사
2. 소재지 : 서울특별시 송파구
3. 대표자의 성명 : 박
4. 사업자등록번호 : 106-87-

위의 사업자가 「전자상거래 등에서의 소비자보호에 관한 법률」 제13조제2항제10호에 따른 결제대금예치 서비스 이용계약을 체결하였음을 다음과 같이 증명합니다.

1. 서비스 제공자 : 쿠팡 주식회사
2. 서비스 이용기간 : 2023년 5월 19일 ~ 판매자격 정지시까지
3. 서비스 제공조건 : 당사의 구매안전서비스는 당사가 운영하는 아이템 마켓(www.coupang.com)을 통하여 이루어진 전자상거래에 한하여 제공되며, 판매자가 이용약관에 근거하여 탈퇴하거나 이용정지의 제재를 받은 경우에는 더 이상 제공되지 않습니다.
4. 서비스 등록번호 : 결제대금예치업 02-006-00032
5. 서비스 이용 확인 연락처 : 1577-7011

<주의사항>

1. 본 확인증은 당사가 운영하는 아이템 마켓(www.coupang.com)에서 통신판매업자가 통신판매업을 영위하기 위하여 「전자상거래 등에서의 소비자보호에 관한 법률」 제12조제1항에 따라 통신판매업 신고를 하는 경우에 제출하여야 하는 결제대금예치서비스 이용계약 체결에 대한 증빙서류로 사용하도록 발급되는 것입니다.
2. 본 확인증은 위 1.항과 다른 용도로 또는 위 서비스 제공조건과 달리 사용하는 경우에는 관련 법령에 따라 처벌받을 수 있습니다.
3. 본 확인증은 발행일에 한하여 유효하며, 당사의 인감이 날인되지 않은 확인증은 무효입니다.

2023년 5월 19일

③ 통신판매업 신고하기

온라인에서 판매하려면 통신판매업 신고를 해야 합니다. 물론 스마트스토어의 경우 사업자가 아닌 개인 판매로 등록한다면 통신판매업 신고를 할 필요가 없지만, 그 외에는 무조건 통신판매업 신고는 필수 사항입니다. 당연히 쿠팡도 필수입니다.

❶ 정부24에서 통신판매업 신고하기

'정부24'(www.gov.kr)에 접속한 후 '통신판매업신고'를 검색합니다.

❷ 검색 결과 중에서 '통신판매업신고-시.군.구'의 [발급]을 클릭합니다.

❸ 회원/비회원 신청 가능 서비스 창이 나타나면 [회원 신청하기]나 [비회원 신청하기]를 클릭합니다. 비회원도 신청할 수 있으므로 여기서는 비회원으로 신청해 보겠습니다.

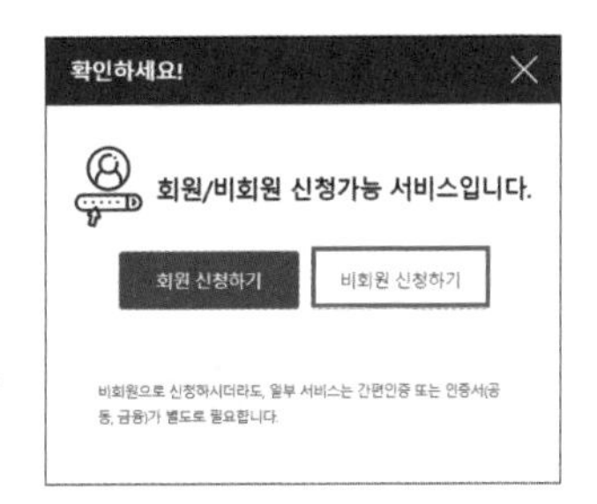

❹ 업체 정보 & 판매자 정보 작성하기

개인인지, 법인인지 선택합니다.

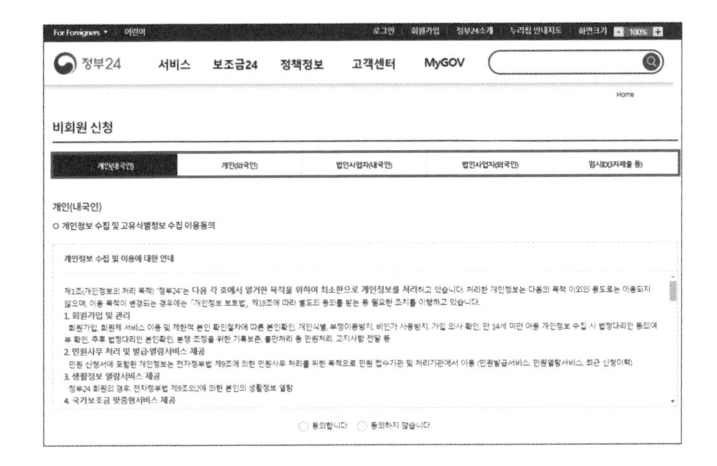

❺ 업체 정보와 대표자 정보를 작성합니다.

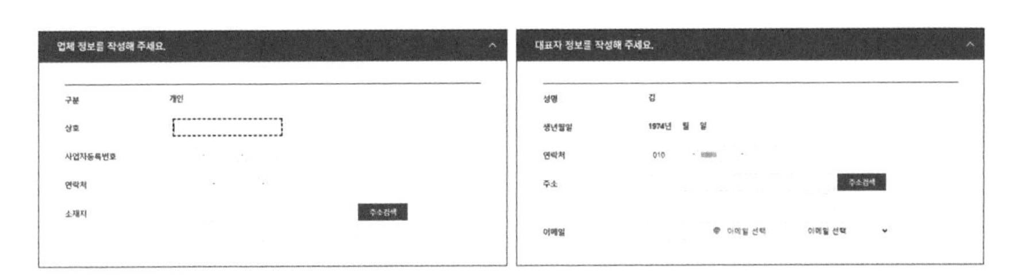

❻ 판매 정보를 작성합니다. 쿠팡에서 판매하려면 '판매방식'에서 '인터넷'에 체크 표시하고 '인터넷 도메인 이름'에 '쿠팡'을 입력하세요.

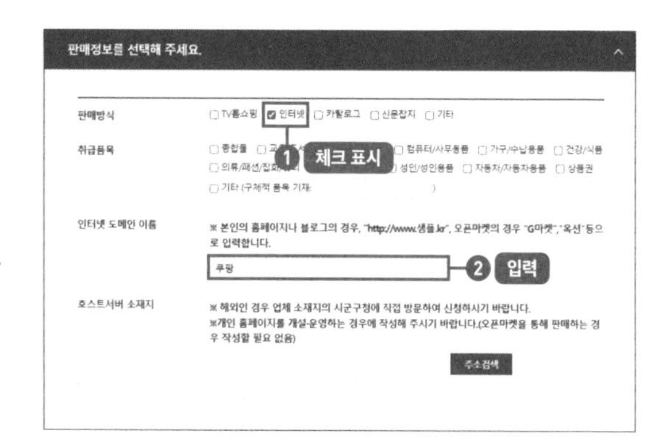

❼ **구매안전서비스 이용확인증 첨부하기**

쿠팡윙에서 발급받았던 구매안전서비스 이용확인증 파일을 첨부합니다.

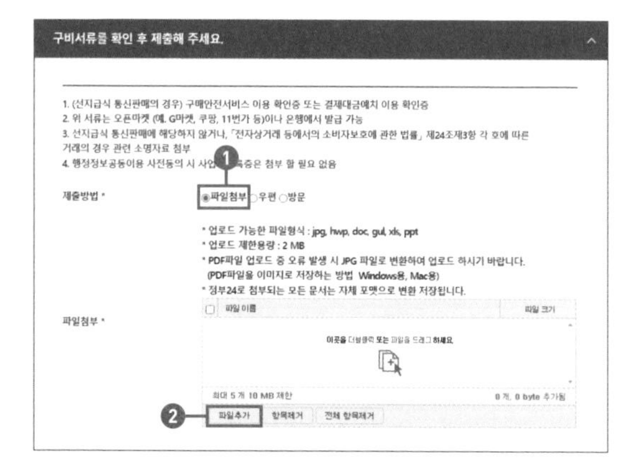

❽ **수령 방법 선택하기**

신고증 수령 방법을 선택하고 [민원신청하기]를 클릭합니다. 수령 방법에서 '온라인발급(본인출력)'을 선택하면 인터넷으로 출력할 수 있습니다.

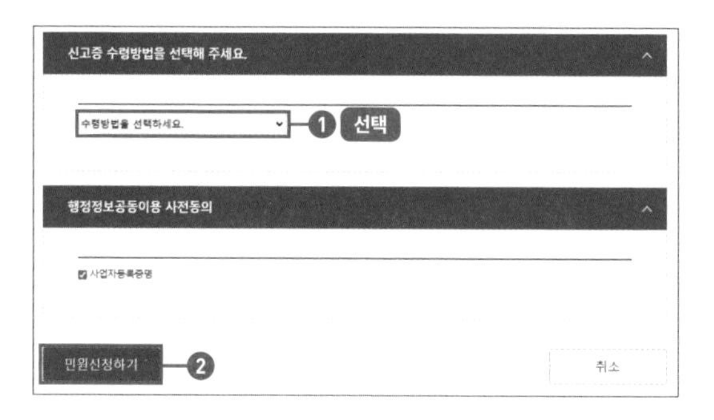

9 등록면허세 납부하기

통신판매업신고증을 신청했으면 등록면허세 납부 안내 문자가 옵니다(1~3일 소요). 문자에서 알려주는 날짜에 맞추어 등록면허세를 납부하면 3일 안에 통신판매업 신고가 완료되어 정부24(나의서비스)에서 직접 발급할 수 있습니다. 등록면허세 비용은 사업장이 속한 해당 지역의 인구에 따라 12,000~40,500원이고 최초 통신판매업을 신고할 때 납부한 후 매년 1월에 납부해야 합니다.

인구 및 종에 따른 등록면허세 – 통신판매업신고는 제3종에 해당 (단위: 원)

구분	인구 50만 명 이상 시	그 밖의 시	군
제1종	67,500	45,000	27,000
제2종	54,000	34,000	18,000
제3종	40,500	22,500	12,000
제4종	27,000	15,000	9,000
제5종	18,000	7,500	4,500

이후 통신판매업신고증은 통신판매신고번호 및 사본 파일이 필요합니다.

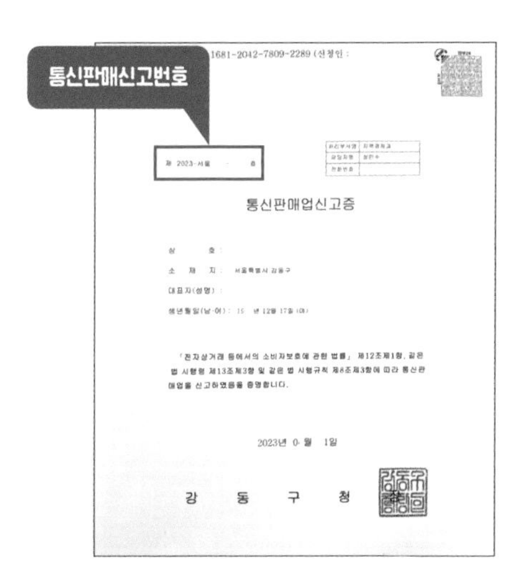

1681-2042-7809-2289 (신청인 :

제 2023-서울 - 호

통신판매업신고증

상 호 :

소 재 지 : 서울특별시 강동구

대표자(성명) :

생년월일(남·여) : 19 년 12월 17일 (여)

「전자상거래 등에서의 소비자보호에 관한 법률」 제12조제1항, 같은 법 시행령 제13조제3항 및 같은 법 시행규칙 제8조제3항에 따라 통신판매업을 신고하였음을 증명합니다.

2023년 0 월 1일

강 동 구 청

나도 쿠팡 고수 ④ 쿠팡 판매 시작하기

구매안전서비스 이용확인증을 발급하기 위해 107쪽에서 쿠팡윙에 가입했습니다. 이제 실제 쿠팡윙을 사용하기 위한 작업을 마무리해 보겠습니다.

❶ '쿠팡윙'(wing.coupang.com)에 접속해서 로그인한 후 입점 승인에 필요한 서류를 제출합니다.

❷ '통신판매업신고번호'와 '정산계좌'를 입력하고 '사업자등록증'과 '통신판매신고증'을 첨부해서 신청하면 모든 것이 끝납니다.

이제 상품 등록만 하면 곧바로 판매할 수 있습니다.

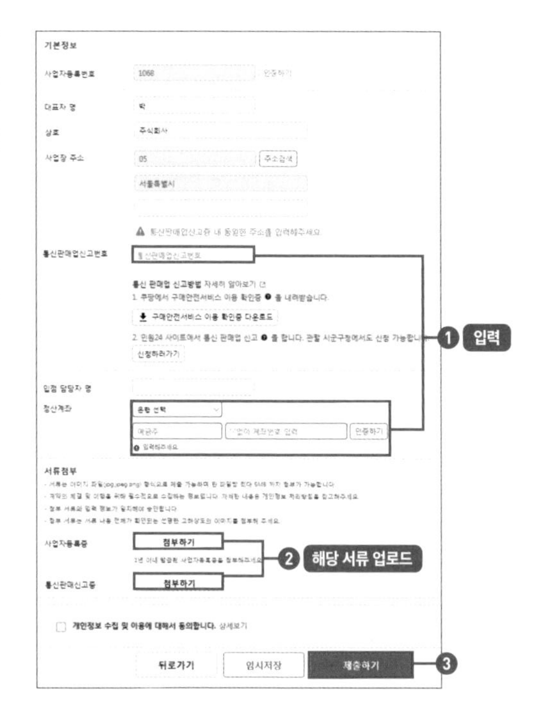

coupang shopping

판매 상품 등록 10단계 실천법

11

판매 상품 등록하기

사업자등록증을 만들고 통신판매업 신고를 진행하다 보면 빠르면 2~3일, 길면 7일 정도의 시간이 소요됩니다. 쿠팡 시스템의 경우 사업자 등록과 통신판매업 신고가 끝나지 않으면 상품 판매를 못하지만 판매할 상품에 대한 상품 등록은 가능합니다. 그래서 사전에 상품을 등록하고 나중에 서류를 완비한 후 판매해도 충분하므로 사업자등록증이나 통신판매업 신고가 완료되지 않았어도 연습 삼아 상품을 등록해 보겠습니다.

| 쿠팡 판매 상품 등록 순서 |

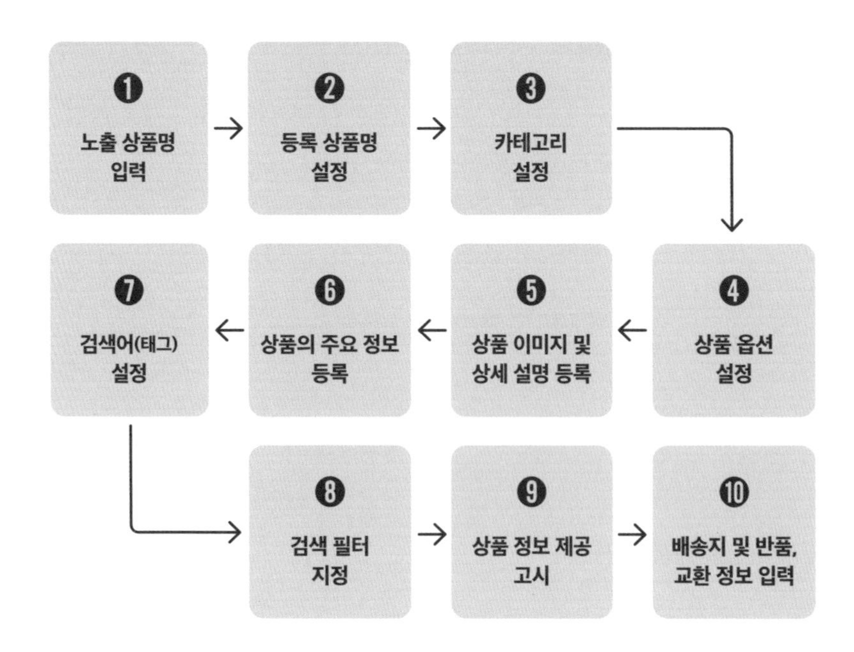

쿠팡윙에서 '상품관리'의 [상품등록 하기]를 클릭하면 상품을 등록할 수 있습니다.

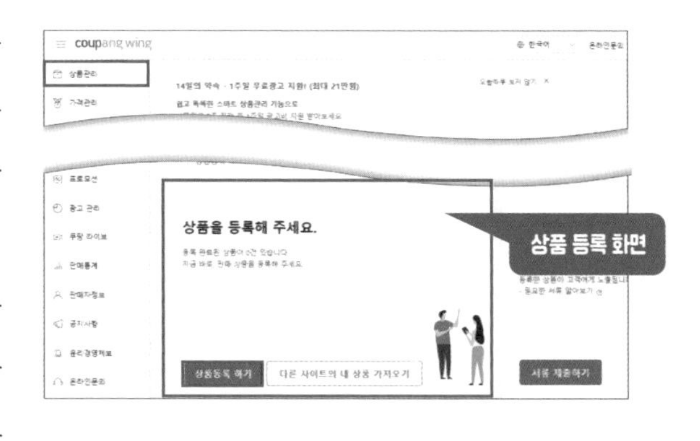

스마트스토어를 비롯하여 G마켓, 옥션, 11번가 등에 상품을 등록해 본 경험이 있다면 쿠팡도 거의 비슷하므로 크게 어렵지 않을 것입니다. 단지 카탈로그 매칭하기 및 노출 상품명을 비롯한 몇 가지 부분이 다르므로 이 부분

을 집중해서 살펴보면 됩니다.

만약 상품 등록을 처음 해 본다면 꼼꼼하게 작성해 보는 것이 좋습니다. 상품 등록은 굉장히 번거롭고 귀찮은 작업이지만, 꼼꼼히 등록하지 않으면 상위 노출에서 배제되는 경우가 있으므로 주의해야 합니다.

coupang wing
한국어
온라인문의
도움말

상품관리
상품 등록
상품 일괄등록
통합솔루션으로 상품등록(무료)
상품 조회/수정
카탈로그 매칭관리
상품 알림
가격관리
주문/배송
통합솔루션으로 상품등록(무료)
상품 조회/수정
카탈로그 매칭관리
상품 알림

상품 등록 • 필수항목
동영상 가이드
상품등록 매뉴얼
Wing은 Chrome 사용을 권장합니다. 이외의 브라우저 또는 Chrome 하위버전으로 접속 할 경우 페이지가 깨져 보일 수 있습니다.

카탈로그 매칭하기 도움말
쿠팡에서 판매중인 상품 정보를 불러와 손쉽게 상품을 등록할 수 있습니다.
- 카탈로그 매칭은 내 상품의 검색 노출수와 랭킹을 높이는데 보다 더 유리합니다. 상품을 매칭하고 아이템 위너로 만들어 보세요.
- 카탈로그 매칭 요청에 대한 규정을 위반할 경우 기능이 제한될 수 있습니다.
매칭할 상품 찾기
직접 등록할게요

노출상품명 • 도움말
0 / 100
노출상품명에 옵션명을 중복 입력하지 않도록 주의해주세요
등록상품명(판매자관리용)

카테고리 • 도움말
카테고리 검색
카테고리 선택
상품과 맞지 않는 카테고리에 등록할 경우 적정 카테고리로 이동될 수 있습니다. 단, 카테고리 수수료는 변경되지 않으니 유의해 주세요.

옵션 • 도움말
등록된 카테고리가 없습니다. 카테고리를 먼저 선택해주세요.

상품이미지 • 도움말
등록된 카테고리가 없습니다. 카테고리를 먼저 선택해주세요.

상세설명 • 도움말
등록된 카테고리가 없습니다. 카테고리를 먼저 선택해주세요.

상품 주요 정보 • 도움말
등록된 카테고리가 없습니다. 카테고리를 먼저 선택해주세요.

검색어 도움말

검색필터 도움말

상품정보제공고시 • 도움말
등록된 카테고리가 없습니다. 카테고리를 먼저 선택해주세요.

배송 • 도움말
등록된 카테고리가 없습니다. 카테고리를 먼저 선택해주세요.

반품/교환 • 도움말
아직 등록된 반품/교환지가 없습니다. 먼저 반품/교환지를 등록해주세요.
반품/교환지 추가
등록된 카테고리가 없습니다. 카테고리를 먼저 선택해주세요.

구비서류 도움말

취소
미리보기
중간저장
임시 저장
판매요청

상품 등록 한눈에 살펴보기

다음 상품 등록 순서대로 122쪽부터 차근차근 따라해 볼 것입니다. 상품 등록은 상위 노출의 핵심인 만큼 정신 바짝 차리고 하나도 놓치지 말고 따라 해 보세요!

'쿠팡윙'에 접속

'상품 등록' 선택(116쪽 참고)

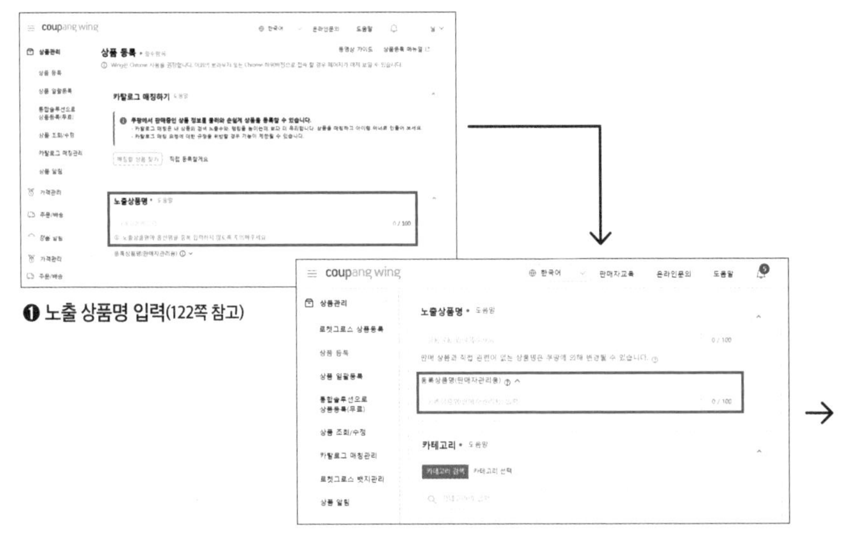

❶ 노출 상품명 입력(122쪽 참고)

❷ 등록 상품명 설정(127쪽 참고)

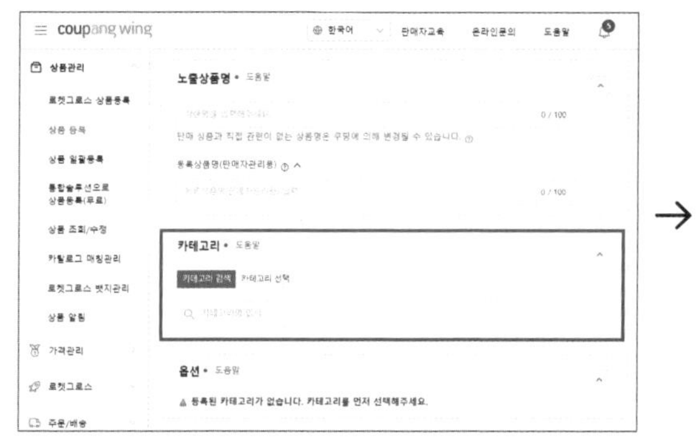

❸ 카테고리 설정(128쪽 참고)

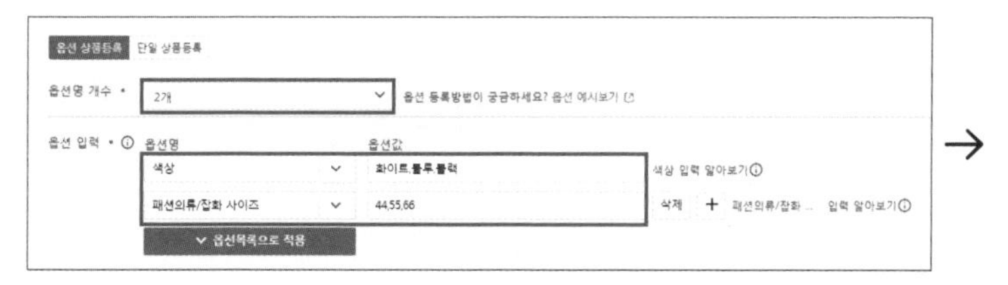

❹ 상품 옵션 설정(130쪽 참고)

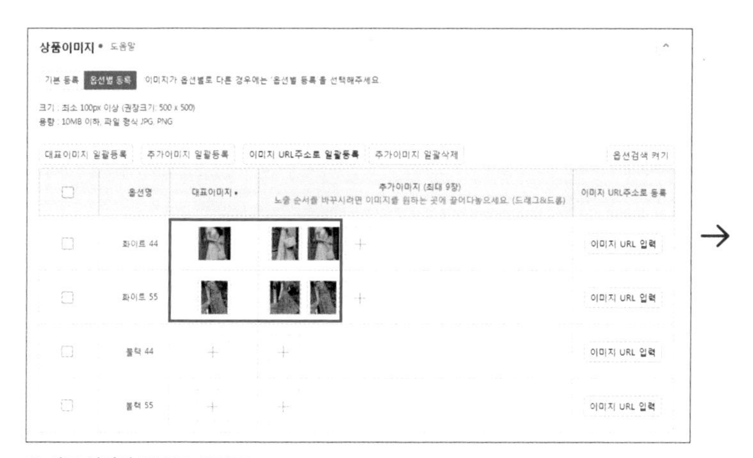

❺ 상품 이미지 등록(134쪽 참고)

상세 설명 등록(136쪽 참고)

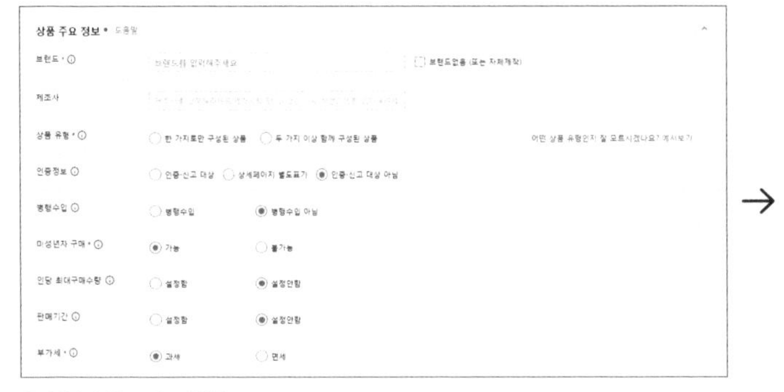

❻ 상품의 주요 정보 등록(139쪽 참고)

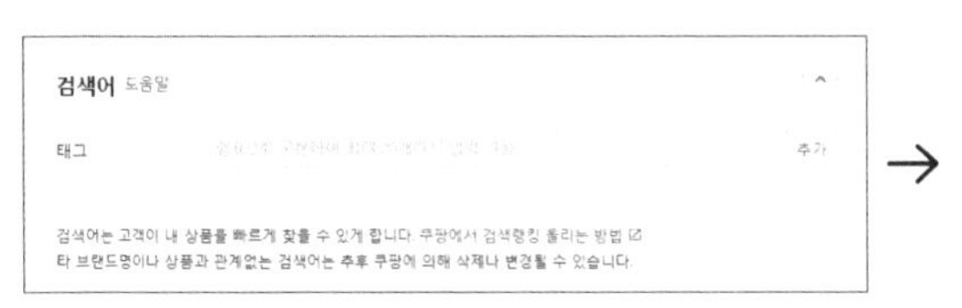

❼ 검색어(태그) 설정(141쪽 참고)

❽ 검색 필터 지정(143쪽 참고)

상품정보제공고시 • 도움말

선택하세요 ☐ 전체 상품 상세페이지 참조

각 카테고리에 해당하는 상품 고시정보를 선택하여 입력해주세요.
※ 판매 상품에 여러 구성품이 포함되어 있는 경우 모든 구성품에 대해 '상품정보제공고시'를 상품 상세페이지에 제공해주세요. 자세히보기

ⓘ 2023년부터 「전자상거래 등에서의 상품 등의 정보제공에 관한 고시」 개정안에 의해 2개 이상의 제품으로 번들 구성되어 있거나 다른 부속 구성품이 포함되어 있는 경우 모든 구성품에 대해서 상품정보제공고시를 제공해야 합니다

고시정보 명		내용
품명 및 모델명	직접 입력해주세요	☐ 상품 상세페이지 참조
인증/허가 사항	직접 입력해주세요	☐ 상품 상세페이지 참조
제조국(원산지)	직접 입력해주세요	☐ 상품 상세페이지 참조
제조자(수입자)	직접 입력해주세요	☐ 상품 상세페이지 참조
소비자상담 관련 전화번호	쿠팡고객센터 1577-7011	☐ 상품 상세페이지 참조

→

❾ 상품 정보 제공 고시(146쪽 참고)

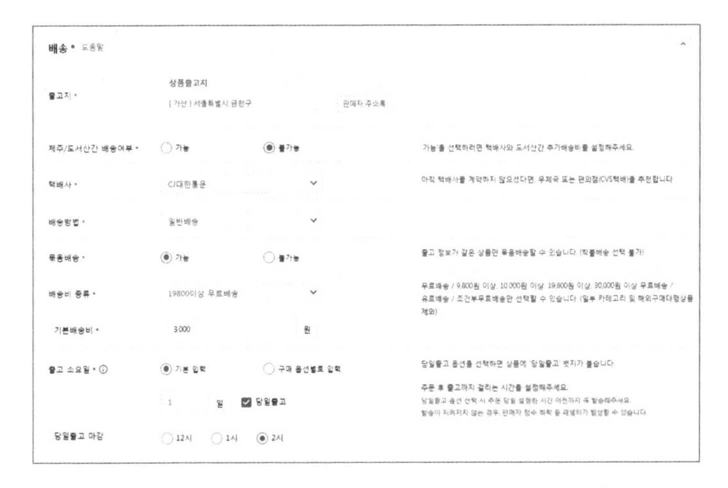

반품/교환 • 도움말

반품/교환지 •
반품/교환지
[사무실] 서울특별시 금천구 서부샛길 606 110 판매자 주소록

반품배송비(편도) • 3,000 원

❿ 배송지 및 반품, 교환 정보 입력(147쪽 참고)

나도 쿠팡 고수

① 노출 상품명을 만드는 방법

노출 상품명은 기본적으로 [브랜드]+[제품명]+[상품군]으로 구성합니다. 사례를 통해 어떻게 노출 상품명을 만드는지 설명하겠습니다.

❶ 'UAG 휴대폰 케이스' 사례

노출 상품명은 기본적으로 [브랜드]+[제품명]+[상품군]으로 구성합니다. 이 경우는 유에이지(브랜드)에서 만든 '패스파인더(제품명)'라는 제품입니다.

휴대폰 케이스(상품군)에 해당하므로 노출 상품명은 '유에이지 패스파인더 휴대폰 케이스'로 만들면 됩니다.

❷ '나이키 운동화' 사례

이 상품은 나이키(브랜드)의 '윈플로 9(제품명)'이라는 제품입니다. 운동화(상품군) 중 러닝화(상품군)에 해당하므로 노출 상품명은 기본적으로 다음과 같이 만들 수 있습니다.

나이키 윈플로 9 운동화

나이키 윈프로 9 러닝화

나이키 윈프로 9 운동화 러닝화

어떤 것을 써도 쿠팡의 가이드

라인에서 벗어나지 않기 때문에 아무것이나 사용해도 상관이 없습니다. 122쪽 아래 화면의 경우 '남성용'이라는 것과 '로드'에서 사용할 수 있다는 것을 이야기하기 위해 '나이키 윈플로 9 남성 로드 러닝화'라는 상품명을 사용했습니다.

❸ '리바트 책상' 사례

리바트의 책상의 경우 상품명은 [브랜드]+[제품명]+[상품군]에 의해 리바트(브랜드), 프렌즈소호(제품명), 책상(상품군)이므로 노출 상품명은 '리바트 프렌즈소호 책상'이 됩니다. 그런데 책상은 가로 길이가 다양하여 구매자에 따라 1,200mm를 구매할 수도 있고 1,500mm나 900mm를 구매할 수도 있습니다. 원하는 사이즈가 아니면 구매하지 않을 만큼 책상의 가로 길이는 중요한 정보입니다. 하지만 사진만 보고는 정확한 책상 사이즈를 알 수 없습니다. 이런 경우에는 상품명에 상품의 특성인 책상 사이즈 1,800mm를 넣을 수도 있습니다.

그래서 노출 상품명은 기본적으로 [브랜드]+[제품명]+[상품군]이지만,
상품에 따라서는 [브랜드]+[제품명]+[상품의 특성]+[상품군]으로 구성하기도 합니다.
상품의 특성까지 고려하여 이 제품의 노출 상품명을 정한다면
'리바트 프렌즈소호 1800 책상' 등으로 할 수 있습니다.

❹ 비브랜드 상품

지금까지는 브랜드 상품을 위주로 살펴보았는데, 비브랜드 상품을 판매할 경우는 어떻게 해야 할까요?

브랜드 제품의 경우에는 [브랜드]+[제품명](+[상품의 특성])+[상품군]으로 구성하지만, 비브랜드는 브랜드가 없다 보니 일반적으로 브랜드 대신 판매자명 OR 제조사명으로 바꾸게 됩니다.

또한 제품명도 브랜드 상품은 상품의 특성을 고려하여 많이 만들기 때문에 상품명만 넣어도 충분한 경우가 많습니다. 하지만 비브랜드 상품은 판매자가 직접 상품의 특성을 포함한 노출 상품명을 작성해야 합니다. 이것을 정리해 보면 다음과 같이 구성할 수 있습니다.

- **브랜드 상품**: [브랜드]+[제품명](+[상품의 특성])+[상품군]
- **비브랜드 상품**: [판매자명 OR 제조사]+[상품의 특성]+[상품군]

예를 들어 내가 '엑스브레인'이라는 샵을 운영하고 있고
쉬폰 원단으로 만든 플라워 디자인의 여성 원피스를 판매한다면
다음과 같이 노출 상품명을 정하면 됩니다.

[판매자명 OR 제조사] 엑스브레인
[상품의 특성] 쉬폰 소재, 플라워 디자인
[상품군] 여성 원피스
→ '엑스브레인 쉬폰 플라워 여성 원피스'

비브랜드 노출 상품명 사례는 다음과 같습니다.

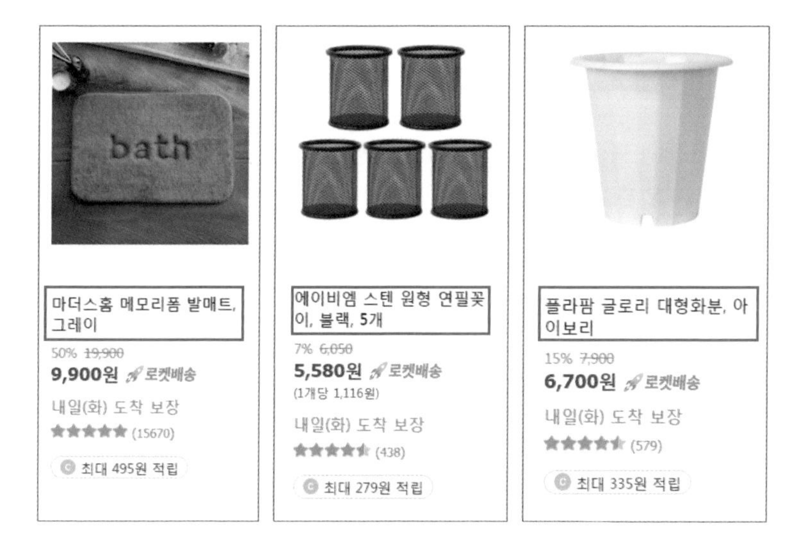

상품명에 넣으면 안 되는 문구

상품명에는 다음과 같은 내용이 포함된 문구를 넣으면 안 된다는 것을 꼭 기억해 주세요!

1 | 시즌 정보

특정 시즌과 관련된 문구

사용 예 어린이날, 크리스마스, 어버이날 등

2 | 배송 관련 문구

사용 예 공통 포장, 국내 발송, 당일 출고, 무료 배송, 묶음 배송 등

3 | 홍보 문구

상품 및 판매자를 홍보하는 문구

사용 예 고급, 고품질, 공통 포장, 균일가, 낱장 상품, 단일 상품, 단일 색상, 대박 특가, 득템 찬스, 마감, 막판 특가, 매장 운영, 모음전, 본사 정품, 선택, 세일, 신규, 신상, 실속, 에디션, 홈쇼핑 히트, 1+1 판매, 한정 판매 등

4 | 특수 문자

문장 부호, 괄호, 수학 기호, 단위, 아이콘, 선, 분수와 제곱 등의 특수 문자

<table>
<tr><th>등록 불가 특수 문자</th><th>등록 가능 특수 문자</th></tr>
<tr><td>☆, ┼, ㉺, ¿</td><td>[ ], -, (), ><, ., =, +, |, ~, %, ', “, !, ?, @,
#, $, &, _, ^, {}, :, /, ㈜, ®</td></tr>
</table>

5 | 유도 문구

상품과 관련 없이 검색 또는 구매를 유도하기 위한 문구

6 | 기타 금칙어

기타 상품과 관련 없거나 의미가 없는 문구

사용 예 Dear All, hmall, null, 없음, 속성 없음, 대상 없음 등

7 | 국가별 언어(문자)

중국어 등의 외국어 문자는 입력할 수 없습니다(단, 영어는 가능).

② 등록 상품명 설정하기

등록 상품명은 발주서에 사용하는 상품명으로, 고객에게 보이지 않습니다. 판매자가 관리하기 편안한 이름으로 등록 상품명을 설정하면 되고 별도로 설정하지 않으면 노출 상품명과 동일하게 설정됩니다.

③ 카테고리 설정하기

한 번 상품을 등록하고 나면 카테고리를 변경할 수 없으므로 처음 등록할 때 신중하게 설정하는 것이 좋습니다.

❶ 키워드 검색을 통해 내가 판매하려는 상품의 적당한 카테고리를 선택합니다.

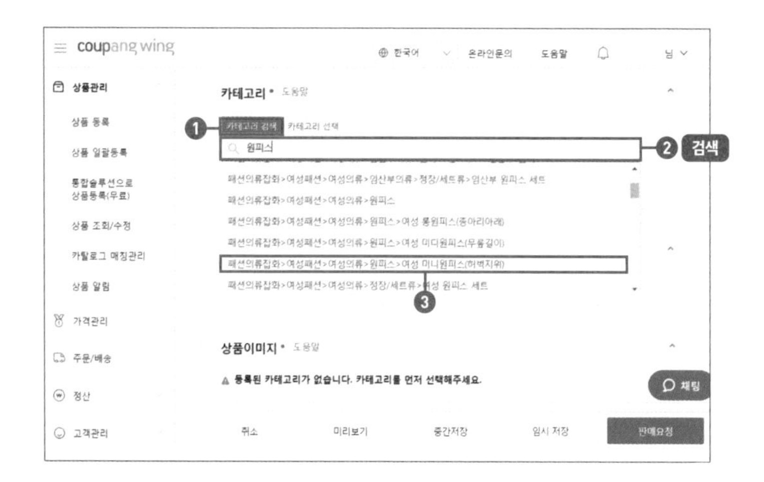

❷ 카테고리를 선택하면 판매 수수료가 표시됩니다.

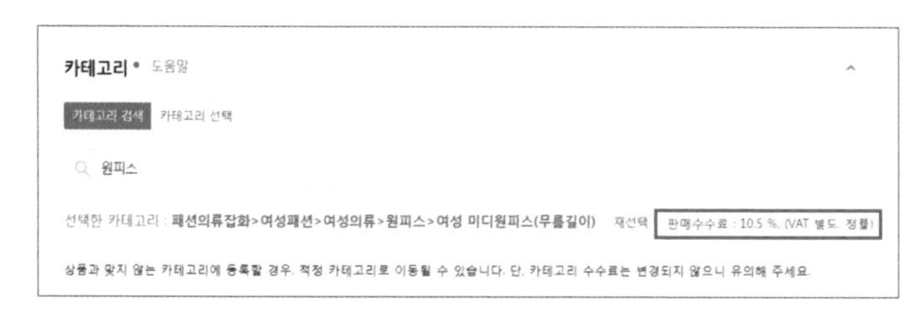

스마트스토어 카테고리 vs 쿠팡 카테고리

스마트스토어에서는 카테고리를 잘못 선택하면 상위 노출이 안 됩니다. 하지만 쿠팡에서는 카테고리가 상품명과 맞지 않는 경우 상품명을 우선으로 적용하여 노출하므로 스마트스토어만큼 카테고리가 중요하지는 않습니다. 다만 정확하게 상품 카테고리를 등록하면 관련 있는 여러 카테고리에 더 많이 노출될 수 있어서 이왕이면 카테고리 선택에도 신경을 쓰는 것이 좋습니다.

④ 상품 옵션 설정하기

쿠팡에 상품을 등록할 때 필요한 옵션을 설정해 보겠습니다.

❶ 단일 상품 등록하기

옵션은 '단일 상품등록'과 '옵션 상품등록'으로 나누어집니다. '단일 상품등록'은 상품을 구매할 때 옵션을 선택하지 않아도 되는 등록 방식을 의미합니다. 만약 내가 판매하려는 원피스가 프리사이즈 1가지이고 색상도 단색이라면 소비자의 입장에서는 선택해야 하는 옵션이 없으므로 '단일 상품등록'을 선택하면 됩니다. 단일 상품을 등록하려면 [단일 상품등록]을 클릭하고 '정상가 (원)'와 '판매가 (원)', '재고수량' 등을 설정하면 됩니다.

❷ 옵션 상품 등록하기

'옵션 상품등록'은 소비자가 선택해야 하는 옵션이 있는 경우에 선택합니다. 만약 내가 판매하려는 원피스가 같은 디자인이지만 색상이 3가지이고 각각의 색상에 3가지 사이즈가 있다면 소비자는 여기서 어떤 상품을 구매할지 선택해야 합니다. 이처럼 소비자가 선택해야 하는 옵션이 있는 경우 '옵션 상품등록'을 선택하면 됩니다. 이때 옵션명의 개수는 몇 개를 써야 하는지 무척 혼란스러워하는 경우가 많습니다. 색상이 3가지이고 사이즈가 색상별로 3가지라면(총 9개의 상품) 옵션명의 개수는 총 몇 개일까요?

가장 쉬운 방법은 소비자는 무엇을 선택하면 되는지를 생각해 보면 됩니다.
첫 번째 선택은 색상입니다. 색상의 종류에 상관 없이 소비자는 색상을 선택해야 합니다. 그런 다음 해당 색상에 맞추어서 사이즈를 선택합니다. 결국 소비자는 색상과 사이즈를 선택하게 되므로 옵션명의 개수는 색상과 사이즈, 즉 2개가 됩니다.

자, 그러면 실제로 작성해 보겠습니다. '옵션명 개수'에서 '2개'를 선택하고 '옵션 입력'에서 색상과 사이즈를 선택합니다. '색상'에는 쉼표(,)를 이용해서 내가 판매하는 색상인 '화이트,블루,블랙'을 입력합니다. 사이즈에는 쉼표(,)를 이용해서 내가 판매하는 사이즈인 '44,55,66'을 입력한 후 [옵션목록으로 적용]을 클릭합니다.

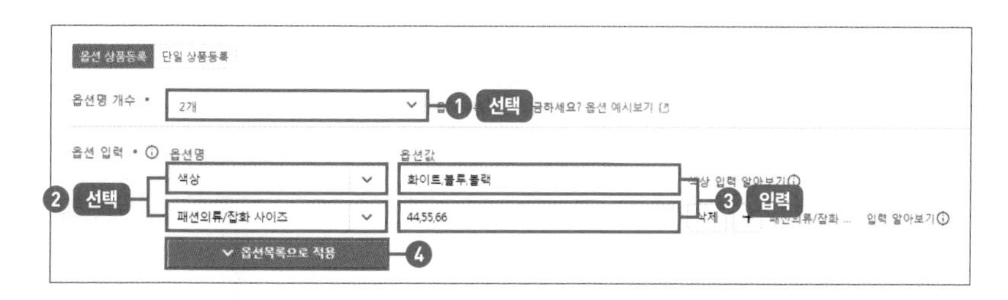

❸ 필요 없는 옵션 제거하기

그러면 다음의 화면처럼 총 9종의 옵션이 적용됩니다. 혹시 이 중에서 필요 없는 옵션이 있다면 [삭제]를 클릭해서 제거할 수 있습니다. 만약 블루 색상 44 사이즈를 팔지 않는다면 해당 상품을 삭제합니다. 그러면 옵션은 총 8종만 남게 됩니다.

옵션 목록 (총 9 개) *

삭제 　　　　　　　　　　　　　　　　　　　　　　　옵션검색 켜기

☐	옵션명		정상가 (원) ⓘ	판매가 (원)* ⓘ	재고수량* ⓘ	판매자 자동가격조정 ⓘ		판매자상품코드 ⓘ	모델 번호 ⓘ	상품 바코드 ⓘ	삭제
	색상	패션의류/잡화 사이즈				시작가격	최고가격				
			일괄적용	일괄적용	일괄적용	일괄적용	일괄적용	일괄적용	일괄적용	일괄적용	
☐	화이트	44	0	0	0						삭제
☐	화이트	55	0	0	0						삭제
☐	화이트	66	0	0	0						삭제
☐	블루	44	0	0	0						삭제
☐	블루	55	0	0	0						삭제
☐	블루	66	0	0	0						삭제

+ 목록추가

이제 단일 옵션에 등록한 것처럼 '정상가 (원)'와 '판매가 (원)', '재고수량' 등을 등록하고 판매자가 편리하게 관리하기 위해 필요한 사항인 '판매자상품코드', '모델 번호', '상품 바코드'를 차례대로 입력합니다. '판매자 자동가격조정'은 설정한 시작 가격과 최고 가격의 범위 안에서 내 상품의 가격이 쿠팡에서 추천하는 가격으로 자동 변경되는 옵션으로, 판매 가격을 조절해서 더 많이 판매하기 위해 사용합니다. 하지만 이렇게 되면 가격이 지속적으로 낮아질 수 있어서 대다수 판매자는 사용하지 않고 있습니다.

적정하게 정상가와 판매가 설정하기

백화점에서 판매하는 상품에는 기본적으로 제품명, 제품번호, 제품 가격, 바코드 등이 인쇄된 태그(tag)가 달려 있습니다. 그런데 종종 오른쪽 사진과 같이 원래 가격에 또 다른 하나의 가격이 붙어 있는 경우도 보았을 것입니다. 원래 49,000원인데 지금은 19,000원에 팔겠다는 의미입니다.

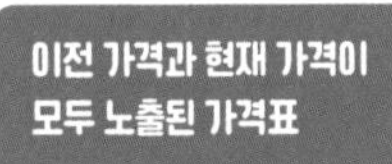

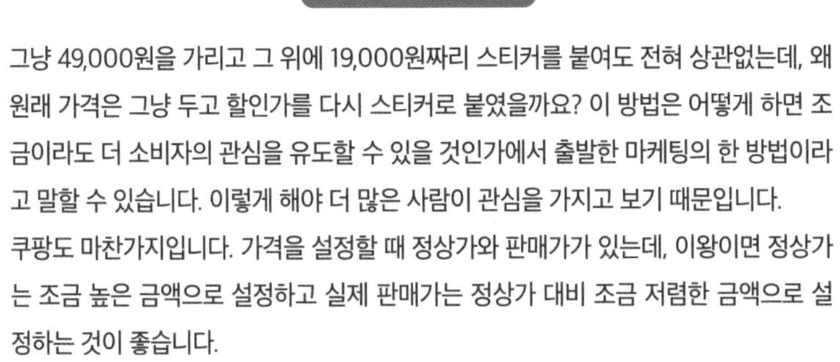

그냥 49,000원을 가리고 그 위에 19,000원짜리 스티커를 붙여도 전혀 상관없는데, 왜 원래 가격은 그냥 두고 할인가를 다시 스티커로 붙였을까요? 이 방법은 어떻게 하면 조금이라도 더 소비자의 관심을 유도할 수 있을 것인가에서 출발한 마케팅의 한 방법이라고 말할 수 있습니다. 이렇게 해야 더 많은 사람이 관심을 가지고 보기 때문입니다.
쿠팡도 마찬가지입니다. 가격을 설정할 때 정상가와 판매가가 있는데, 이왕이면 정상가는 조금 높은 금액으로 설정하고 실제 판매가는 정상가 대비 조금 저렴한 금액으로 설정하는 것이 좋습니다.

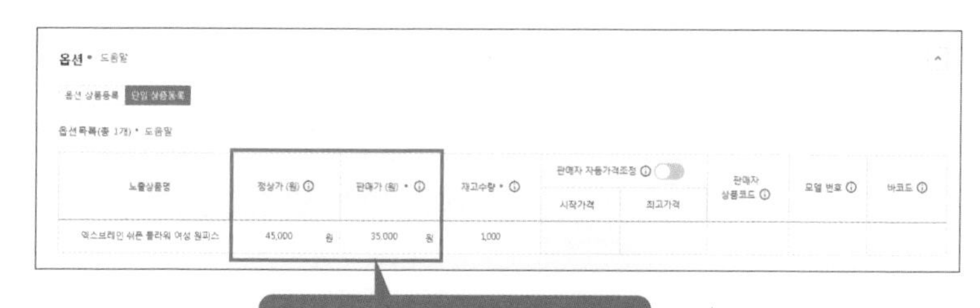

정상가 대비 실제 판매가가 싸다고 하면 조금이라도 더 눈길이 가기 때문입니다.

정상가와 판매가가 같은 경우 vs 정상가 대비 판매가에 할인을 적용한 경우

⑤ 상품 이미지 및 상세 설명 등록하기

상품 이미지와 상세 설명은 다음의 방법으로 등록할 수 있습니다.

1 (대표+추가) 상품 이미지 등록하기

이번에는 대표 이미지와 추가 이미지를 등록해 보겠습니다. 대표 이미지는 쿠팡 홈페이지와 쿠팡 앱에서 검색할 때 보여지는 이미지를 말합니다. 그리고 대표 이미지를 선택해서 들어간 후 위쪽에 보이는 대표 이미지를 옆으로 넘기면 등록했던 추가 이미지를 볼 수 있습니다.

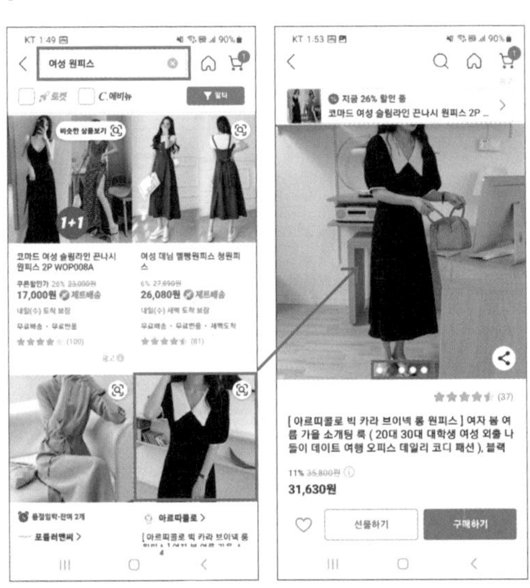

쿠팡 앱에서 '여성 원피스'로 검색하면 표시되는 대표 이미지

대표 이미지를 선택해 들어가서 옆으로 넘기면 보이는 추가 이미지

2 대표 이미지와 추가 이미지를 등록하는 방법에는 '기본 등록'과 '옵션별 등록', 이렇게 2가지 방법이 있습니다. 예를 들어 블루, 블랙, 화이트와 같이 3가지 색상의 원피스를 팔고 있을 때 이것들 모두 하나의 대표 이미지로 등록하는 방법은 '기본 등록'입니다. 반면 블루, 블랙, 화이트를 3가지 옵션별로 모두 등록하는 방법은 '옵션별 등록'입니다.

'기본 등록'으로 이미지를 등록할 경우

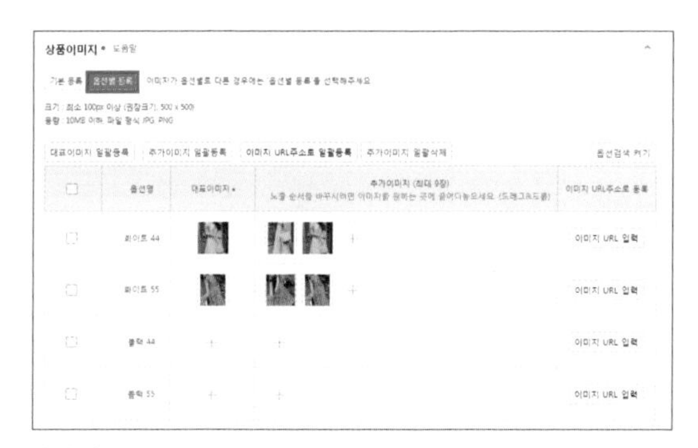

'옵션별 등록'으로 이미지를 등록할 경우

❸ **참고로 쿠팡윙에서 판매하는 대부분의 판매자는 옵션별로 상품을 모두 등록하려면 번거로워서 기본 등록을 하는 경우가 많습니다. 하지만 로켓그로스나 로켓배송을 통해 판매하려면 쿠팡의 정책상◆ 옵션별로 등록하는 것이 기본입니다. 아울러 패션제**

◆ 쿠팡에서는 빠른 배송을 위해 '스큐(SKU; Stock Keeping Unit)'라는 사이즈별, 색상별로 나누어서 보관하는 방식을 운영하고 있습니다.

품 등은 생각보다 많은 사람이 앱에서 추가 이미지를 보면서 구매 결정을 하는 경우가 많으므로 가능하면 옵션별로 모두 상품을 등록하는 것이 좋습니다. 추가 이미지는 500×500px(최소 100×100px) 크기의 JPG, PNG 파일로 등록하면 되고 용량은 10MB 이하여야 합니다.

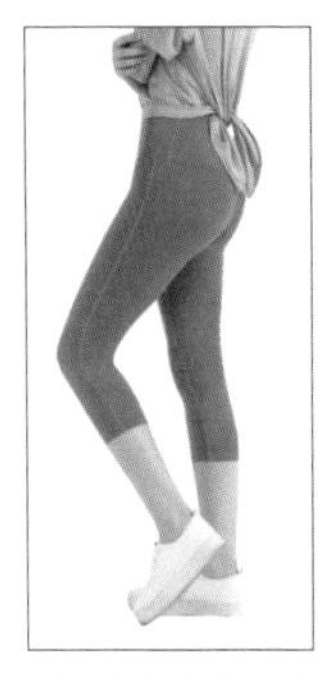
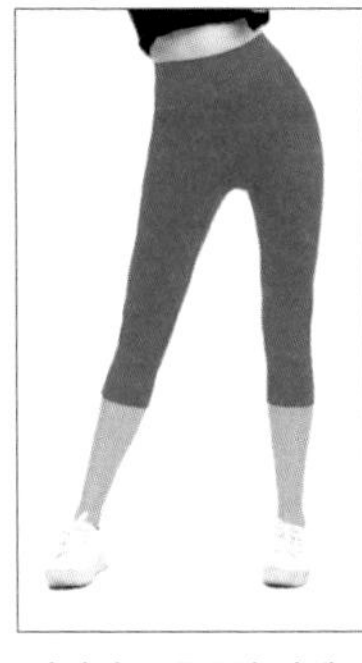

다양한 옵션별로 대표 이미지를 등록한 사례

쿠팡윙 판매자는 대부분 기본 등록을 하지만, 잘 판매하는 판매자들은 옵션별로 상품을 모두 등록하는 경우가 많다.

❹ 상세 설명 등록하기

대표 이미지와 추가 이미지를 등록했으면 이제 상세 설명(상세 페이지)을 등록해야 합니다. 쿠팡의 상세 페이지는 이미지 업로드 방식, 에디터 방식, HTML 방식을 지원하고 있습니다. 스마트스토어에서는 상위 노출을 위해 에디터를 사용해서(에디터 방식) 블로그처럼 '글+사진(이미지)+글+사진'의 방식을 사용합니다(좀 더 자세한 내용은 《돈이 된다! 스마트스토어》 참고). 하지만 쿠팡의 경우에는 '글+사진(이미지)+글+사진'으로 상세 페이지를 만들어도 상위 노출과 상관이 없다 보니 일반적으로 오픈마켓에서 많이 사용하는 이미지 업로드 방식(포토샵 등을 이용해 상세 페이지를 만들어서 등록하는 방식)을 주로 사용합니다.

스마트스토어와 쿠팡의 상세 페이지 및 상위 노출 방식 비교

	스마트스토어	쿠팡
상세 페이지	블로그처럼 '글+사진+글+사진'의 형태로 만드는 것이 좋다.	스마트스토어처럼 만들어도 되지만, 많이 번거로워서 포토샵 등을 이용해 JPG 파일 하나로 상세 페이지를 만든 후 업로드 방식으로 이미지를 등록하는 경우가 많다.
상위 노출	상세 페이지에 쓴 글(키워드)이 상위 노출에 중요한 역할을 한다.	상세 페이지와 상위 노출은 상관이 없다.

아울러 이미지는 길이가 길어도 굳이 잘라서 넣을 필요 없이 전체를 통으로 올려도 상관없습니다. 왜냐하면 쿠팡윙에서 알아서 잘라주기 때문입니다. 이미지 권장 크기는 가로 780px(최소 300px~최대 3,000px), 세로 30,000px 이하, 10MB 이하의 JPG, PNG 파일입니다.

상세 페이지를 등록하려면 '기본 등록' 또는 '옵션별 등록'을 선택합니다. 즉 옵션과 상관없이 같은 상세 페이지를 보여주려면 '기본 등록'으로, 옵션별로 다른 상세 페이지를 보여주려면 '옵션별 등록'을 선택하고 이미지는 이미지 업로드 방식을 통해 등록하면 됩니다.

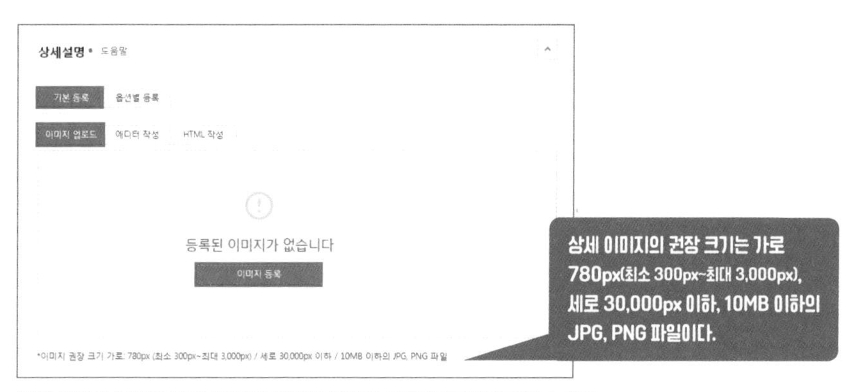

'기본 등록'과 '옵션별 등록', '이미지 등록'을 이용해 상세 페이지를 등록할 수 있다.

아직 판매할 제품도 정해지지 않았고 상세 페이지도 만들지 않아서 상품 등록을 해 보지 않았다는 분들이 종종 있습니다. 하지만 온라인에서 잘 팔려면 최소한 상품은 어떻게 등록해야 하는지를 정확하게 알아야 합니다. 제목은 어떻게 설정하고, 태그는 어떻게 설정하며, 카테고리는 어떻게 매칭하는지 등 이런 부분을 정확하게 알지 못하면 상위 노출이 쉽지 않기 때문입니다. 직원에게 맡겨도 마찬가지입니다. 내가 알고 시키는 것과 정확하게 알지 못하고 시키는 것에는 분명히 차이가 있기 때문입니다.

아직 판매할 제품과 상세 페이지가 완성되지 않아서 상품 등록이 어렵다고 이야기한다면 각종 B2B(Business to Business) 사이트에 등록되어 있는 상품을 이용해서 상품 등록을 연습해 보는 방법을 추천합니다. 참고로 B2B 사이트는 도매 사이트라고 보면 됩니다. 도매 사이트는 온라인 판매자들을 위하여 대표 이미지와 상세 페이지를 제공하고, 판매자들에게는 각종 판매 채널(쿠팡, 스마트스토어, 오픈마켓 등)에 상품을 등록해서 팔 수 있도록 도와주는 플랫폼입니다.
B2B 사이트에 있는 상품을 적당히 등록해서 돈을 버는 것은 쉽지 않습니다. 일반적인 방식으로는 열심히 상품을 등록해도 월급쟁이만큼 버는 것도 쉽지 않을 것입니다. 하지만 B2B 사이트는 대표 이미지와 상세 페이지를 제공하므로 상품 등록을 연습하는 장소로는 충분합니다.

대표적인 B2B 사이트

사이트	URL
도매꾹	domeggook.com
도매토피아	www.dometopia.com
오너클랜	www.ownerclan.com

⑥ 상품 주요 정보 등록하기
ft. 브랜드 & 인증

상품 브랜드와 인증 정보 등 상품의 주요 정보를 등록해 보겠습니다.

다음은 브랜드를 비롯한 인증 정보 등을 등록하는 화면입니다.

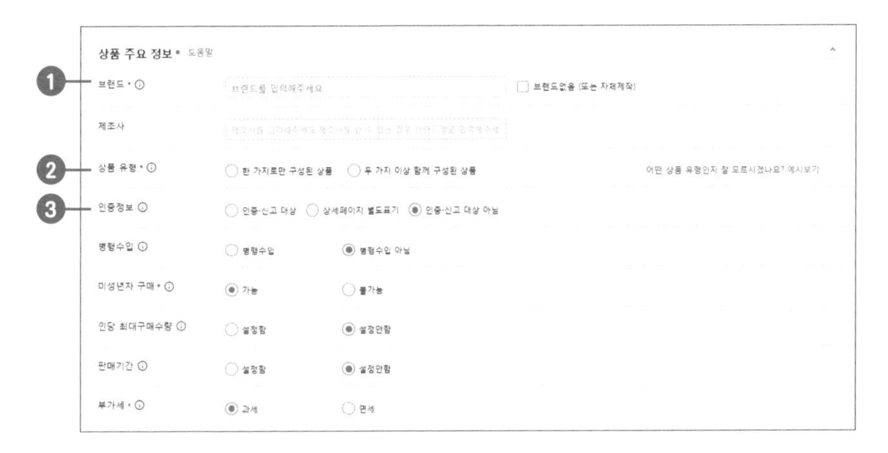

❶ **브랜드**: 브랜드가 있으면 등록하고 없으면 '브랜드없음 (또는 자체제작)'에 체크 표시합니다.

❷ **상품 유형**: 1가지 단일 상품인지, 여러 가지 상품이 합쳐진 상품인지를 선택합니다. 예를 들어 신라면 한 종류만 판매한다면 단일 상품입니다. 반면 신라면과 짜파게티를 섞어서 판매하는 상품이라면 2가지 이상 함께 구성한 상품이 됩니다.

❸ **인증정보**: 인증 정보의 경우에는 상품군에 따라 관련 법령에 따라 인증받아야 하는 경우가 있습니다. 인증 신고 대상이 아니면 '인증·신고대상 아님'을 선택합니다. 그리고 전자제품이나 유아용품처럼 관련 법령에 따라 KC 인증을 받아야 하는 상품이라면 '인증·신고 대상'을 선택한 후 인증번호를 입력하거나, 상세 페이지에 인증 정보를 넣고 '상세페이지 별도표기'를 선택해도 됩니다. 참고로 KC 인증이나 기타 인증은 제품을 제공하는 제조사의 상세 페이지에 기재된 경우가 많으므로 그것을 참고해서 사용하면 됩니다.

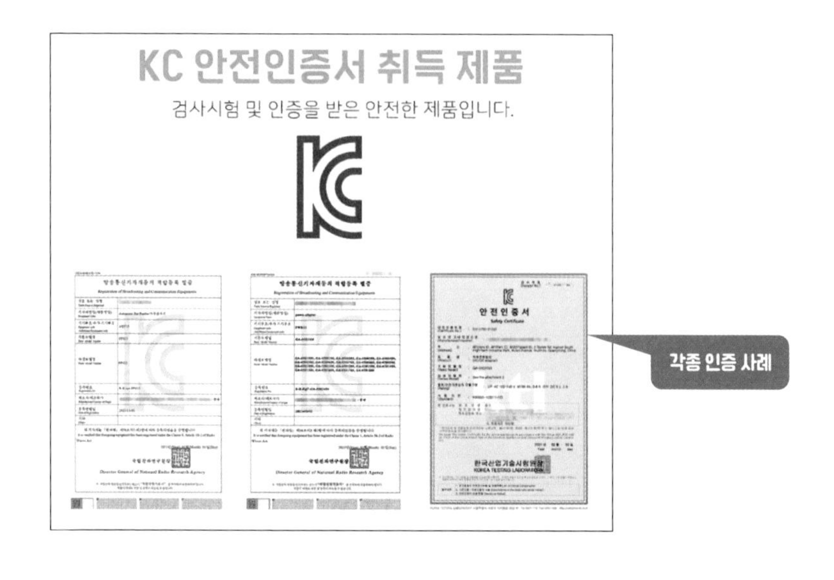

⑦ 검색어(태그) 설정하기

등록한 상품이 소비자들에게 잘 검색되도록 검색어와 태그를 설정하는 방법을 알아보겠습니다.

❶ 네이버와 쿠팡에서 '버티컬' 검색하기

네이버에서 '버티컬'을 검색하고 검색 결과를 살펴보면 모든 상품명에는 '버티컬'이라는 키워드가 들어간 것을 확인할 수 있습니다. 반면 쿠팡에서 '버티컬'이라고 검색하면 단어 '버티컬'이 보이지 않는 상품도 상위 노출된 것을 볼 수 있습니다.

네이버와 쿠팡의 검색 결괏값이 이렇게 차이가 나는 이유는,
네이버는 기본적으로 상품명을 기반으로 검색되지만,
쿠팡은 그렇지 않기 때문입니다.

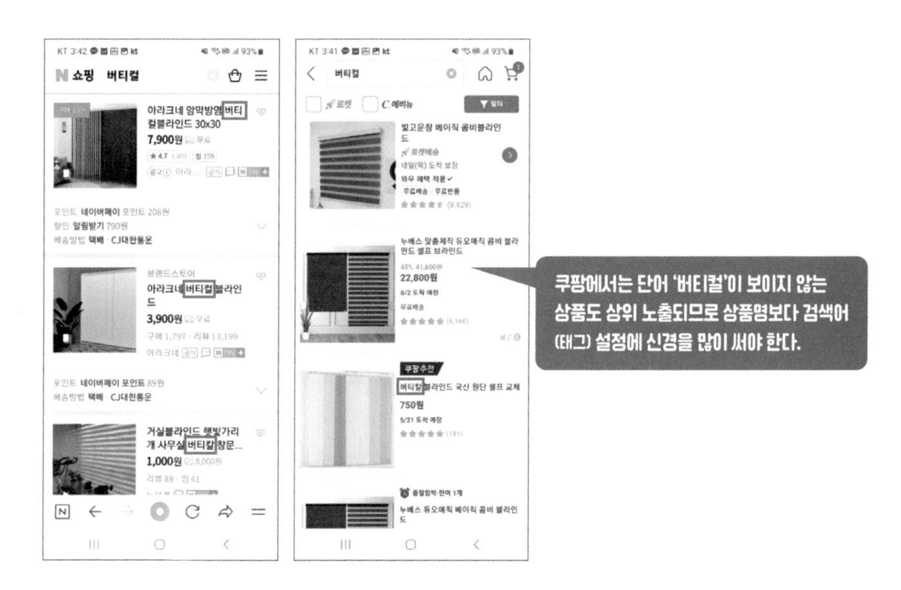

네이버의 경우 상품명에 해당 키워드가 없으면 검색되지 않지만, 쿠팡은 제목에 없는 키워드라고 해도 검색어 설정 부분에 추가된 태그(키워드)가 있으면 노출되는 구조입니다. (스마트스토어도 태그 설정 부분이 있지만, 실제로는 큰 의미가 없습니다.) 그래서 네이버는 최대한 많은 키워드에서 상품이 노출되도록 상품명에 최대한 많은 키워드를 설정하는 경우가 많습니다. 하지만 쿠팡은 상품명은 간략하게 쓰고 검색어 설정을 통해 노출 빈도를 높여주는 것이 중요합니다.

❷ 태그 추가하기

상품명이 '엑스브레인 쉬폰 플라워 여성 원피스'일 경우

- '여름 원피스'에서도 내 상품이 노출되기를 바란다면
  → 검색어 설정의 태그 등록에 '여름'이라는 키워드를 추가하면 됩니다.
- '30대 원피스'에서도 내 상품이 노출되기를 바란다면
  → 검색어 설정의 태그 등록에 '30대'라는 키워드를 추가하면 됩니다.
- '슬림핏 원피스'에서도 내 상품이 노출되기를 바란다면
  → 검색어 설정의 태그 등록에 '슬림핏'이라는 키워드를 추가하면 됩니다.

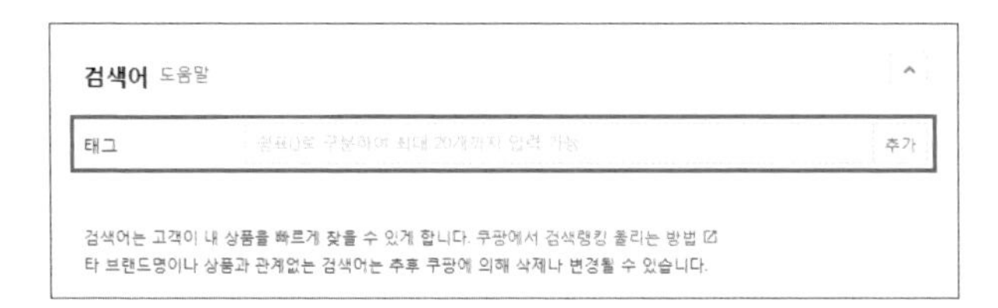

태그는 20개까지 설정할 수 있는데, 어떤 검색어(태그)를 써야 할지는 198쪽에서 다시 자세히 설명하겠습니다.

⑧ 검색 필터 지정하기

내가 등록한 상품이 제대로 검색되도록 검색 필터를 지정해 보겠습니다.

❶ 검색 필터 항목 확인하기

검색 필터를 클릭하면 아주 많은 내용이 표시됩니다. 앞에서 등록한 '엑스브레인 쉬폰 플라워 여성 원피스'의 경우 '출시 연도'부터 시작해서 '출시 계절', '상의 사이즈 계열', '패턴/프린트'까지 다양한 선택 옵션이 있습니다. 이 밖에도 '의류 핏', '패션의류/잡화 스타일', '스커트류 길이', '스커트 디자인'에 이르기까지 수많은 항목이 표시됩니다.

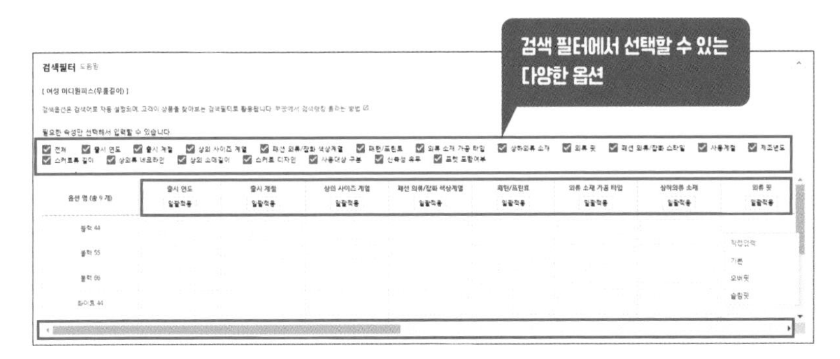

❷ 검색 필터 옵션 확인하기

이 중에서 하나의 항목에 체크 표시하면 해당 항목과 관련되어 선택할 수 있는 검색 필터가 표시됩니다. '상하의류 소재'의 경우 '면 100%,' '면혼방', '린넨', '레이온' 등을 선택할 수 있고 '의류 핏'은 '기본', '오버핏', '슬림핏' 등을 선택할 수 있습니다. 여기서는 최대한 내 상품에 적합한 검색 필터를 모두 선택합니다. 참고로 여기에 나오는 검색 필터는 판매 상품군에 따라 바뀝니다.

'상하의류 소재'와 '의류 핏'의 하위 옵션

검색 필터가 꼭 필요한 이유는? 상위 노출에 효과적!

쿠팡에서 구매할 때 소비자들은 기본적으로 구매하려는 상품의 키워드를 통해 검색 결과를 봅니다. 그런데 이렇게 검색하면 아주 많은 상품을 볼 수 있지만, 실제로는 내가 원하는 상품을 찾기 어려운 경우도 아주 많습니다. 이럴 때는 해당하는 세부 옵션을 차례대로 클릭해서 원하는 상품을 선택하는 방법을 많이 사용합니다.

경우에 따라서는 필터를 지정해서 내가 원하는 상품을 디테일하게 찾을 수도 있습니다. 결과적으로 검색 필터를 잘 이용하면 더 많이 노출될 수 있으므로 해당 사항이 있는 경우에는 좀 번거로워도 검색 필터를 이용하는 것이 좋습니다.

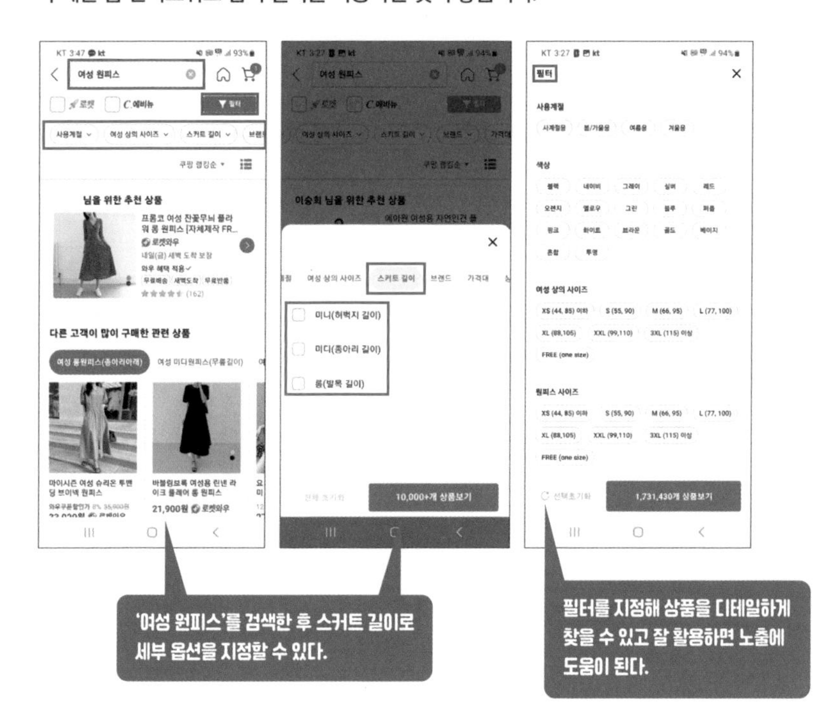

⑨ 상품 정보 제공 고시하기

상품정보제공고시는 전자상거래법(제13조 제4항)에 따라 통신판매업자가 소비자에게 제공해야 할 품목별 상품 정보 및 거래 조건 정보를 구체적으로 제공하도록 규정한 고시입니다. 제조국이 어디인지, 소비자 상담 전화번호는 무엇인지 등의 내용이고 이러한 내용을 상세 페이지에 기재했다면 '전체 상품 상세페이지 참조'에 체크 표시하면 됩니다.

'상품정보제공고시' 화면

필수 표기정보

품명 및 모델명	상품 상세페이지 참조	KC 인증정보	상품 상세페이지 참조
정격전압, 소비전력	상품 상세페이지 참조	에너지소비효율등급	상품 상세페이지 참조
출시년월	상품 상세페이지 참조	제조자(수입자)	상품 상세페이지 참조
제조국	상품 상세페이지 참조	크기, 형태	상품 상세페이지 참조
화면사양 (화면크기, 해상도, 화면비율 등)	상품 상세페이지 참조	추가설치비용	상품 상세페이지 참조
품질보증기준	상품 상세페이지 참조	A/S 책임자와 전화번호	상품 상세페이지 참조

⑩ 배송지 및 반품, 교환 정보 입력하기

구매자가 구입한 상품이 안전하게 도착할 수 있도록 배송지를 정확하게 입력하는 방법을 알아보고 반품 및 교환 정보까지 꼼꼼하게 입력해 보겠습니다.

❶ 제주 및 도서산간 배송 여부 항목 체크하기

'배송' 화면에서는 '출고지'를 비롯하여 '택배사'와 '기본배송비' 등을 입력할 수 있습니다. 여기서는 '제주/도서산간 배송여부' 항목에 주의해야 합니다. 기본값이 '불가능'으로 되어 있지만, 이들 지역도 배송할 수 있다면 '가능'으로 바꾸면 됩니다. (국내 모든 택배사는 제주 및 도서산간 지역 배송이 가능합니다.)

수많은 판매자가 이 부분에서 실수하여 제주도 및 도서산간 지역에 거주하는 구매자들에게 판매하지 못하는 경우를 많이 보았습니다. 그리고 '출고 소요일'에는 언제 상품을 출고할 수 있는지 정확하게 기입해야 합니다. 예를 들어 당일 출고가 안 되는데도 불구하고 '당일출고'에 체크 표시하면 페널티가 있기 때문입니다.

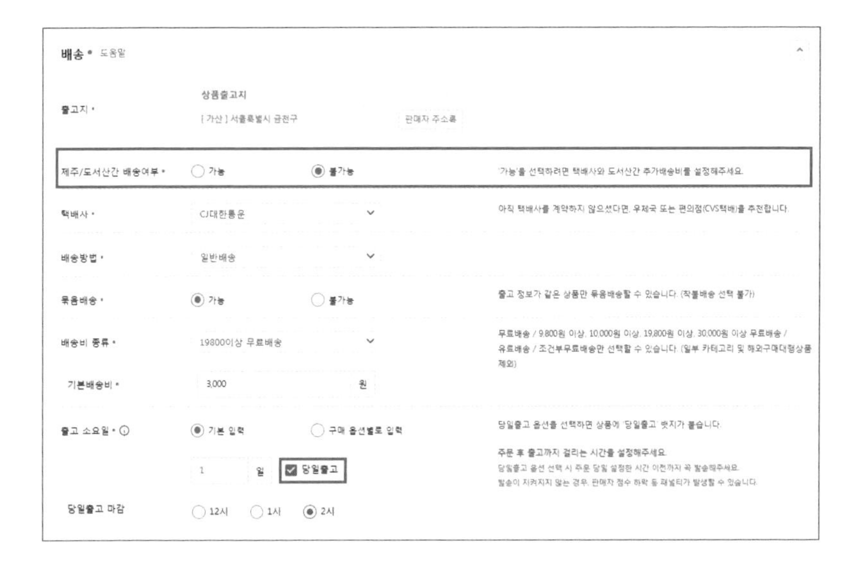

❷ 반품/교환 정보 입력하기

상품을 반품하려는 고객을 위해 '반품/교환지'와 '반품배송비(편도)'까지 정확하게 입력합니다. 이렇게 해서 상품 등록을 완료하면 3분 안에 상품이 등록되고 이 시점부터 판매가 시작됩니다.

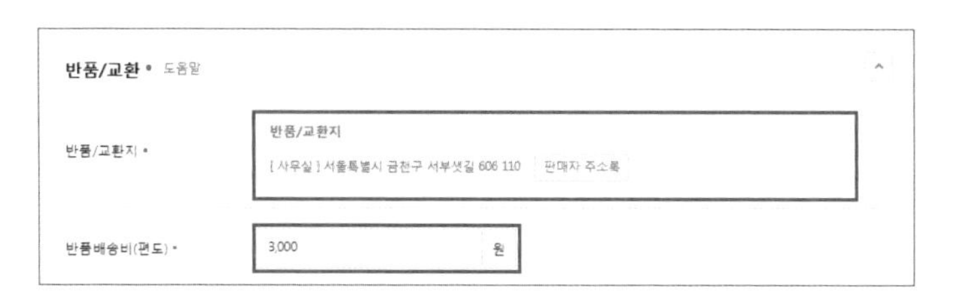

나도
쿠팡
고수

로켓그로스 & 로켓배송 신청하기

쿠팡윙 계정을 생성한 후 로그인했으면 쿠팡윙 홈페이지에서 로켓그로스 입점을 신청할 수 있습니다.

로켓그로스

❶ 로켓그로스 입점 신청하기

쿠팡윙 화면에서 '로켓그로스'를 선택하고 [로켓그로스 알아보기]를 클릭합니다.

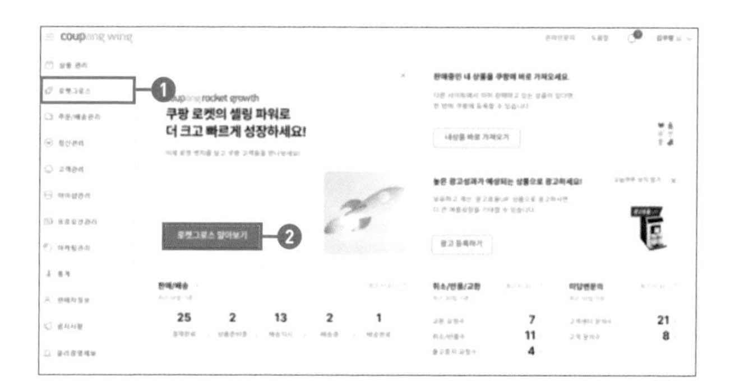

❷ 로켓그로스 신청 화면이 나타나면 [로켓그로스 시작하기]를 클릭합니다.

❸ '로켓그로스 시작하기' 화면이 나타나면 '쿠팡 서비스 이용약관-사업자용 및 개인 정보 제3자 제공 동의'에 체크 표시하고 [동의하고 시작하기]를 클릭합니다.

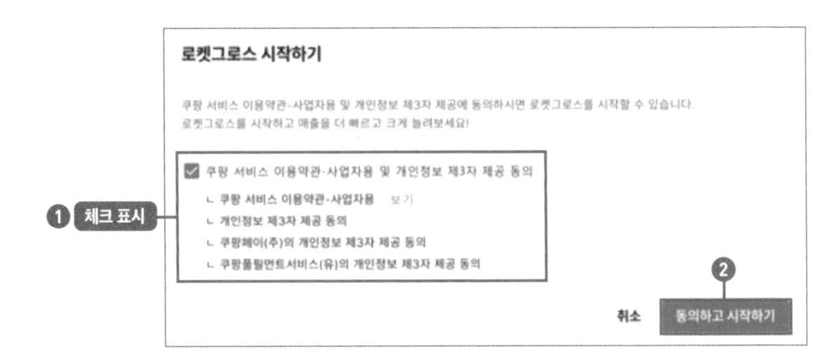

❹ 약관에 동의하면 쿠팡윙의 '상품관리' → '로켓그로스 상품등록' 화면에서 [로켓그로스 상품등록하기]가 활성화됩니다.

로켓배송

로켓배송은 '쿠팡 서플라이어' 페이지(supplier.coupang.com/welcome/join)에서 신청할 수 있습니다. 쿠팡의 로켓배송 입점 신청에 대해서는 65쪽을 참고하세요.

로켓그로스에 입점하려면 쿠팡윙 화면에서 [로켓그로스 알아보기]를 클릭해서 신청해야 합니다. 별도의 로켓그로스 신청 URL이 없으므로 이 방법밖에 없습니다. 그런데 [로켓그로스 알아보기]가 안 보인다는 판매자들이 많습니다. 그래서 로켓그로스를 신청하고 싶은데도 신청할 수 없는 상황인 것입니다.
그렇다면 쿠팡은 무엇 때문에 로켓그로스 신청을 막고 있을까요?
이유는 쿠팡의 정책과 상황 때문입니다. 가장 큰 이유는 2023년 4월부터 로켓그로스 정책이 변경되어 이미 로켓그로스를 하고 있는 판매자부터 새로운 계약 내용으로 다시 계약하고 있기 때문입니다. 한꺼번에 모든 판매자에게 로켓그로스를 열어주면 정확한 수요를 예측할 수 없어서 로켓그로스 신청을 막고 있는 것입니다.

또한 3PL(생산자와 판매자 사이에 제3자가 물류를 대행하는 것)을 사용하면 보관료가 있습니다. 사무실에 상품을 적재하기도 어렵고 자체 물류창고도 없는 판매자 중에는 상품을 적재하기 위해 3PL을 이용하는 경우가 많습니다. 이 경우 당연히 보관료를 내고 자신의 상품을 3PL의 물류창고에 보관하게 됩니다. 그런데 쿠팡의 경우 60일간 보관료를 받지 않다 보니 이것을 악용하는 판매자들도 종종 있습니다. 실제로 쿠팡에서는 잘 팔리지도 않는데, 무료로 쿠팡의 물류창고를 이용하는 판매자들이 대표적인 케이스입니다. 쿠팡의 입장에서 보면 적재한 상품이 빨리 팔려야 회전이 되는데, 상품만 적재되어 있고 실제로는 잘 팔리지 않는다면 쿠팡의 물류창고는 제대로 운영되지 않을 것입니다. 그래서 쿠팡은 쿠팡윙으로 어느 정도 판매가 되는 검증된 판매자에게만 로켓그로스를 열어주는 정책을 운영하고 있습니다. (2023년 4월 로켓그로스를 개편하기 이전에는 스마트스토어, G마켓, 옥션 등에서 많이 판매하는 판매자들에게 직접 연락하여 로켓그로스 입점을 유도하기도 했습니다. 하지만 쿠팡이 온라인 마켓 판매 1등으로 올라간 이후에는 별도의 입점 유도 없이 쿠팡윙에서 판매가 일정 수준인 판매자에게만 로켓그로스를 오픈하고 있습니다.)

로켓그로스에 입점하는 방법

결국 로켓그로스에 입점하는 가장 좋은 방법은 쿠팡윙 판매를 늘리면 됩니다.
규모가 작아서 쉽지 않다고요? 그렇지 않습니다.
로켓그로스와 로켓배송 모두 직원 없이 혼자서 하는 분들이 너무 많습니다.

3일 차

쿠팡 상위 노출 공식 엿보기

coupang

coupang shopping

12

온라인 마켓에서 상위 노출하는 방법 2가지

ft. 광고 vs 검색 알고리즘

똑같은 상품이라도 검색 순위가 높으면 판매량 급등!

온라인에서 상품을 판매할 때 검색 결과 순위는 매우 중요합니다. 똑같은 상품이라고 해도 몇 위인지에 따라 판매량이 크게 달라질 수 있기 때문입니다.

EU 경쟁위원회의 구글 쇼핑과 관련된 연구 결과에 따르면 검색 결과 1등에 노출되었을 때 100번의 클릭이 발생하는 상품이 3등으로 노출되었을 때는 50번의 클릭만 일어나고 10등이면 불과 15번의 클릭만 발생한다고 합니다. 물론 판매하려는 상품군과 대표 이미지, 쇼핑 플랫폼의 UI User Interface (사용자 화면) 등에 따라 노출 순위에 따른 클릭 수의 차이는 약간씩 다를 수 있습니다. 하지만 어떤 상황이든지 상위 노출이 될 경우가 그렇지 않은 경우보다 더 많은 클릭이 발생할 수밖에 없습니다.

상위에 상품이 노출될수록 더 많이 팔릴 수밖에 없으므로 상위 노출은 온라인 판매에서 매우 중요한 부분이라고 할 수 있습니다. 따라서 이번에는 어떻게 해야 쿠팡에서 더 쉽게 노출할 수 있을 것인지에 대해 설명하겠습니다.

광고 상위 노출 vs 검색 알고리즘 상위 노출 비교하기

온라인에서 상위 노출을 하는 방식은 마켓플레이스마다 차이가 있지만 크게 2가지 방식을 생각해 볼 수 있습니다. 하나는 '광고를 통해서 상위 노출'을 하는 방식이고 또 하나는 '해당 마켓플레이스의 검색 알고리즘에 맞추어서 상위 노출'을 꾀하는 방식입니다.

이들 2가지 방식의 장단점을 간략하게 살펴보겠습니다.

우선 광고를 통해 상위 노출을 하려면 많은 비용이 듭니다. 반면 검색 알고리즘에 맞추어서 상위 노출을 하려면 비용이 들어가지 않습니다. 하지만 해당 판매 플랫폼의 상위 노출이 어떤 방식으로 되는지 정확하게 알아야 하고 이것에 맞추어서 해야 하는 일이 많습니다.

가끔 자본력이 있으면 광고를 통해 상위 노출하고 자본력이 없으면 검색 알고리즘에 맞추어 상위 노출을 해야 한다고 생각하는 분들이 있습니다. 하지만 단순히 비용의 문제를 떠나서 광고로만 상위 노출을 할 경우 검색 알고리즘에 맞추어서 상위 노출을 하는 경우보다 신뢰도가 떨어진다는 문제가 있습니다. 관계 법령에 의거해서 광고로 상위 노출을 한 경우에는 '광고'나 'AD'를 표시해야 하기 때문입니다. 또한 광고로 판매량을 늘렸어도 수익률을 높이려면 결국 검색 알고리즘에 맞게 상품을 등록하고 판매해서 광고비를 줄여야 합니다. 그래서 광고를 한다고 해도 쿠팡의 검색 알고리즘을 정확하게 아는 것은 매우 중요합니다.

광고 vs 검색 알고리즘의 상위 노출 비교

	광고의 상위 노출	검색 알고리즘의 상위 노출
비용	많이 든다.	들지 않는다.
난이도	(비용만 많이 쓰면) 쉽다.	해당 플랫폼에 대해 정확하게 이해한 후 신경 써서 상품을 등록해야 한다.
소비자 신뢰도	낮다. (광고 또는 AD 표시)	높다.
기타	광고를 통해 판매량을 늘렸어도 최종적으로는 검색 알고리즘으로 상위 노출을 해야 소비자의 신뢰도와 수익률을 높일 수 있다.	

'광고'나 'AD' 등 표식이 있으면 그렇지 않은 경우보다 소비자 신뢰도가 떨어진다.

검색 상위 노출 비율이 높은 순서는? 스마트스토어 > 쿠팡 > 오픈마켓

쿠팡의 상위 노출은 어떤지 살펴보기 위해 '머리끈'을 검색해 보았습니다. 검색 결과의 위쪽에 일부 광고가 들어가지만, 전체적으로는 광고 영역보다 검색 알고리즘에 의해 상위 노출되는 상품을 많이 볼 수 있습니다.

* 그림에서 노란색 바탕 부분이 광고 영역

반면 오픈마켓의 경우에는 1페이지 전체가 광고라고 할 정도로 광고를 하지 않고는 1페이지에 노출하는 것 자체가 쉽지 않은 것을 볼 수 있습니다. 스마트스토어의 경우에는 쿠팡보다 더 적은 영역에만 광고가 위치해 있습니다.

정리해 보면 오픈마켓의 경우 검색 결과의 1페이지는 거의 광고이기 때문에 광고를 하지 않으면 판매하기 쉽지 않습니다. 반면 쿠팡이나 스마트스토어의 경우에는 광고를 하지 않아도 노출될 수 영역이 많기 때문에 어떻게 하면 검색 알고리즘에 의해 상위 노출이 될 수 있는지를 정확하게 파악해서 상품을 등록하는 것이 중요합니다.

* 그림에서 노란색 바탕 부분이 광고 영역

coupang shopping

쿠팡의 상위 노출 알고리즘 ① 판매 실적

13

쿠팡에서 제시하는 공식적인 순위 결정 요소

알고리즘algorithm 이란, 주어진 문제를 논리적으로 해결하기 위해 필요한 절차나 방법 등을 말합니다. 예를 들어 소비자가 쿠팡 앱에서 '커피'라는 단어로 검색했을 때 쿠팡 앱에서는 어떤 상품을 1등으로 보여주고 어떤 상품을 2등에 보여주어야 할까요?

판매량이 많은 상품을 무조건 상위에 노출해야 할까요?

아니면 가격이 저렴한 상품을 상위에 노출해야 할까요?

그것도 아니면 새로 나온 상품을 상위에 노출해야 할까요?

결국 상위 노출 알고리즘이라는 것은, 어떤 기준에 맞추어서 어떤 상품을 노출해 줄 것인지를 결정하는 방법입니다. 그런데 이 기준은 단 1가지 요소가 아니라 수많은 요소에 의해서 결정됩니다.

쿠팡은 공식적으로 쿠팡의 랭킹은 1. 판매 실적, 2. 사용자 선호도, 3. 상품 정보 충실도, 4. 검색 정확도 등을 종합적으로 고려하여 순위가 결정되고, 구체적인 가중치와 알고리즘은 쿠팡이 내부적으로 관리하고 있다고 이야기합니다.

쿠팡 알고리즘에 따른 랭킹 공식

1. 판매 실적	2. 사용자 선호도	3. 상품 정보 충실도	4. 검색 정확도
	• 평점과 리뷰 • 최신성 • 클릭 수	• 배송 • 고객 문의 답변	• 검색어 • 카테고리 • 상품명 • 구매 옵션

판매 실적이 좋다고 무조건 상위 노출이 될까?

마켓플레이스의 궁극적인 목표는 '판매'입니다. 아무리 좋은 상품이 많아도 판매가 되지 않으면 해당 마켓플레이스는 살아남을 수 없습니다. 그래서 판매량을 늘이기 위해 멤버십 제도를 운용하기도 하고, 프로모션을 진행하기도 하며, 쿠팡처럼 3PL*을 운영하기도 합니다. 또한 모든 마켓플레이스는 판매량이 많은 판매자가 더 많이 판매할 수 있도록 각종 편의를 제공하기도 합니다. (수수료를 낮춰주거나 무료로 광고를 제공하는 경우도 있습니다.) 쿠팡도 판매량을 늘리기 위해서 판매가 잘 되는 상품은 그렇지 않은 상품보다 랭킹 순위에서 앞서게 설계되어 있습니다. 이것은 쿠팡뿐만 아니라 스마트스토어도 마찬가지입니다. 이처럼 판매 실적은 마켓플레이스에서 가장 중요한 요소입니다.

그렇다면 판매 실적만 좋으면 무조건 상위 노출이 될 수 있을까요?

그렇지는 않습니다. 앞에서 이야기한 쿠팡의 랭킹 공식에 있는 사용자 선호도, 상품 정보 충실도, 검색 정확도 등의 요건이 맞지 않으면 상위 노출이 어렵습니다. 예를 들어 판매 실적이 점점 늘어 1페이지 20등에 있던 상품이 1페이지 5등까지 올라왔는데 출고가 늦어졌다면 판매자 점수가 하락하고 이것 때문에 랭킹 순위도 떨어지게 됩니다. 출고는 잘 되었는데 막상 구매한 소비자들의 상품평이 좋지 않다면 이 경우에도 랭킹 순위는 하락하게 되어 있습니다.

또한 신상품의 경우도 생각해 보아야 합니다.

막 판매를 시작한 신상품의 경우 벌써 많이 팔고 있는 상품보다 판매량이 많을 수가 없습니다. 그런데 무조건 판매량이 많은 상품만 상위 노출해 준다면 신상품은 팔릴 수 없는 구조가 되므로 쿠팡은 신상품에 대해 가점을 주고 있습니다. 판매량이 좀 적더라도 상위에 노출할 수 있는 기회를 주는 것입니다.

이처럼 쿠팡의 랭킹은 다양한 요소에 의하여 산정되므로 지금 막 판매를

◆ **3PL**: 제3자를 통해 생산자와 판매자의 물류를 전문적으로 처리하는 것. 즉 기업이 원자재나 제품을 알맞은 시기에 조달해 투자비를 절감한 후 핵심적인 사업 분야에 역량을 집중하기 위해 물류 분야는 과감히 제3자에게 위탁하는 것을 말합니다.

시작했는데 상위 노출이 되지 않는다고 걱정할 필요는 없습니다. 그보다는 상위 노출을 위한 요소들을 꼼꼼히 공부해서 실천하는 것이 상위 노출을 위한 기본이라는 마음으로 차근차근 공부하는 것이 좋습니다.

쿠팡의 상위 노출 알고리즘 ② 사용자 선호도

14

coupang shopping

사용자 선호도는 사용자들이 특정 상품에 대해 얼마나 선호하는지를 나타내는 지표입니다. 스마트스토어의 인기도와 같은 항목으로, 평점과 리뷰, 최신성, 클릭 수 등이 고려됩니다.

1 | 평점과 리뷰

고객들이 상품에 대해 작성한 평점과 리뷰는 사용자 선호도에 영향을 줍니다. 긍정적인 리뷰와 높은 평점을 받은 상품은 다른 사용자들에게 더욱 많은 관심과 선호를 받을 수 있습니다. 반면 낮은 평점과 불만족스러운 리뷰는 상위 노출에 악영향을 끼칩니다. 따라서 평점과 리뷰가 좋지 않다면 원인을 파악하고 어떻게 개선할지를 생각하는 것이 중요합니다. 또한 좋지 않은 상품평은 결국 구매를 주저하게 만드는 요인이 되므로 평점과 리뷰를 관리하는 것은 꼭 필요합니다.

2 | 최신성

최신성은 초보 판매자의 진입 장벽을 낮춰주는 요소로, 신규 등록 상품에 상위 노출 가점을 제공하는 항목입니다. 161쪽에서 판매 실적을 이야기하면서 쿠팡은 신상품에 대해 상위 노출 가점을 준다고 설명했습니다. 그런데 정확하게 이야기하면 신상품이 아니라 신규 등록한 상품에 대해서 상위 노출 가점을 주는 것입니다.

오프라인 서점을 예로 들어보겠습니다.

서점에 가보면 잘 팔리는 책이 있는데, 이런 책을 '베스트셀러'라고 합니다. 반면 베스트셀러까지는 아니지만 꾸준히 잘 팔리는 책이 있는데, 이런 책은 '스테디셀러'라고 합니다. 서점 입장에서 보면 매출을 많이 올리려면 당연히 잘 팔리는 베스트셀러와 스테디셀러를 우대할 수밖에 없습니다. 그래서 오프라인 서점은 책을 배치할 때 판매량을 늘리기 위해서 베스트셀러와 스테디셀러는 사람들의 눈길이 제일 잘 가는 곳에 배치합니다.

쿠팡도 마찬가지입니다. 판매량이 높은 상품은 검색 순위 상위에 노출됩니다. 그래서 상위 노출 요소 중 제일 중요한 요소를 하나 꼽으라고 하면 결국은 '판매 실적'이라고 이야기한 것입니다.

그런데 이런 베스트셀러나 스테디셀러도 처음 시작할 때부터 이렇게 잘 팔린 것은 아닙니다. 처음에는 그냥 신간에 불과하던 책이 많은 소비자의 선택을 받으면서 베스트셀러가 되고 스테디셀러가 된 것입니다. 그래서 대형 서점은 새로 나온 신간 중에서 판매가 잘될 것 같은 책을 베스트셀러만큼은 아니지만 꽤 좋은 자리에 배치해서 소비자의 반응을 살펴봅니다. 그러다가 진짜 잘 팔리면 본격적으로 더 좋은 자리에 배치합니다. 물론 이 과정에서 판매가 잘 안되는 책들은 자리를 뺏깁니다.

쿠팡도 마찬가지입니다. 대형 서점은 새로 나온 신간 중에서 그래도 어느 정도 판매가 될 만한 책을 꽤 좋은 자리에 배치하고 그중 잘 팔리는 책과 안 팔리는 책을 구분해서 다시 재배치하는데, 온라인도 똑같습니다.

판매가 잘될 만한 신간을 골라 좋은 자리에 배치한다.

쿠팡에 새로운 상품을 등록하면 상위 노출 가산점을 부여해 꽤 좋은 자리에 배치해 줍니다. 단, 새로 등록한 모든 상품이 아니라 160쪽에서 이야기한 상품 정보 충실도와 검색 정확도에 맞춰 상품 등록을 한 경우에만 좋은 자리에 배치합니다. 그리고 가산점으로 비교적 좋은 위치에 상위 노출된 신상품의 사용자 선호도가 얼마나 있는지 보고 더 좋은 자리로 보낼지, 아니면 나쁜 자리로 보낼지를 결정합니다. 여기서 말하는 사용자 선호도는 판매량, 클릭 수, 평점과 리뷰 등으로 판단합니다.

3 | 클릭 수

앞에서 최신성을 설명할 때 새로 등록한 상품의 경우 이 상품이 앞으로 베스트셀러나 스테디셀러가 될 것인지를 판단하기 위해 우선 좋은 자리에 배치하고 판매량과 클릭 수, 평점과 리뷰 등으로 판단한다고 이야기했습니다. 그런데 판매량을 늘리려면 클릭은 아주 중요합니다. 클릭이 발생해야 구매가 일어나는 것이지, 클릭조차 발생하지 않는다면 절대 판매량이 증가할 수 없기 때문입니다. 그래서 쿠팡은 사용자 선호도에 판매량뿐만 아니라 클릭 수를 반영하고 있습니다. 스마트스토어도 클릭 수를 인기도에 반영하고 있습니다.

그럼 어떻게 하면 클릭 수를 증가시킬 수 있을까요?

제일 좋은 방법은 대표 이미지라고 하는 목록 이미지를 잘 만드는 것입니다. 다음 사례를 한번 볼까요?

사례 1 클릭을 불러오는 '무드등'

168쪽의 2개의 상품은 같은 상품이 아닙니다. 하지만 똑같은 상품이라고 해도 오른쪽 상품보다는 왼쪽 상품에 눈길이 더 갈 것입니다. 만약 오른쪽 상품의 목록 이미지를 왼쪽 이미지처럼 만들었다면 지금보다 조금이라도 더 많은 클릭이 발생했을 것입니다.

사례 2 **클릭을 불러오는 '손목보호대'**

다음 두 종류의 상품 중 어떤 상품을 클릭해서 보고 싶은가요? 당연히 왼쪽 상품일 것입니다. 두 제품의 차이가 무엇인지 자세히 살펴보지는 않았지만, 대표 이미지만으로도 두 상품은 클릭 수뿐만 아니라 판매량에서도 차이가 날 것입니다. 오른쪽 상품의 판매자가 대표 이미지에 좀 더 신경을 썼다면 판매량이 크게 늘지 않았을까요?

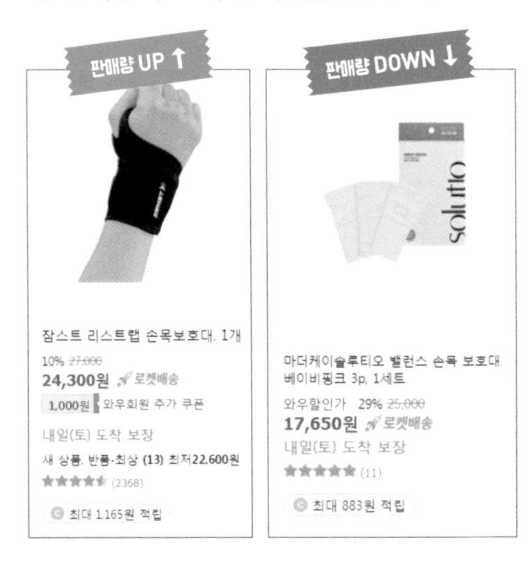

나도 쿠팡 고수

가이드라인에 맞춰 쿠팡의 대표 이미지 만들기

쿠팡의 대표 이미지를 지정할 때는 다음과 같은 사항을 고려해서 넣어야 합니다.

❶ 정사각형 이미지로 넣기

대표 이미지는 가로 대 세로의 비율이 일대일인 정사각형 이미지가 기본이면서 필수입니다.

- **크기**: 최소 500×500px
  최대 5,000×5,000px
- **용량**: 최대 3MB
- **형식**: jpg 또는 png

정사각형 이미지(필수)

- **크기**: 최소 500×290px
  최대 5,000×2,900px
- **용량**: 최대 3MB
- **형식**: jpg 또는 png

직사각형 이미지(선택)

❷ 상품 배경은 깨끗한 흰색 사용하기

상품을 효과적으로 돋보이게 하려면 깨끗한 흰색 배경을 사용해야 합니다.

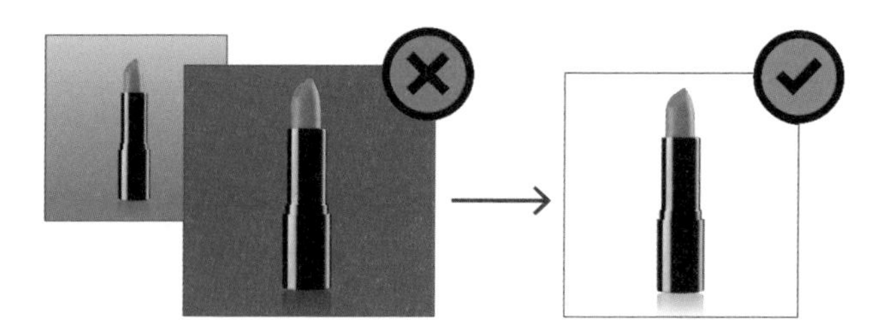

❸ 홍보 요소는 빼고 상품만 깔끔하게 보여주기

로고나 문구 배송 예정일 등 지저분한 홍보 요소는 빼고 고객이 받을 상품만 깔끔하게 보여줍니다.

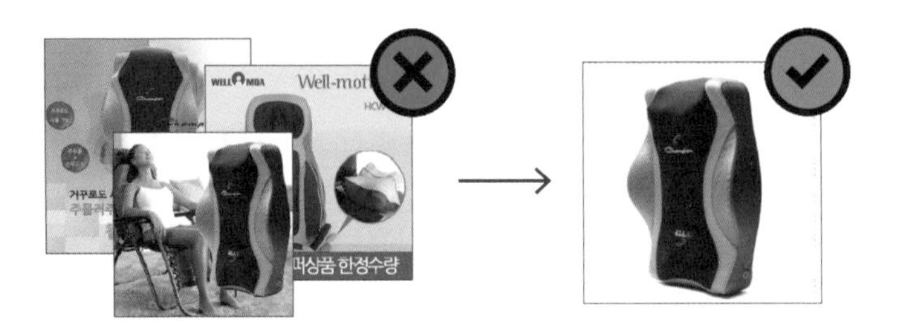

❹ 대표 이미지 한가운데에 상품 크게 넣기

상품의 모습이 대표 이미지 한가운데에 큼지막하게 들어가게 보여줍니다.

❺ 사진 품질이 좋은 이미지 넣기

깨진 이미지나 잘린 이미지, 흐린 이미지 등 품질이 낮은 이미지는 사용하지 않아야 합니다.

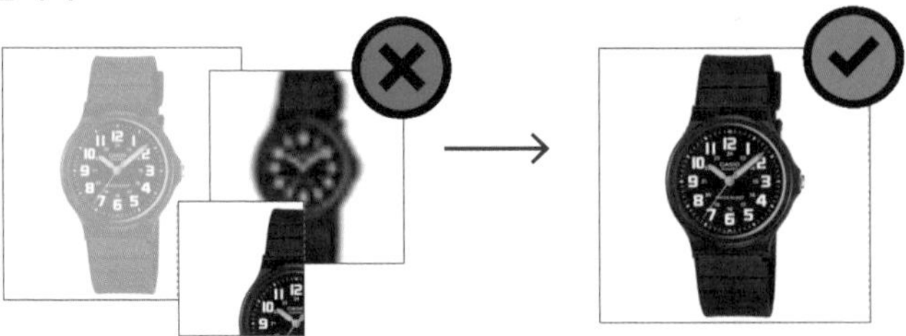

❻ 대량 상품은 맨 앞에 단품 이미지 부각하기

대량 상품은 판매 수량만큼 개수를 표현하되, 단품 이미지를 맨 앞에 부각한 후 뒤에는 나머지 이미지를 표현합니다.

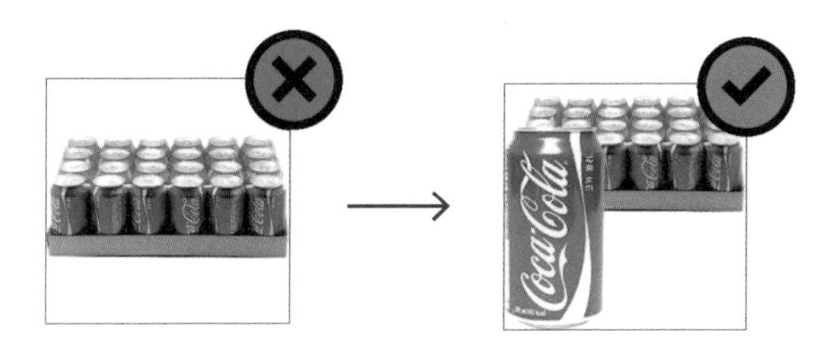

❼ 박스 상품은 박스와 단품 함께 표현하기

박스 상품인데 박스에 단품 이미지가 없으면 상품을 확인하기 어려우므로 박스와 단품을 함께 표현합니다.

나도 쿠팡 고수

쿠팡의 대표 이미지 작성 시 금기 사항 피하기

쿠팡은 공식적으로 대표 이미지와 관련하여 다음과 같은 가이드라인을 제시하고 있습니다. 하지만 등록하는 상품을 하나하나 사람이 검수하지 않으므로 이러한 규정을 따르지 않아도 상위 노출 등에 문제가 없는 경우가 꽤 많습니다. 반면 광고를 진행하는 경우와 로켓배송이나 판매자로켓의 경우에는 사람이 직접 검수하기 때문에 이런 대표 이미지를 사용할 경우에는 판매가 반려될 수 있어 규정을 정확하게 알고 있어야 합니다.

❶ 배경 화면에 색 넣지 않기

대표 이미지를 부각하기 위해 배경 화면에 컬러 등을 넣는 경우가 있는데, 쿠팡은 이것을 금지하고 있습니다. 쿠팡에서 규정하는 대표 이미지의 기본은 흰색 배경입니다.

❷ 브랜드 로고나 할인 문구, 홍보성 문구 넣지 않기

쿠팡의 대표 이미지는 브랜드 로고나 할인 문구 및 홍보성 문구 없이 흰색 배경으로 제품 컷을 찍는 것이 기본입니다.

❸ 대표 이미지에서 본품 외 제공되는 사은품 등은 제거하기

옵션이 다양하면 해당 옵션만 대표 이미지로 노출해야 합니다. 같은 상품이어도 옵션이 다르면 옵션별로 대표 이미지를 설정합니다.

❹ 이미지 연출하지 않기

신선식품과 가구/홈인테리어, 뷰티 카테고리를 제외하고 연출된 이미지는 금지됩니다. 오른쪽 그림은 '홈인테리어' 카테고리의 상품이어서 연출할 수 있지만, 왼쪽 그림은 '생활용품' 카테고리의 상품이어서 연출이 불가능합니다.

('신선식품', '가구/홈인테리어', 뷰티 카테고리를 제외하고 '연출 이미지 금지'라고 쿠팡에서 공식적으로 말하고 있지만, 패션의류 등의 카테고리는 연출 이미지를 쓰는 데 아무 지장이 없습니다.)

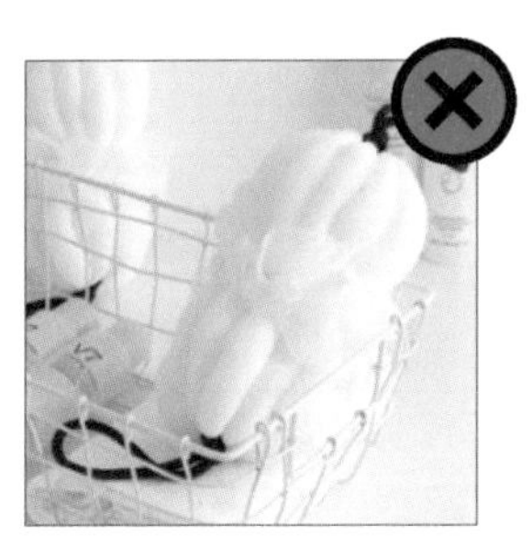

❺ 테두리, 워터마크, 글씨, 장식 등은 제거하기

제품에 테두리를 두르거나, 워터마크로 꾸미거나, 로고를 넣거나, 글씨를 쓰거나, 화려한 장식 등은 사용하지 않아야 합니다.

나도 쿠팡 고수 쿠팡 앱, 크롬, 웨일에서 노출 순위 확인하기

쿠팡의 검색 결과는 개별 사용자들의 구매 이력과 관심 상품 정보 등에 따라, 또는 쿠팡 앱과 크롬(Chrome), 에지(Edge), 웨일(Whale) 등 웹 브라우저에 따라 순위가 다르게 보일 수 있습니다. 또한 PC와 모바일도 각각 고객 경험 데이터가 다르므로 노출 순위가 서로 다르게 나타날 수 있습니다.

❶ 크롬과 웨일에서 '두유' 검색하기

다음 화면은 크롬과 웨일에서 똑같이 '두유'를 검색했을 때의 순위로, 각각 결괏값이 다르다는 것을 알 수 있습니다.

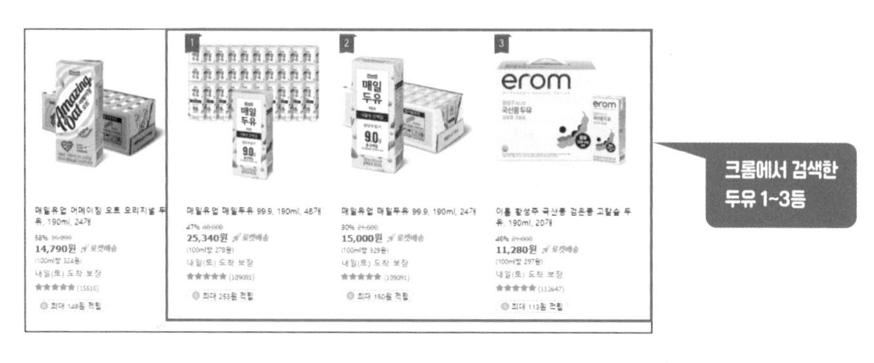

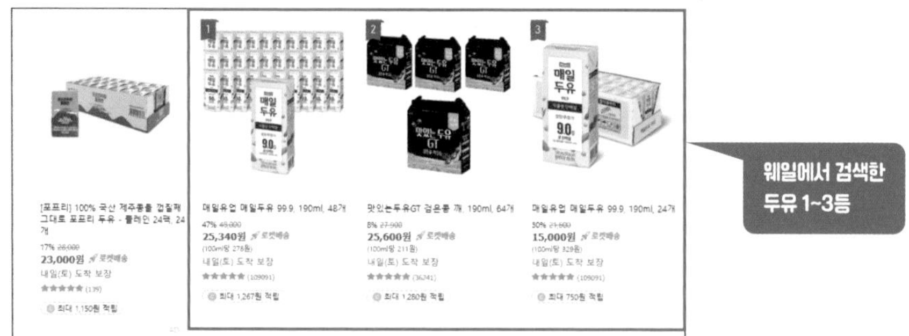

❷ 쿠팡 앱에서 '두유' 검색하기

쿠팡 앱에서 '두유'를 검색했을 때도 결괏값이 다르게 나타납니다.

❸ 쿠키 삭제 후 쿠팡 앱에서 노출 순위 확인하기

노출 순위 등을 체크할 때 가장 좋은 방법은 구매자들이 제일 많이 사용하는 쿠팡 앱에서 로그아웃하고 쿠키를 삭제한 후에 검색하는 것입니다. 안드로이드 폰을 기준으로 설명하면 쿠팡 앱에서 로그아웃한 후 '설정' → '애플리케이션' → '쿠팡'을 선택합니다.

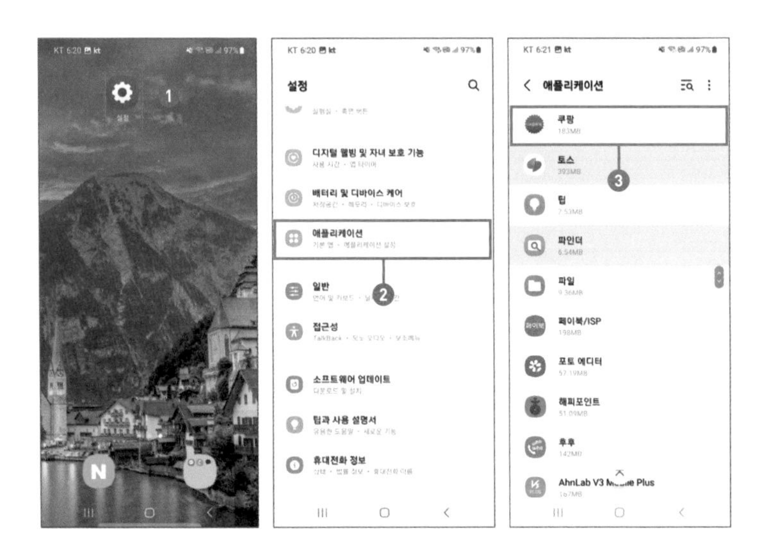

❹ '애플리케이션 정보' 화면이 나타나면 '저장공간' → '데이터 삭제'와 '캐시 삭제'를 차례대로 눌러 쿠기를 삭제하고 검색하면 됩니다.

쿠키 삭제 없이 웨일에서 노출 순위 확인하기

수시로 쿠팡 앱에서 로그아웃하고 데이터와 캐시를 삭제하는 것이 번거롭다면 웨일(Whale) 웹 브라우저를 이용해서 검색하는 방법도 좋습니다. 쿠팡에 로그인하지 않은 상태에서 웨일 웹 브라우저의 오른쪽 위에 있는 [⋮] 아이콘을 누르고 [방문 기록]-[인터넷 사용 기록 삭제]를 선택하면 됩니다.

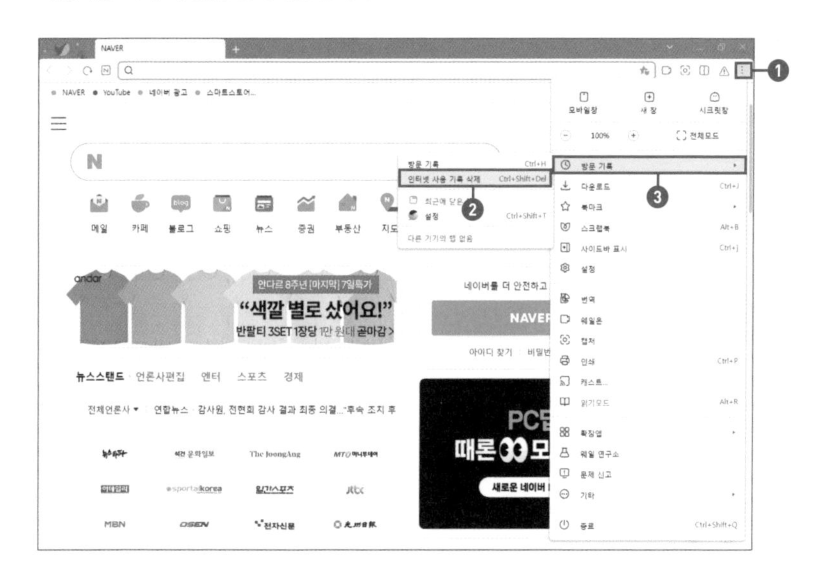

coupang shopping

쿠팡의 상위 노출 알고리즘 ③ 상품 정보 충실도

15

'상품 정보 충실도'는 고객들이 제품을 신뢰하고 올바르게 선택할 수 있도록 충실하게 정보를 제공했는지를 판단하는 항목입니다. 사실 이 부분은 상품 등록에서 설명한 것처럼 꼼꼼하게 상품을 등록하면 아무런 문제가 없습니다. 단지 배송과 고객 문의 답변에 대한 부분에서만 주의하면 됩니다.

상품 정보 충실도 평가 기준 1 배송

상품을 등록할 때 출고 소요일을 선택할 수 있습니다. 출고 시점이 언제인지, 당일 출고가 가능하다면 주문 마감이 언제인지(PM 12시, 1시, 2시)를 선택하는 항목인데, 이 일정을 지키지 못하면 판매자 점수가 하락해서 상위 노출에 영향을 미칠 수 있습니다.

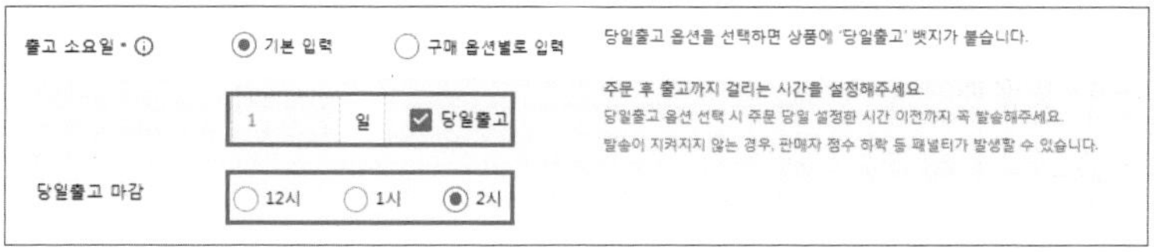

출고 소요일 *

기본 입력 / 구매 옵션별로 입력

1 일 ☑ 당일출고

당일출고 마감: 12시 / 1시 / 2시

당일출고 옵션을 선택하면 상품에 '당일출고' 뱃지가 붙습니다.

주문 후 출고까지 걸리는 시간을 설정해주세요.
당일출고 옵션 선택 시 주문 당일 설정한 시간 이전까지 꼭 발송해주세요.
발송이 지켜지지 않는 경우, 판매자 점수 하락 등 패널티가 발생할 수 있습니다.

상품 정보 충실도 평가 기준 2 고객 문의 답변

로켓배송이나 판매자로켓은 쿠팡에서 직접 고객 문의에 대해 답변하지만, 쿠팡윙에서 판매할 경우에는 판매자가 직접 고객 문의에 답변해야 합니다. 24시간 안에 답변하는 것이 원칙이고 그렇지 않을 경우에는 판매자 점수가 하락합니다. 단, 주말과 공휴일 및 판매자 휴무일은 답변 시간 계산에서 제외됩니다.

주의! 판매자 점수가 안 좋으면 판매 정지!

판매자 점수는 판매자가 제공하는 주문, 배송, 서비스 분야의 고객 경험을 측정해 수치로 나타낸 지표입니다. 지난 7일간 쿠팡에서 발생한 주문 처리(주문 이행), 정시 출고 여부(정시 출고 완료), 정시 배송 여부(정시 배송 완료), 지난 30일간 고객 문의 답변 상태(24시간 내 답변)를 측정하여 점수로 환산합니다. 다만 정확한 전산 집계와 특이 사항을 제외하기 위해 최근 7일은 제외됩니다. 판매자 점수가 저조하면 주의 또는 경고 조치되는데, 판매 정지 평가 항목 기준은 다음과 같습니다.

- **국내 배송 상품 판매**: 주문 이행, 정시 출고 완료
- **해외 배송 상품 판매**: 주문 이행, 정시 배송 완료

판매 정지 평가 기준 1 주문 이행

주문 이행은 주문이 들어왔는데 판매자의 사유로 판매를 취소하는 경우 등을 말합니다. 단, 고객이 고객 사유로 주문을 취소한 경우에는 판매자 점수 평가 대상에서 제외됩니다. 주문 취소 사유가 실제로는 고객의 단순 변심인데 판매자의 사유로 주문 취소를 신청하는 고객들이 종종 있습니다. 이 경우에는 판매자가 잘못한 것이 없는데도 판매자 점수에 악영향을 미칠 수 있지만, 모든 판매자가 똑같은 상황이어서 크게 신경 쓰지 않아도 됩니다.

판매 정지 평가 기준 2 정시 출고 완료

판매자가 입력한 출고 소요 기간보다 지연되어 출고되는 경우를 말합니다. 택배사에서 스캔 처리한 '집화' 시간이 '주문 시 출고 예정일' 이내일 경우에는 정시 출고로 판단합니다.

판매 정지 평가 기준 3 정시 배송 완료

고객에게 안내된 배송 예정일(구매 당시)보다 지연되거나 지연중인 주문 건수를 계산합니다. 배송 예정일은 다음과 같습니다.

- **국내 배송**: 출고 소요 기간+1일(일요일, 공휴일 제외)
- **국내 배송(도서산간)**: 출고 소요 기간+3일(일요일, 공휴일 제외)
- **해외 배송**: 출고 소요 기간+6일(일요일, 공휴일 제외)

정시 출고가 되었어도 택배사의 사정 때문에 배송이 지연되는 경우가 있습니다. 그래서 정시 출고 완료는 100%인데, 정시 배송 완료는 100% 미만이 나오는 경우가 종종 발생합니다. 국내 배송의 경우에는 정시 출고만 되면 정시 배송 완료가 100%가 아니어도 판매자의 잘못이 아니므로 아무런 페널티가 없으니 걱정하지 않아도 됩니다. 반면 해외 배송은 국내 배송보다 시간이 오래 걸리므로 출고 시점은 상관없지만, 정시 배송 완료만 판매자 점수에 반영됩니다.

판매 정지 평가 기준 4 24시간 내 답변

고객 문의 답변이 24시간 안에 이루어지지 않으면 판매 정지 평가 기준 점수에 반영됩니다. 단, 주말과 공휴일 및 판매자 휴무일은 답변 시간 계산에서 제외됩니다.

쿠팡윙의 '판매자정보' → '판매자 점수'

coupang shopping

16

쿠팡의 상위 노출 알고리즘 ④ 검색 정확도

ft. 상품명, 검색어, 카테고리, 구매 옵션

검색 정확도 – 소비자가 찾는 상품이 검색되는가?

쿠팡의 검색엔진은 소비자가 검색한 키워드를 기반으로 그것에 해당하는 상품을 보여줍니다. 이때 소비자가 검색한 키워드와 관련된 상품을 찾기 위해 쿠팡의 검색엔진은 검색어, 카테고리, 상품명, 구매 옵션을 살펴보고 여기에 판매량과 클릭 수, 최신성, 리뷰 및 배송 등을 고려하여 적절한 상품을 순서대로 노출하게 됩니다. 이처럼 검색어, 카테고리, 상품명, 구매 옵션이 사용자가 검색한 키워드와 일치하는지를 살펴보는 것을 '검색 정확도'라고 합니다.

검색어, 카테고리, 상품명, 구매 옵션은 쿠팡의 검색엔진이 내 상품을 찾는 정보이면서 필터 검색 조건으로 사용하는 정보이므로 정보가 정확하고 풍부할수록 내 상품의 발견 가능성을 높여서 고객이 원하는 상품을 쉽게 찾을 수 있게 합니다. 가끔 광고를 이용해 상품을 판매할 생각으로 상품 등록에 신경 쓰지 않는 판매자를 만나기도 합니다. 하지만 상품을 제대로 등록하지 않으면 판매량이 늘어도 상위 노출이 잘되지 않는 문제가 발생합니다. 이런 이유로 '검색어', '카테고리', '상품명', '구매 옵션'이라는 4가지 항목은 꼭 신경 써서 등록해야 합니다.

| 검색 정확도 항목 |

사례를 통해 검색 정확도에 대해 좀 더 쉽게 설명해 보겠습니다.

사례 1 쿠팡에서 '젝시믹스 레깅스' 검색하기(브랜드명)

쿠팡에서 '젝시믹스 레깅스'를 검색한 후 광고를 제외하고 1등부터 5등까지를 살펴보겠습니다.

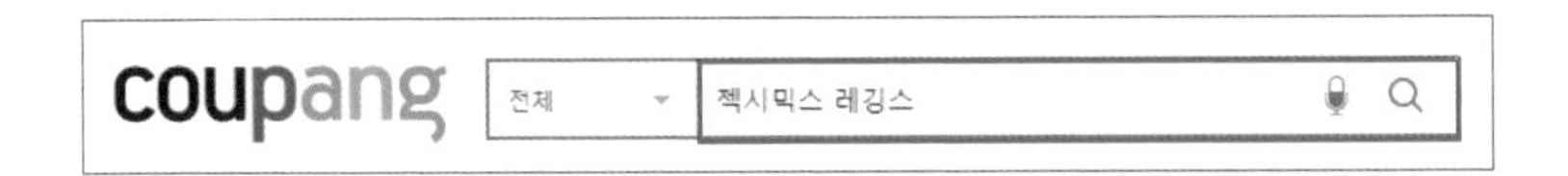

상품명에 '레깅스'라는 키워드는 모두 있지만, '젝시믹스' 키워드는 랭킹 순위 1등 상품을 제외하고는 없습니다.

'레깅스'로 검색했는데 1등 상품에만 '레깅스' 키워드가 있다.

상품명에 '젝시믹스'라는 키워드가 없어도 왜 상위 노출이 되었을까요?

쿠팡의 검색 정확도는 160쪽에서 이야기했듯이 '상품명' 외에 '검색어', '카테고리', '구매 옵션'이라는 4가지 항목에, 상품의 주요 정보인 '브랜드'를 고려하여 어떤 상품을 노출할지를 결정합니다. 결과적으로 2~5등에 랭킹된 상품들은 상품명에 '젝시믹스' 키워드가 없지만, 상품의 주요 정보인 브랜드나 검색어(태그)에 '젝시믹스'라는 해당 키워드가 있어서 상위 노출이 가능했던 것입니다.

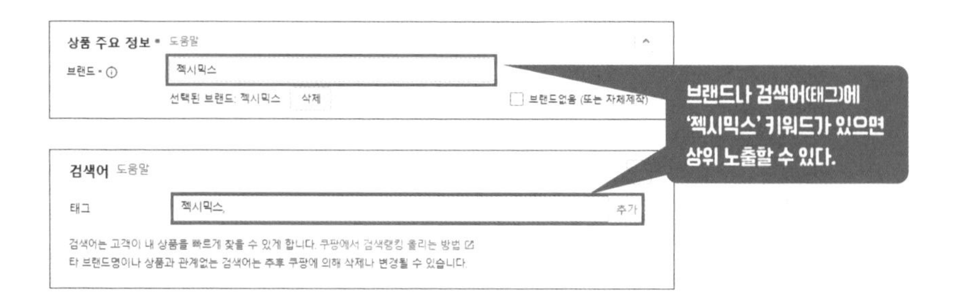

사례 2 쿠팡에서 '블랙 레깅스' 검색하기

쿠팡에서 '블랙 레깅스'를 검색한 후 광고를 제외하고 1등부터 5등까지를 살펴보겠습니다. 상품명에 '레깅스'라는 키워드는 모두 있지만, '블랙'이라는 키워드는 모두 없습니다.

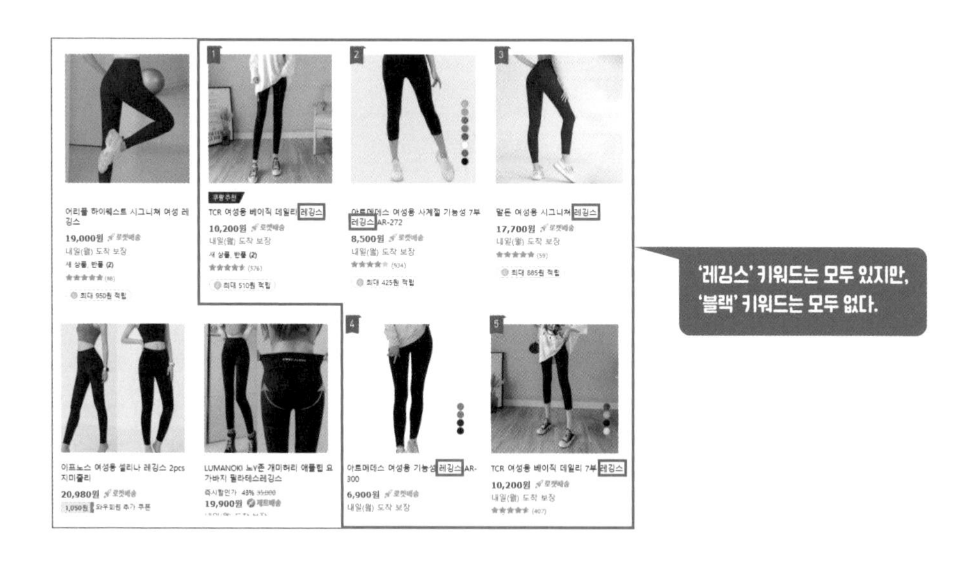

상품명에 '블랙'이라는 키워드가 없는데도 왜 상위 노출이 되었을까요?

쿠팡의 검색 정확도는 '상품명' 외에 '검색어', '카테고리', '구매 옵션'을 바탕으로 어떤 상품을 노출할지 결정합니다. 1~5등까지 모든 상품에 키워드 '블랙'이 없어도 상위 노출이 되었다는 것은, '검색어'와 '카테고리', '구매 옵션' 중 하나에 '블랙'이라는 키워드가 포함되었기 때문일 것입니다. '카테고리'에는 키워드 '블랙'이 없었고 '검색어'의 경우 상품을 등록한 판매자를 제외하고는 볼 수 없지만 '구매 옵션'을 찾아보니 전부 '블랙'이라는 색상이 등록된 것을 발견할 수 있었습니다. 결론적으로 상품명에 '블랙'이라는 키워드가 없었지만, '구매 옵션'에 키워드 '블랙'이 있어서 상위 노출이 가능했던 것으로 판단됩니다.

앞쪽 화면에서 랭킹 1등 상품을 클릭해서 들어온 화면

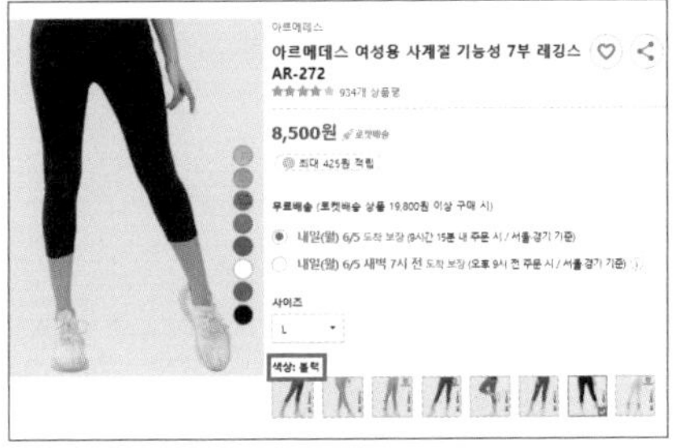

앞쪽 화면에서 랭킹 2등 상품을 클릭해서 들어온 화면

이제까지의 설명을 다시 정리해 보겠습니다. 상품을 등록할 때 '옵션값'에 쓴 키워드 하나가 결국 검색에 반영되는 것입니다. 즉 '옵션값'에 '블랙,화이트,그레이,핑크' 색상을 상품 등록하면 '블랙 레깅스', '화이트 레깅스', '그레이 레깅스', '핑크 레깅스'가 모두 검색에 반영됩니다.

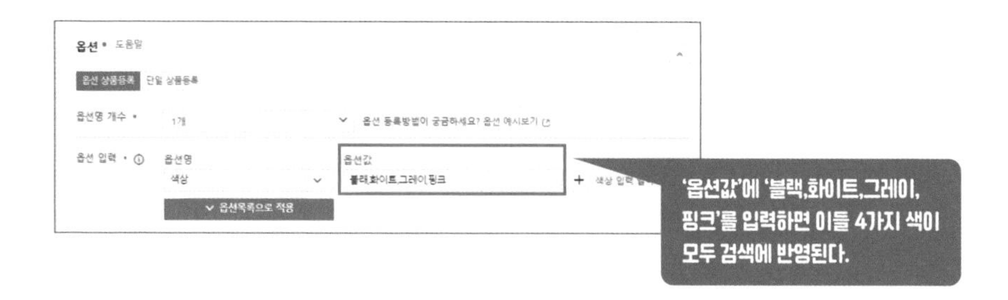

사례 3 쿠팡에서 '레깅스 8부' 검색하기

이번에는 쿠팡에서 '레깅스 8부'를 검색해 보겠습니다. 185쪽의 '젝시믹스 레깅스'에서 쿠팡 랭킹 순 기준 3등으로 보였던 상품(8부도 아닌 7부인 상품)이 1등으로 보입니다.

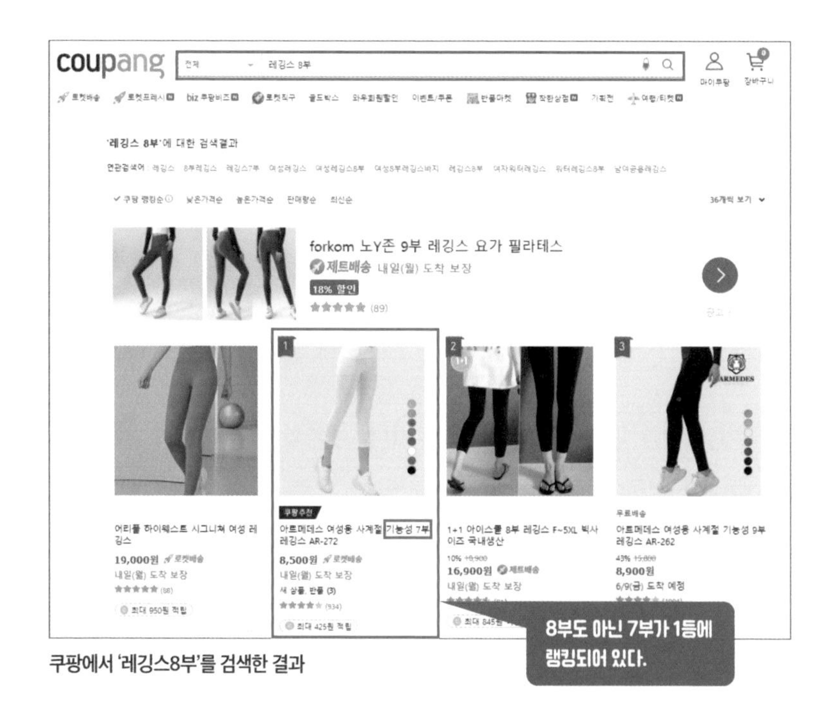

쿠팡에서 '레깅스8부'를 검색한 결과

그렇다면 어떻게 해서 이 상품은 '레깅스 8부' 검색 화면에서 상위 노출되었을까요? 이것을 확인해 보기 위해 '상품명', '카테고리', '구매 옵션'을 모두 살펴보았지만, '8부'라는 키워드는 찾을 수 없었습니다. 결론적으로 검색어에 '8부'라는 키워드가 있었기 때문이라고 추정할 수 있을 것입니다.

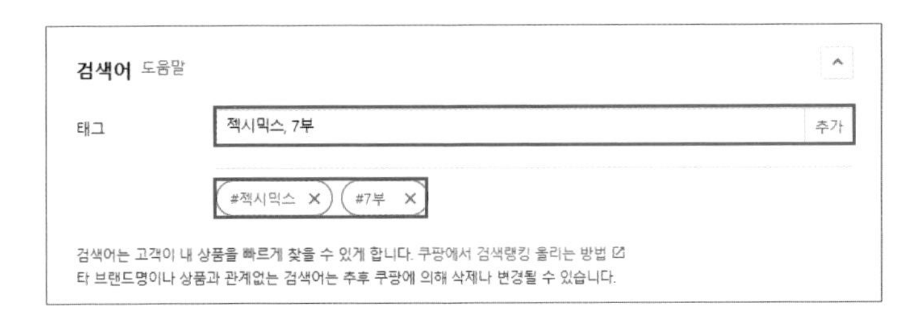

이처럼 쿠팡은 '검색어', '카테고리', '상품명', '구매 옵션', '브랜드'에 어떤 키워드를 포함할지에 따라서 검색 결과가 다르게 반영됩니다.

나도 쿠팡 고수

카페트 상품도 등록하고 검색어도 정복하고!

다음과 같이 카페트 상품을 등록하려고 합니다.

- **상품명**: 엑스브레인 플레인 소프트 카페트
- **구매 옵션**
  - **색상**: 아이보리, 그레이, 베이지
  - **사이즈(cm)**: 150×100, 200×150, 230×170

질문 1 **소비자가 '방수카페트'를 검색했을 때 내 상품이 검색되게 하려면 검색어(태그)를 어떻게 써야 할까요?**

→ **정답**: 방수(○), 방수카페트(×)

소비자가 띄어쓰기 없이 '방수카페트'로 검색했을 때 내 상품이 노출되려면 검색어(태그)에 '방수카페트'로 등록해야 하는지 많이 물어봅니다. 이 경우 검색의 기본은 '키워드+키워드'의 조합이므로 '방수'만 쓰면 됩니다. '방수카페트'로 쓰면 오히려 '방수카페트'를 1개의 키워드로 봅니다. 그래서 '방수 카페트'로 띄어쓰고 검색하면 검색에 반영이 안 되는 경우도 있고 다른 키워드의 조합에서도 문제가 많이 발생할 수 있습니다.

질문 2 **소비자가 '미니러그'를 검색했을 때 내 상품이 검색되게 하려면 검색어(태그)는 어떻게 써야 할까요?**

→ **정답**: 미니러그(×), 미니(○), 러그(○)

'미니러그'로 검색어(태그)를 등록하면 '미니 러그'로 검색할 때 반영되지 않을 수 있습니다. 그리고 '미니카페트'나 '미니 카페트'로 검색하면 반영되지 않지만, '미니'와 '러그'를 각각 등록할 경우에는 '미니카페트', '미니 카페트', '미니러그', '미니 러그'에 모두 반영됩니다.

스마트스토어 상품명 vs 쿠팡 상품명 비교하기

스마트스토어와 쿠팡에서 '미니 러그'를 검색해 보았습니다.
스마트스토어에서는 상품명에 '미니'라는 키워드가 없으면 상위 노출이 되지 않았습니다. 반면 쿠팡에서는 상품명에 키워드 '미니'가 없어도 전혀 상관없이 상위 노출이 되었습니다. 190쪽에서 이야기했던 검색어(태그)에 '미니'라는 키워드가 있었기 때문입니다. 이처럼 스마트스토어는 상품명에 소비자가 검색에 쓰는 키워드가 꼭 들어가야 하지만, 쿠팡은 검색에 쓰는 키워드를 상품명에 꼭 쓸 필요가 없다는 것을 기억하는 것이 좋습니다.

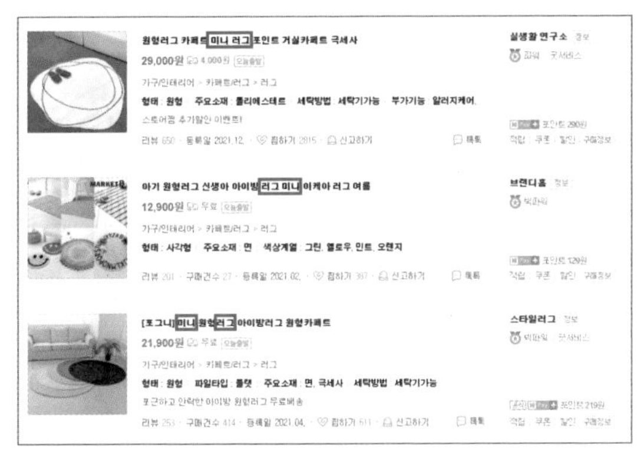

스마트스토어에서 '미니 러그'를 검색한 경우

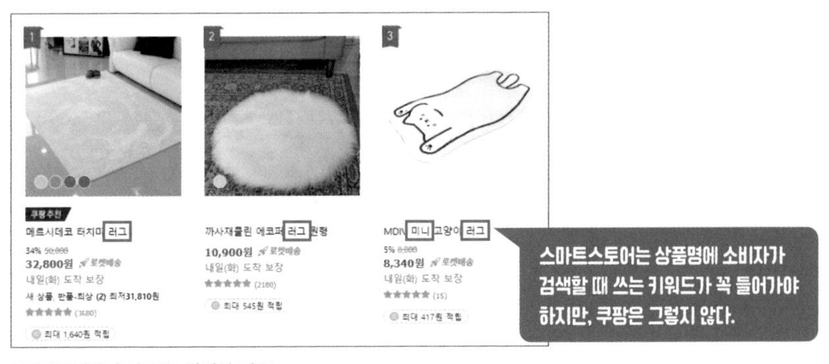

쿠팡에서 '미니 러그'를 검색한 경우

검색 정확도를 높이는 방법

결론적으로 검색 정확도를 높이는 방법은 상품을 등록할 때 이야기했던 다음 요소들을 정확하게 설정하는 것입니다.

① 노출 상품명　② 카테고리　③ 옵션　④ 검색어(태그)

이번에는 상품을 등록할 때 설명했던 부분 중에서 빠진 부분을 간단하게 살펴보겠습니다.

1 | 노출 상품명 설정하기

노출 상품명은 기본적으로 [브랜드]+[제품명]+[상품군]으로 구성하고 상황에 따라 [브랜드]+[제품명]+[해당 상품의 특성]+[상품군]으로 구성합니다.

이때 모든 소비자가 검색할 수 있는 모든 키워드 대신 간략한 형태의 키워드만 넣어도 검색어(태그)에 추가할 수 있으므로 소비자가 직관적으로 알 수 있게 간략하게만 써줍니다. (반면 네이버는 가능한 모든 키워드를 넣어야 합니다.)

예를 들어 '물고기 밥'을 판매할 경우를 생각해 볼까요?

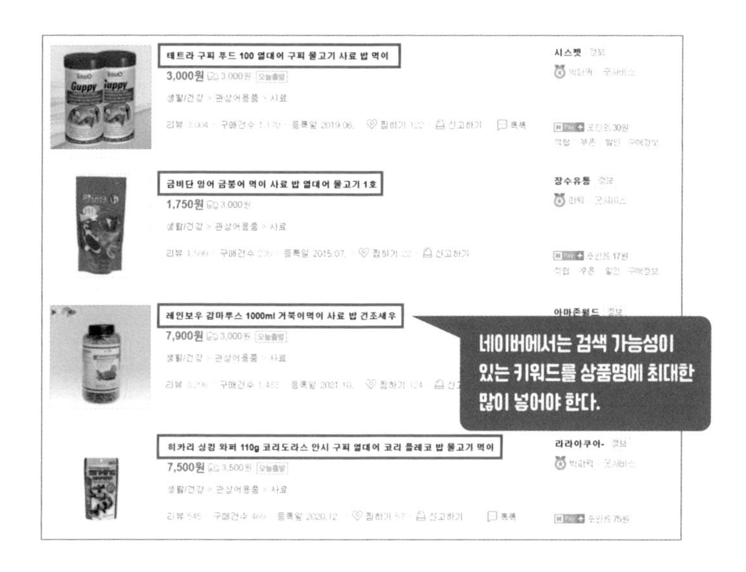

네이버는 물고기 밥을 구매하려는 사람들이 검색할 가능성이 있는 키워드를 상품명에 최대한 많이 넣어야 합니다. 그래서 물고기 사료, 금붕어 사료, 구피 밥, 구피 사료, 열대어 밥, 열대어 사료 등이 검색에 반영되려면 상품명에 '물고기', '밥', '사료', '금붕어', '구피', '열대어' 등의 키워드가 들어가야 합니다. 하지만 쿠팡은 [브랜드]+[제품명]+[상품군]의 형태로만 만들어도 충분합니다. 따라서 다음과 같이 간단하게 만들고 부족한 키워드는 검색어(태그)를 통해 해결하면 됩니다.

- 아쿠아플러스([브랜드])+구피 프리미엄밥([제품명]+[상품군])
- 아쿠아([브랜드]) 금붕어 프리미엄밥([제품명]+[상품군])

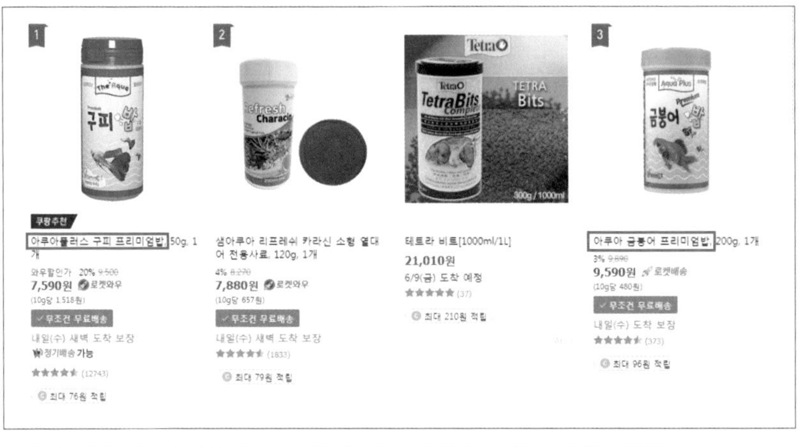

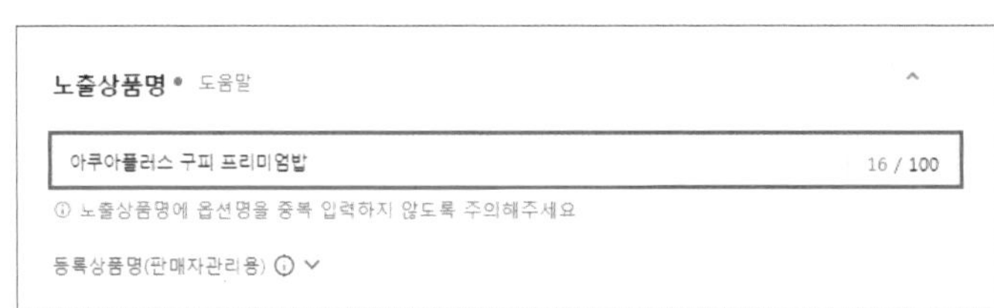

'노출상품명'에 '아쿠아플러스([브랜드])+구피 프리미엄밥([제품명]+[상품군])'을 입력한 경우

2 | 카테고리 설정하기

130쪽에서 상품을 등록할 때 사례로 제시했던 원피스의 경우에는 '카테고리'에 '원피스'만 입력해도 다양한 카테고리가 표시되므로 적합한 카테고리를 선택하는 것만으로도 충분합니다.

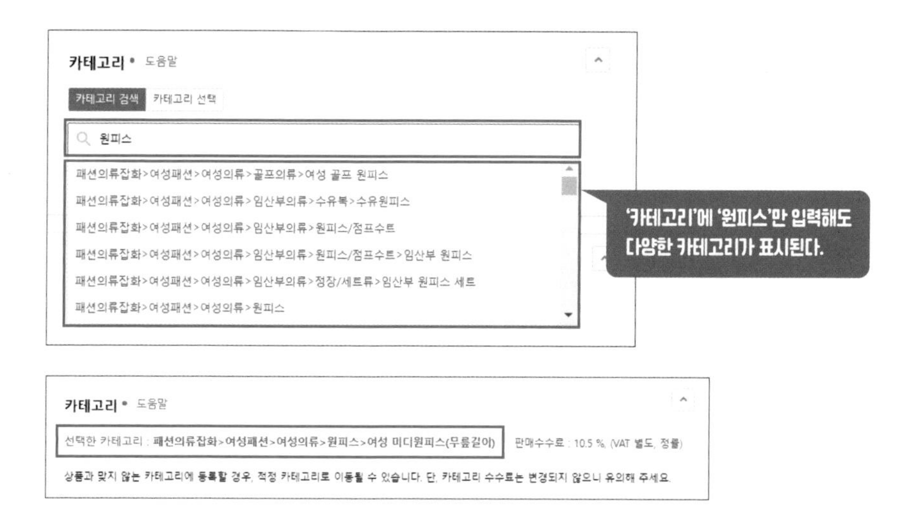

하지만 물고기밥의 경우에는 '물고기', '물고기밥', '물고기사료' 등으로 검색하면 해당 카테고리가 없다고 나옵니다. 이 경우에는 쿠팡에서 해당 키워드로 직접 검색하여 1등, 2등, 3등에 있는 상품이 어떤 카테고리에 있는지 확인하고 직접 해당 카테고리를 지정해야 합니다.

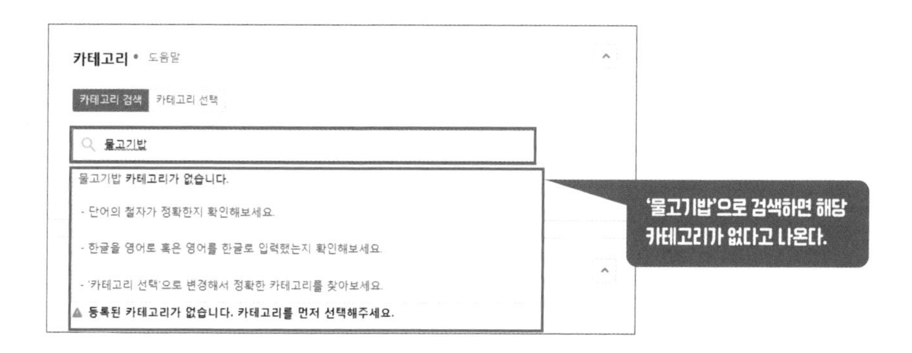

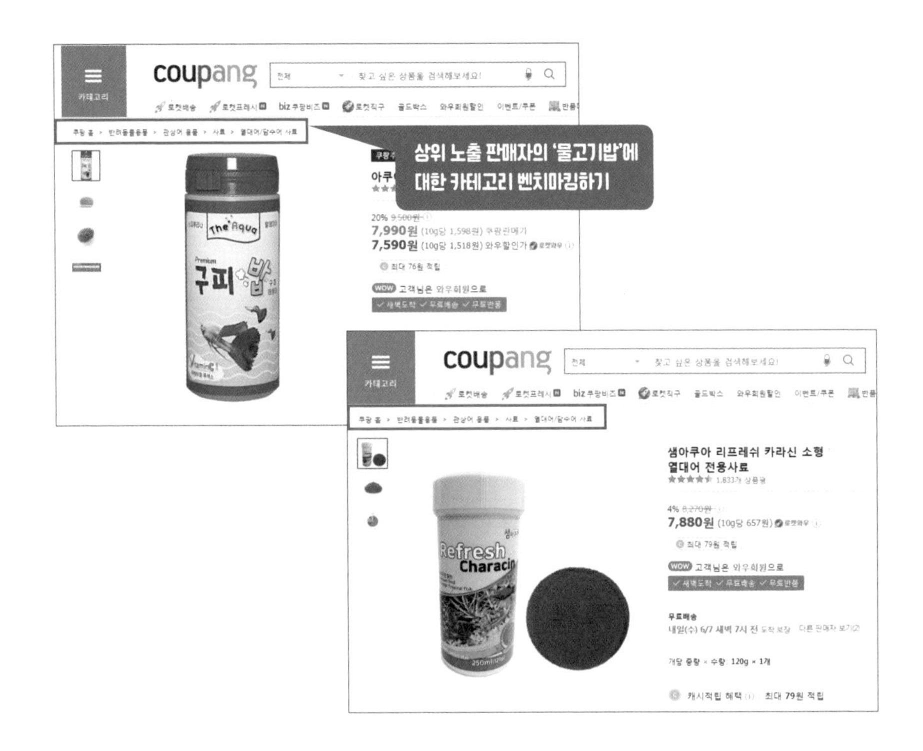

'반려/애완용품' > '관상어용품' > '사료' 카테고리에서 물고기 사료를 선택할 수 있습니다.

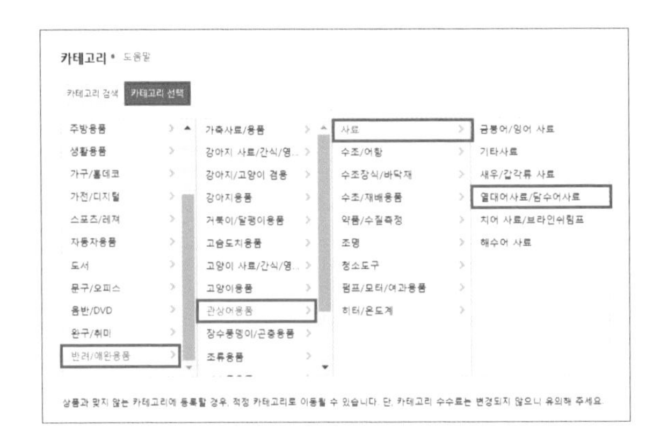

이렇게 지정해야 하는 이유는 카테고리를 잘못 설정하면 노출이 잘 안되는 경우가 많기 때문입니다. 또한 이미 상위 노출되고 있는 경쟁사의 카테고리를 확인하여 잘못 등록하는 오류를 범하지 않기 위해서입니다.

3 | 옵션 설정하기

'옵션 상품등록'에서 판매하고 있는 옵션을 등록하면 됩니다.

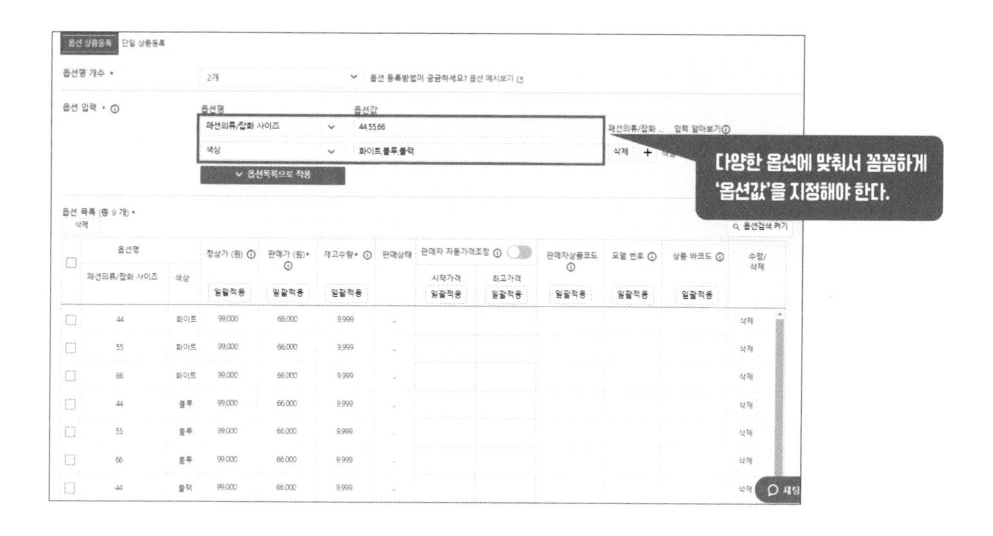

위의 화면과 같이 '옵션값'의 '패션의류/잡화 사이즈'에 '44,55,66'을 등록하고 '색상'에 '화이트,블루,블랙'을 등록할 경우를 생각해 볼까요?

원피스 44 사이즈, 원피스 44, 블루 원피스, 블랙 원피스

화이트 원피스 44, 블루 원피스 55 등

수많은 검색 옵션을 통해 내 상품이 검색 결과에 반영됩니다. 그래서 옵션을 설정할 때도 빠진 것이 있는지 꼼꼼하게 살펴보는 것이 중요합니다.

4 | 검색어(태그) 설정하기

이제는 '노출상품명'과 '카테고리', '옵션'에서 소비자가 검색할 수 있는 키워드 중 빠진 것이 있는지 살펴보고 해당 키워드를 검색어(태그)에 등록하면 됩니다. 예를 들어 여성 잠옷을 판매하고 싶다면 소비자들이 여성 잠옷을 구매하기 위해 어떤 키워드를 이용해 구매하는지를 알아야 하는 것이 중요합니다.

'노출상품명'은 '엑스브레인 스트라이프 루즈핏 여성 잠옷'이고
'옵션'은 '색상(블랙, 화이트, 퍼플, 아이보리)'이 있고
'카테고리'는 쿠팡 홈에서 '패션의류/잡화' > '여성패션' > '속옷/잠옷' > '잠옷'이라면

이제 어떤 키워드를 검색어(태그)로 등록할지를 생각해야 합니다. 이 경우 '쿠팡에서 검색하기'와 '네이버에서 광고 데이터 조회하기'와 같이 2가지 방법이 있는데, 직접 따라해 보면서 상품 검색어를 등록해 보겠습니다.

나도 쿠팡 고수

쿠팡에서 '여성 잠옷' 관련 검색어(태그) 추출하기

198쪽에서 설명한 노출명 '엑스브레인 스트라이프 루즈핏 여성 잠옷'을 이용해서 상품 검색어를 추출해 보겠습니다. 쿠팡에서 판매하려고 하는 키워드(잠옷)로 검색하면 사용자들이 많이 사용하는 키워드가 다음 화면과 같이 나타납니다. 여기에 보이는 키워드만 살펴보아도 소비자들이 어떤 검색어를 통해 상품을 구매하는지 알 수 있습니다.

1. '잠옷'으로 검색하면 '여성 잠옷'부터 '여름 잠옷', '남자 잠옷', '커플 잠옷' 등 많은 키워드를 볼 수 있는데, 그중에서 내 상품과 관련이 있는 키워드를 찾아봅니다. 만약 내가 판매하고 있는 잠옷이 원피스 스타일이고, 실크 재질이며, 여름에 적합한 잠옷이라면 '원피스', '실크', '여름'이라는 키워드를 기억해 둡니다.

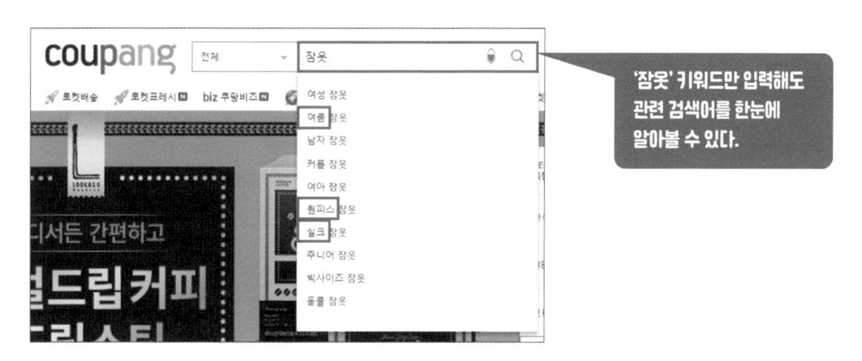

2 내가 판매하고 있는 상품과 관련이 있는 '원피스', '실크', '여름' 키워드를 검색어 태그에 추가합니다.

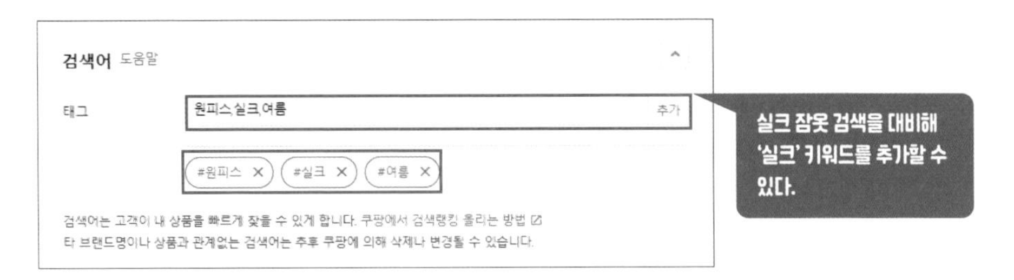

3 이제 '여성 잠옷'으로 검색해 보겠습니다.
'여성잠옷세트'를 비롯하여 '여성 잠옷 원피스', '여성 잠옷바지', '여성 잠옷 반바지', '여성 잠옷 여름잠옷' 등의 키워드가 보이는데, 내 상품과 관련 있는 해당 키워드를 모두 찾아둡니다.

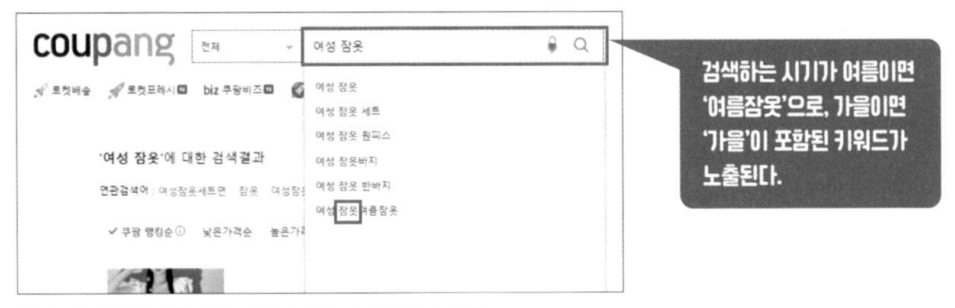

'여성 잠옷'을 검색해 관련 키워드를 쉽게 파악할 수 있다.

4 '원피스'는 앞에서 벌써 추가했으므로 중복해서 등록할 필요가 없고 '여름'도 추가했기 때문에 중복해서 등록할 필요는 없습니다. 참고로 이 상품이 사계절 모두 입을 수 있는 상품이라면 '봄', '여름', '가을', '겨울'을 모두 등록할 것입니다.

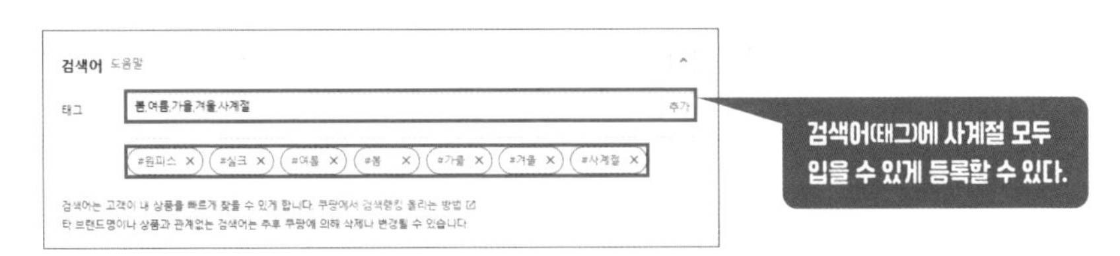

❺ 이렇게 몇 차례 키워드별로 등록 과정을 반복한 후 쿠팡의 연관 검색어를 찾아봅니다. 순면 여성 잠옷을 팔고 있다면 '순면'이라는 검색어를 등록하면 됩니다. 앞에서 실크 제품이어서 '실크'를 등록한 상태이므로 이번에 순면은 등록하지 않습니다. '여성 잠옷'을 검색하면 '이브니에긴팔', '이브니에빌리' 등의 연관 검색어가 나오는데, '이브니에'는 브랜드입니다. 만약 이브니에 잠옷도 판매한다면 검색어(태그) 또는 상품 주요 정보의 브랜드에 '이브니에'를 넣으면 되지만, 그렇지 않을 경우에는 넣지 않습니다. 아울러 생각하지도 못했던 '파자마' 키워드가 나왔네요.

❻ '잠옷'으로 검색하는 사람이 많겠지만, '파자마'라는 키워드로 검색하는 소비자도 많을 수 있으므로 '검색어'의 '태그'에 '파자마'를 등록합니다.

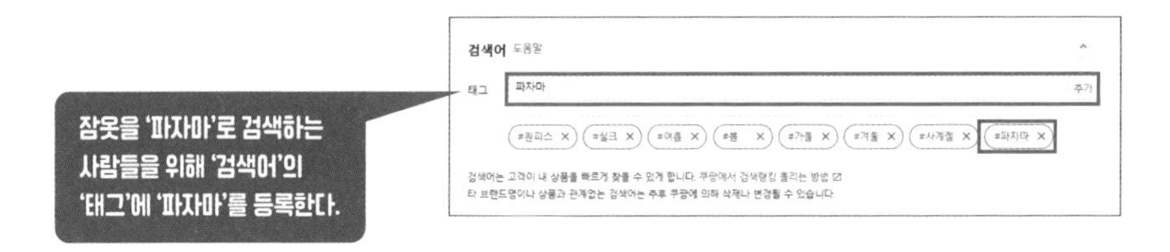

이와 같은 방식으로 키워드별로 하나하나 다 들어가서 연관 검색어를 찾아 태그에 등록하면 됩니다.

나도 쿠팡 고수

네이버에서 '잠옷' 광고 데이터 조회하기

쿠팡은 소비자가 어떤 키워드로 얼마나 많이 검색했는지를 공개하지 않습니다. 반면 네이버는 소비자들이 어떤 키워드로 한 달에 어느 정도 검색했는지 무료로 공개하고 있습니다. 그래서 네이버 광고에서 제공하는 데이터를 이용해서 검색어(태그)를 등록할 수 있습니다.

❶ 네이버 검색 광고(searchad.naver.com)에 접속해서 회원에 가입하고 로그인한 후 [광고시스템]을 클릭합니다. 회원 가입 비용은 없고 사업자등록증이 없어도 가입할 수 있습니다.

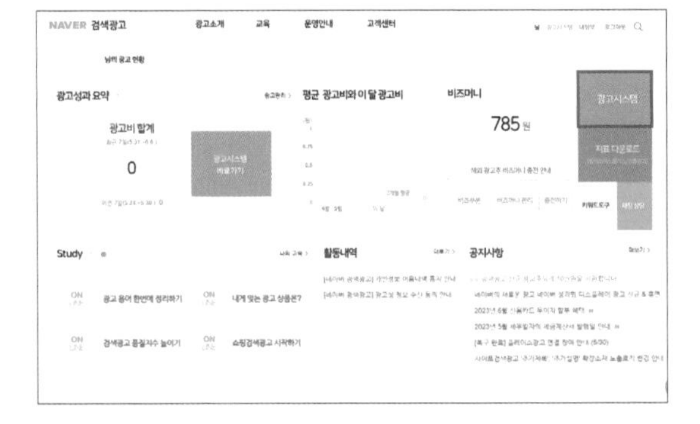

❷ 검색 광고 화면이 나타나면 [도구]-[키워드 도구]를 선택합니다.

❸ '키워드'에 해당 키워드를 입력하고 [조회하기]를 클릭하면 1개월간 해당 키워드의 검색 수가 'PC'와 '모바일'로 나뉘어서 나타납니다.

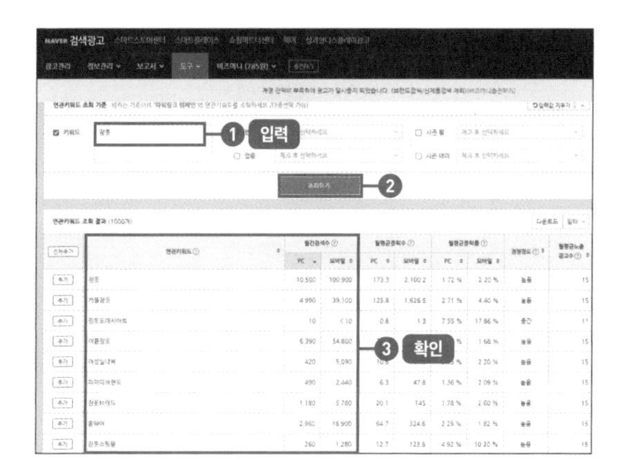

❹ 필요에 따라 '월간검색수'의 'PC'와 '모바일'의 정렬 버튼( )을 눌러 검색 수가 높은 순으로 정렬해서 데이터를 볼 수 있습니다.

전체추가	연관키워드	월간검색수		월평균클릭수		월평균클릭률		경쟁정도	월평균노출 광고수
		PC	모바일	PC	모바일	PC	모바일		
추가	잠옷	10,500	100,900	173.3	2,100.2	1.72 %	2.20 %	높음	15
추가	커플잠옷	4,990	39,100	125.8	1,626.6	2.71 %	4.40 %	높음	15
추가	잠옷도매사이트	10	< 10	0.8	1.3	7.55 %	17.86 %	중간	11
추가	여름잠옷	6,390	54,800	73.1	842.8	1.22 %	1.68 %	높음	15
추가	여성실내복	420	5,090	10.6	107.6	2.65 %	2.20 %	높음	15

실제 네이버 검색 광고의 데이터를 이용해 보겠습니다.

❶ '키워드'에 '잠옷'을 입력하고 [조회하기]를 클릭합니다. 이렇게 검색하면 해당 키워드가 1개월 동안 얼마나 많이 검색되었는지를 알 수 있습니다. 해당 키워드뿐만 아니라 연관 키워드도 함께 볼 수 있는데, 어떤 키워드가 얼마나 조회되었는지를 살펴보면서 쿠팡의 검색어(태그)에 빠진 키워드가 있는지 살펴봅니다.
'잠옷'을 검색할 경우 '여름파자마', '실크잠옷', '반팔잠옷', '쿠로미잠옷', '잠옷원피스' 등 잠옷과 관련된 키워드가 많이 나옵니다. 만약 모르는 키워드가 있으면 해당 키워

드가 어떤 상품인지 파악한 후 넣을지, 안 넣을지를 판단하면 됩니다. 저의 경우에는 쿠로미잠옷이 무엇인지 몰라서 어떤 상품인지 확인해 보았습니다.

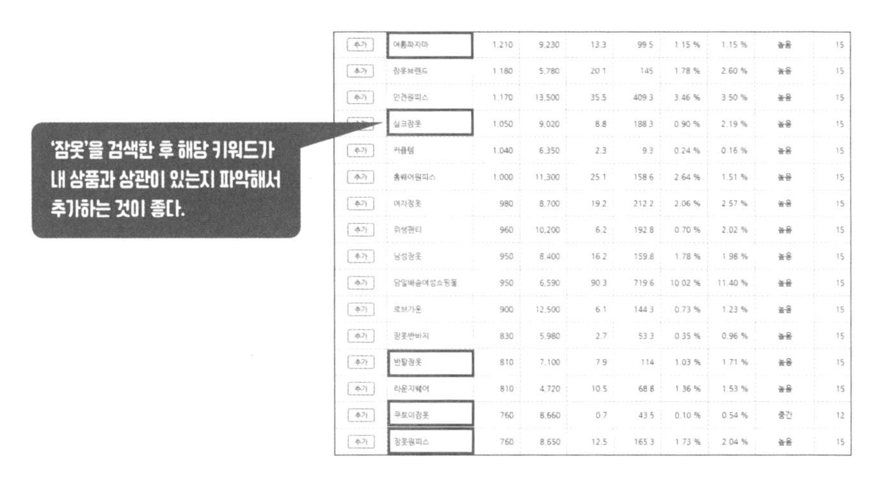

추가	여름파자마	1,210	9,230	13.3	99.5	1.15 %	1.15 %	높음	15
추가	잠옷브랜드	1,180	5,780	20.1	145	1.78 %	2.60 %	높음	15
추가	인견원피스	1,170	13,500	35.5	409.3	3.46 %	3.50 %	높음	15
추가	실크잠옷	1,050	9,020	8.8	188.3	0.90 %	2.19 %	높음	15
추가	커플템	1,040	6,350	2.3	9.3	0.24 %	0.16 %	높음	15
추가	홈웨어원피스	1,000	11,300	25.1	158.6	2.64 %	1.51 %	높음	15
추가	여자잠옷	980	8,700	19.2	212.2	2.06 %	2.57 %	높음	15
추가	위생팬티	960	10,200	6.2	192.8	0.70 %	2.02 %	높음	15
추가	남성잠옷	950	8,400	16.2	159.8	1.78 %	1.98 %	높음	15
추가	당일배송여성쇼핑몰	950	6,590	90.3	719.6	10.02 %	11.40 %	높음	15
추가	로브가운	900	12,500	6.1	144.3	0.73 %	1.23 %	높음	15
추가	잠옷반바지	830	5,980	2.7	53.3	0.35 %	0.96 %	높음	15
추가	반팔잠옷	810	7,100	7.9	114	1.03 %	1.71 %	높음	15
추가	라운지웨어	810	4,720	10.5	68.8	1.36 %	1.53 %	높음	15
추가	쿠로미잠옷	760	8,660	0.7	43.5	0.10 %	0.54 %	중간	12
추가	잠옷원피스	760	8,650	12.5	165.3	1.73 %	2.04 %	높음	15

❷ 쿠로미잠옷이 어떤 상품인지 확인한 후 필요하다고 판단되었으면 '검색어'의 '태그'에 관련 키워드를 추가합니다.

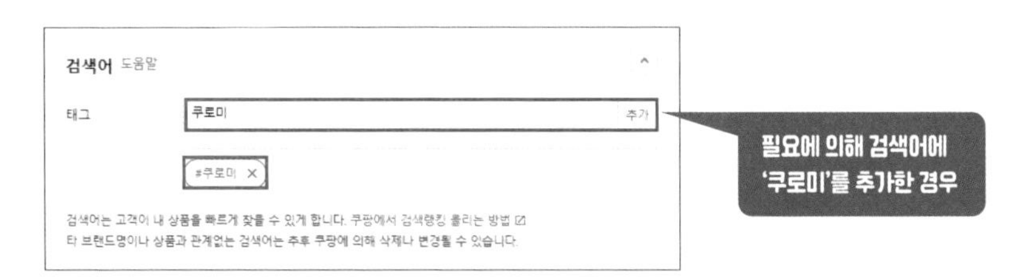

이제 쿠팡이 이야기하는 검색 정확도에 맞추어서 상품을 등록했습니다. 조금 귀찮은 작업이지만, 몇 번 해 보면 어렵지 않으므로 연습해 보세요.

coupang shopping

카탈로그 매칭과 아이템위너

18

아이템위너 – 똑같은 상품을 팔 경우 '대표 판매자'를 뜻하는 말

아이템위너 item winner 란, 다수의 판매자가 같은 상품을 판매할 경우 가격 및 상품평 등을 평가해 특정 판매자를 대표 판매자로 노출하는 쿠팡의 상품 노출 시스템을 말합니다. 예를 들어 제가 더블에이 A4용지 80g짜리 2,500매를 판매하려고 합니다. 그런데 벌써 많은 판매자가 똑같은 상품을 판매하고 있다면 쿠팡은 이들 판매자 중 가격과 상품평을 평가해서 가장 우수한 판매자의 상품만 노출해 주는데, 이것을 '아이템위너'라고 말합니다. (가격과 상품평을 평가한다고 하지만, 실제로는 가격만 최저가로 맞추면 상품평이 하나도 없는 처음 판매자여도 거의 99% 아이템위너가 됩니다.) 실제로 'A4용지'를 검색해 보면 2등인 '더블에이 복사용지, A4, 2500매' 상품이 29,000원에 보입니다.

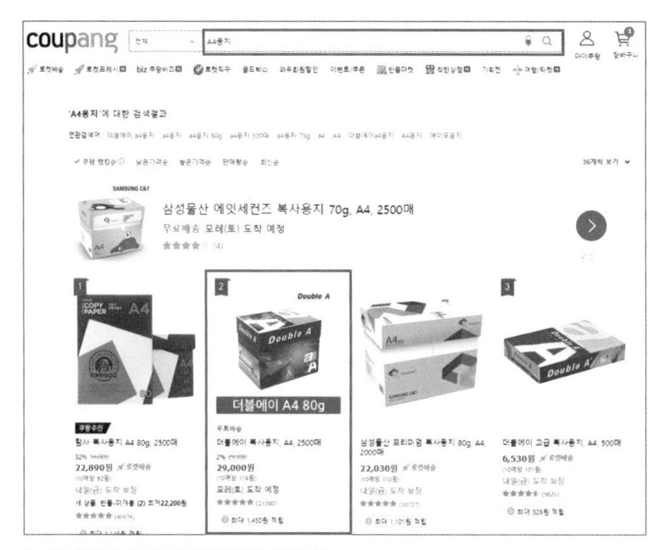

'A4용지' 검색 후 2등의 구매 조건 살펴보기

아이템위너가 되면 판매도, 상품평도 싹쓸이!

해당 상품을 선택해서 상세 화면으로 들어가니 현재의 판매자는 주식회사 ○○엠알오였고 [다른 판매자 보기]를 클릭하니 현재 판매자 외에 85명의 판매자가 더 보입니다. 벌써 많은 판매자가 같은 상품을 판매하고 있으므로 가장 저렴하게 판매하고 있는 주식회사 ○○엠알오의 판매 상품만 노출되고 있었습니다. 만약 다른 판매자가 판매하는 같은 상품을 구매하려면 [다른 판매자 보기]를 클릭해 들어가서 구매해야 합니다. 하지만 더 비싼 가격에 같은 상품을 구매하기 위해 찾기도 어려운 다른 판매자를 선택해서 구매하는 소비자는 없을 것입니다. 그래서 아이템위너를 뺏기고 나면 잘 팔리던 상품도 판매가 안 된다고 많이 이야기합니다.

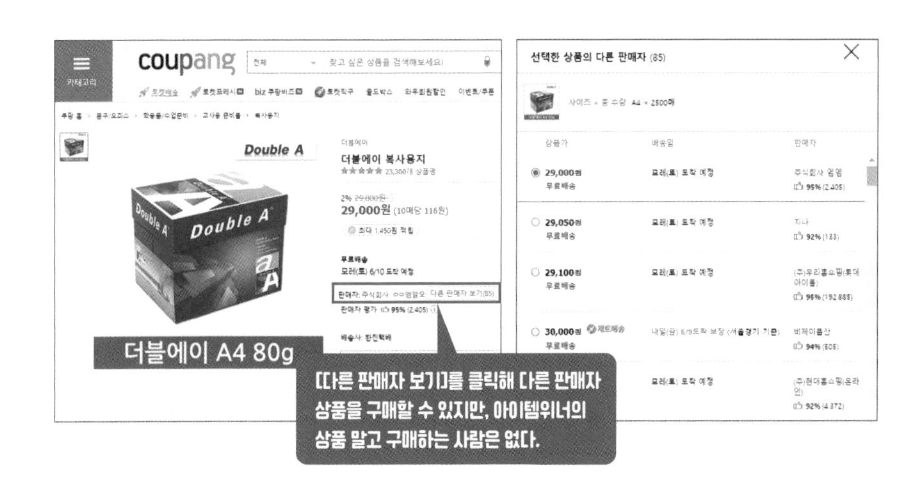

아이템위너가 되면 기존 판매자들이 판매하면서 쌓았던 상품평도 모두 가져오게 됩니다. 내가 판매한 상품의 상품평이 아니어도 아이템이 하나의 카탈로그로 묶이면 다른 판매자가 팔았던 상품평까지 가져오는 것입니다.

아이템위너가 되려면 상품을 등록할 때 카탈로그 매칭하기를 통해 상품을 등록할 수 있습니다. 또한 카탈로그 매칭하기가 아니라 직접 등록해도 카탈로그 매칭 관리 메뉴를 통해 아이템위너가 될 수 있습니다.

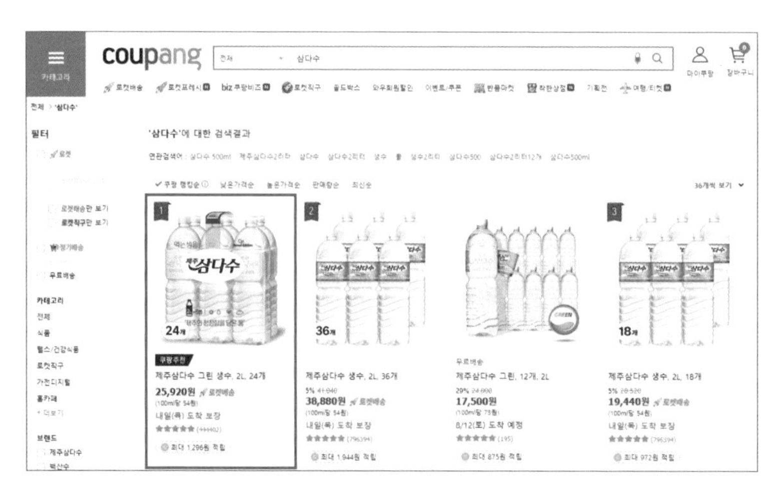

다양한 분야의 아이템위너

나도 쿠팡 고수 아이템위너가 되기 위한 상품 등록 방법(카탈로그 매칭)

만약 더블에이 A4용지 80g짜리 2,500매를 판매할 경우 아이템위너가 되려면 어떻게 해야 할까요?

❶ 쿠팡윙에서 '상품 등록'을 선택하고 '카탈로그 매칭하기'에서 [매칭할 상품 찾기]를 클릭합니다.

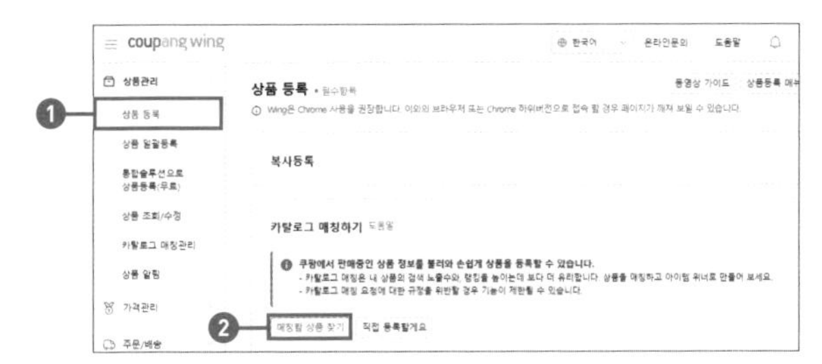

❷ '카탈로그 상품매칭' 화면이 나타나면 상품명이나 상품 URL, 또는 '쿠팡상품번호' 중 1개를 입력하고 [상품 검색]을 클릭합니다.

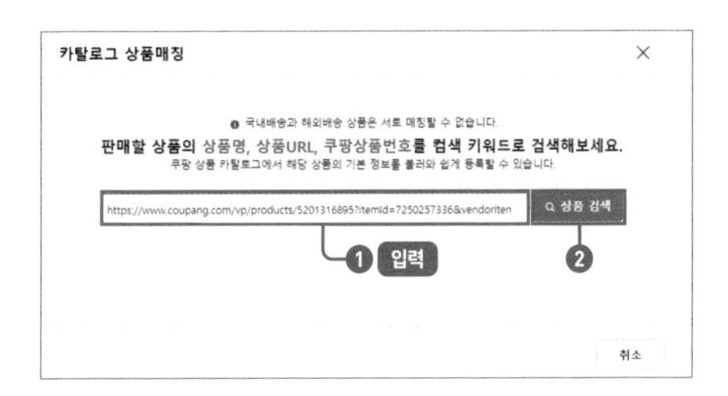

상품명이나 상품 URL, 또는 '쿠팡상품 번호'는 상품 소개 화면에서 알 수 있습니다.

❸ 상품이 검색되면 해당 상품의 [판매옵션 선택]을 클릭합니다.

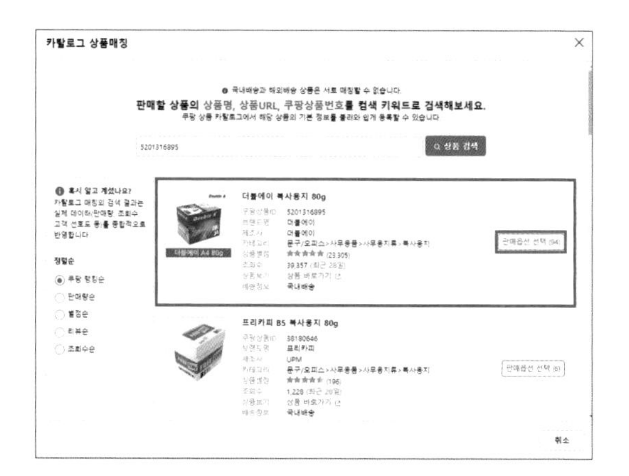

❹ 선택한 상품이 맞는지 확인하고 [선택완료]를 클릭합니다.

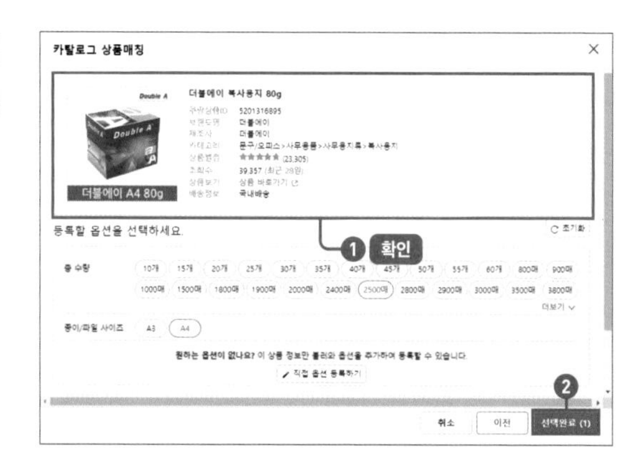

❺ 노출 상품명부터 카테고리 옵션에 이르기까지 기존 판매자가 등록했던 모든 것이 자동으로 등록되었는지 확인합니다.

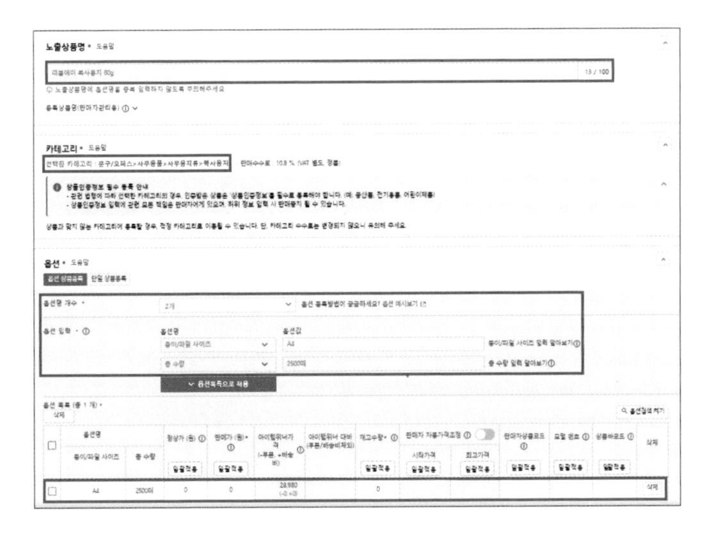

❻ '옵션' 중에서 기존의 '아이템위너가격'을 살펴보면 28,980원에 판매하는 것을 볼 수 있습니다. 이 가격보다 10원만 싸도 아이템위너가 될 수 있으므로 '28,970'을 적습니다. 만약 현재의 아이템위너보다 비싼 가격에 상품을 올리면 노출되지 않고 [다른 판매자 보기]를 클릭했을 때만 보이므로 상품을 등록하는 의미가 없어집니다.

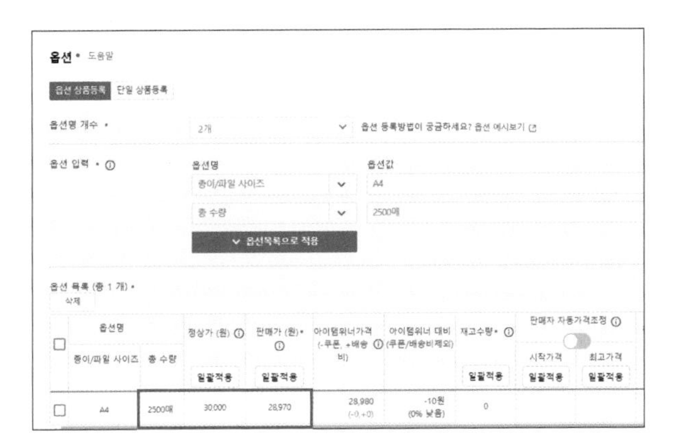

❼ '상품이미지'에서 대표 이미지를 등록합니다.

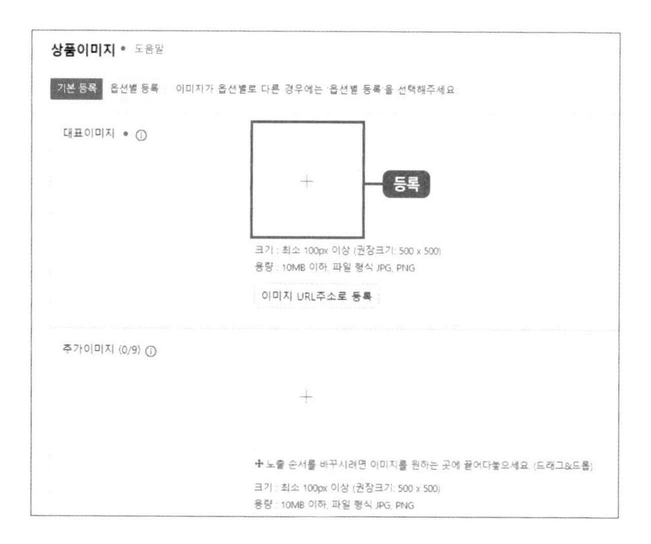

❽ '상세설명'에서 상세 페이지를 등록합니다.

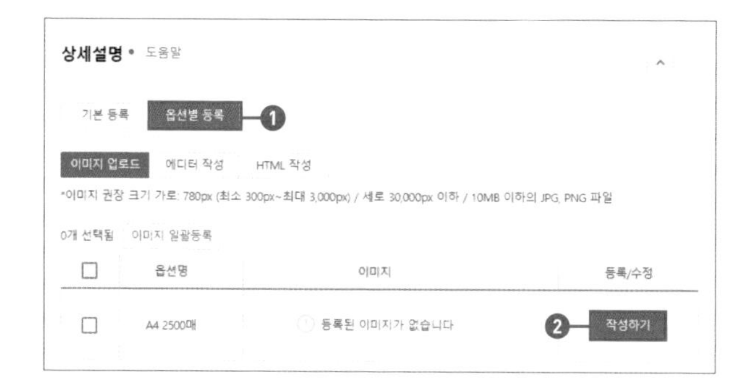

9 상품을 등록할 때 설명했던 '상품정보제공고시'와 배송지 및 반품, 교환 정보 등 나머지 항목을 작성해서 상품 등록을 끝냅니다.

지금까지 설명한 방법대로 상품을 등록하면 내가 판매하는 상품이 아이템위너가 됩니다. 그래서 상품을 등록하자마자 'A4용지'로 검색하면 2등에 내 상품이 노출되고 23,000개나 되는 기존 상품평도 가져올 수 있게 됩니다.
만약 '카탈로그 매칭하기'로 상품을 등록한 것이 아니라 직접 등록했다면 쿠팡윙에서 '상품관리'를 선택하고 [카탈로그 매칭 관리]를 클릭합니다. 그러면 등록한 상품 중에서 매칭된 상품과 매칭되지 않은 상품이 표시되는데, 매칭하려는 상품이 있으면 [매칭 요청]을 클릭해 매칭하면 됩니다.

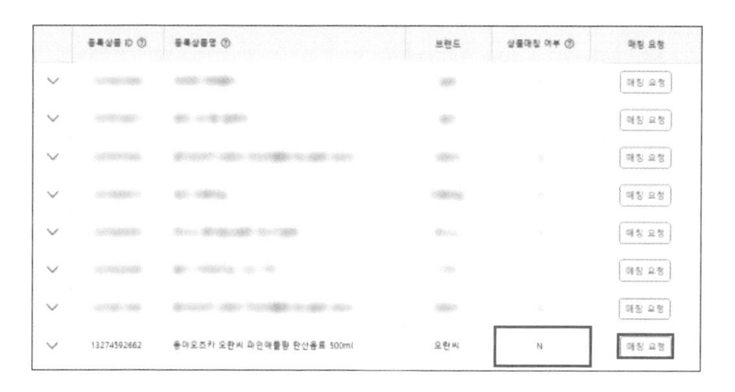

나도 쿠팡 고수 후발주자의 역습 차단! 카탈로그 매칭을 피하는 방법

쿠팡의 경우 같은 상품은 '카탈로그 매칭하기'를 통해 상품을 등록하도록 권장하고 있습니다. 카탈로그 매칭을 통해 아이템위너가 되면 바로 상위에 노출되고 기존 판매자의 상품평도 그대로 따라오므로 손쉽게 판매를 늘릴 수 있기 때문입니다.
하지만 아이템위너가 되려면 최저가를 만들어야 합니다. 그래서 결국 판매자 간에 경쟁이 붙다 보니 마진이 점점 줄어드는 문제가 발생합니다. 아이템위너를 목적으로 상품을 등록하는 것은 판매자가 가격을 컨트롤할 수 있거나 다른 판매자보다 무언가 잘 팔 수 있는 비법이 있지 않는 이상 권장하지 않습니다. 이런 이유로 쿠팡에서는 가능하다면 카탈로그 매칭이 아닌 단독 페이지로 파는 것을 권장합니다.
현재 쿠팡의 시스템에서는 어떤 판매자도 카탈로그 매칭을 피할 수가 없습니다. 그래도 카탈로그 매칭을 피하고 싶다면 다음에서 소개하는 4가지 정도의 방법이 있습니다.

방법 1 1+1, 2+1로 상품을 구성하거나 추가 사은품을 제공해 다른 상품으로 꾸미기

쿠팡에서는 같은 상품을 판매할 경우에만 카탈로그 매칭을 할 수 있습니다. 즉 구성이 조금만 달라도 같은 상품이 아닌 것이 됩니다. 그래서 1개의 상품이 아니라 1+1, 2+1 등으로 상품을 구성하거나 추가 사은품을 제공해서 카탈로그 매칭을 피하기도 합니다.

1+1, 2+1로 상품을 구성하거나 추가 사은품을 제공해 카탈로그 매칭을 피할 수 있다.

방법 2 대표 이미지와 상세 페이지 도용 신고하기

일부 판매자는 카탈로그 매칭을 목적으로 대표 이미지와 상세 페이지를 도용(캡처)해서 상품을 등록하는 경우가 있습니다. 이렇게 내가 만든 목록 이미지와 상세 페이지를 그대로 사용하면 이미지 도용으로 신고할 수 있습니다.

- 해당 판매자의 상세 페이지에서 '상품문의' → '신고하기' 누르기
- 쿠팡에 이메일(cm112@coupang.com) 보내기
- 지식재산권 상담센터(1600-9876)에 전화하기
- 경찰서에 지식재산권 침해로 신고하기

'상품문의' → '신고하기'를 눌러 상품 도용을 신고할 수 있다.

방법 3 같은 상품인지 확인해서 신고하기

실제로는 다른 상품인데 목록 이미지와 상세 페이지를 도용한 후 카탈로그 매칭해서 판매하는 판매자가 있습니다. 이런 경우는 직접 해당 상품을 구매해 보고 같은 상품이 아니면 쿠팡 판매자센터에 연락을 하면 바로 조치해 줍니다.

방법 4 상표권 등록하기

상표권을 등록하면 카탈로그 매칭을 못하게 할 수 있습니다. 내가 판매하는 상품에 내 브랜드를 사용해서 판매하는 방법으로, 이 방법은 상표권 등록이 필요합니다. 예를 들어 '엑스브레인'이라는 브랜드로 의류를 판매한다면 해당 의류에는 '엑스브레인' 상표가 붙어있어야 하고 '엑스브레인'이 상표권 등록되어 있어야 합니다. 실제로 의류 판매자들은 이 방법을 많이 사용하고 있습니다.

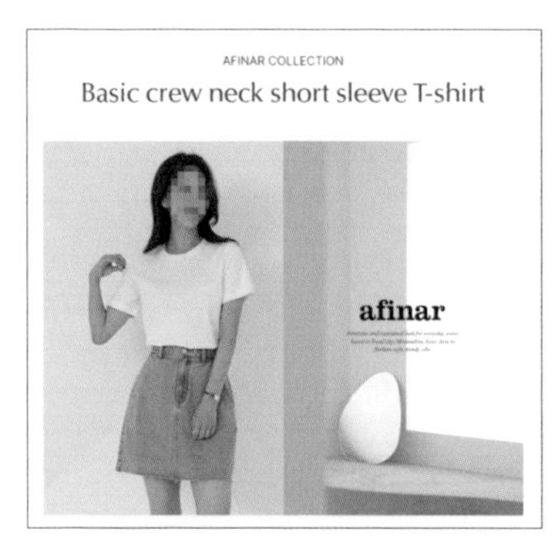

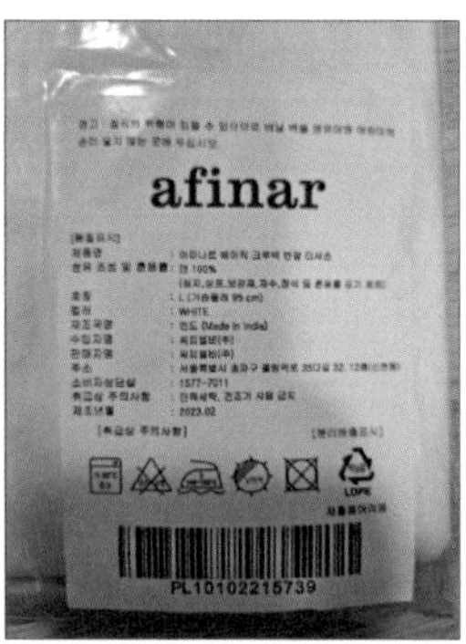

상표권 등록 사례

상표권은 키프리스(www.kipris.or.kr)에서 등록하려는 상표가 있는지를 살펴보고 아직 상표권 등록이 안 되어 있으면 특허로(www.patent.go.kr)에서 누구나 등록할 수 있습니다.

하지만 처음 해 보면 시간이 많이 소요될 수 있기 때문에 네이버에서 '상표권 등록' 등으로 검색한 후 변리사 사무실 등을 통해 진행할 수도 있습니다. 이 경우 진행 방식에 따라 수수료가 달라지지만, 최저 4만 원 정도(특허청에 내야 하는 상표권 출원 비용 및 심사 비용 별도)로 큰 부담 없이 상표권을 등록할 수 있습니다.

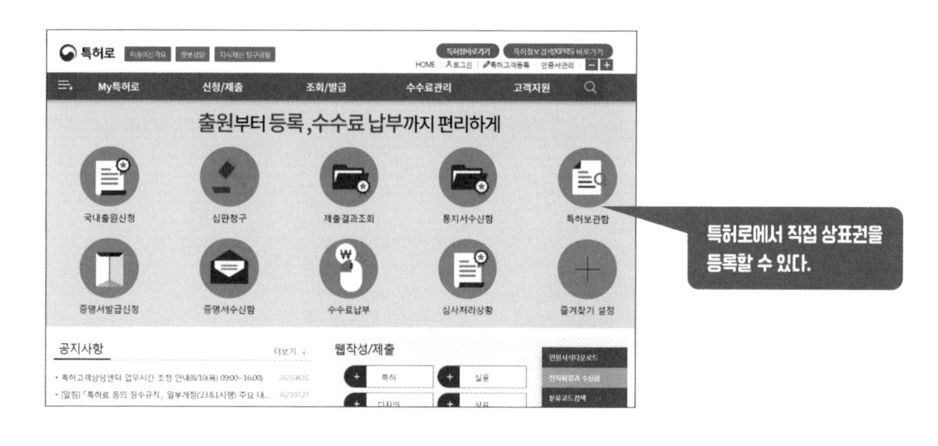

4일 차

소비자의 눈길을 사로잡는 상세 페이지 구성하기

coupang

상세 페이지에 들어갈 필수 요소 5가지

상세 페이지는 소비자를 설득하는 매우 중요한 수단입니다. 소비자가 대표 이미지를 보고 클릭해서 상세 페이지를 본다고 해도 설득하지 못하면 판매되지 않기 때문입니다. 이런 이유 때문에 상세 페이지는 사진만 달랑 올리거나 정확한 정보가 부족하면 소비자로부터 외면당하기 쉽습니다.

| 상세 페이지의 필수 5요소 |

상세 페이지는 제품의 기본적인 정보부터 품질 배송에 이르기까지 소비자가 알고 싶어 하는 내용을 꼼꼼하고 정확하게 작성해야 합니다. 상세 페이지를 만들 때 꼭 넣어야 하는 5가지 필수 요소는 다음과 같습니다.

상세 페이지 필수 요소 1 품질

물건을 구매하려는 고객은 여러 가지 요소를 고려하지만, 그중에서도 상품의 품질을 가장 먼저 고려합니다. 따라서 구매하려는 상품의 품질이 괜찮은지, 제대로 된 물건인지 확인할 수 있도록 정확한 정보를 제공해야 합니다.

상세 페이지 필수 요소 2 가격

소비자들은 대부분 구매하려고 하는 상품이 가격 대비 적절한지 판단한 후 구매합니다. 무조건 싸거나 비싼 것이 아니라 해당 상품이 그 정도의 가격을 지불할 가치가 있다고 생각해야만 구매한다는 뜻입니다.

상세 페이지 필수 요소 3 배송비

온라인 판매자들 중에는 꼼수로 배송비를 뺀 가격이나 배송비를 합친 가격을 보여주곤 합니다. 하지만 소비자는 배송비까지 합친 금액을 최종 가격이라고 생각하지, 배송비를 빼거나 넣었다고 해서 구매를 결정하지는 않습니다. 따라서 자신의 판매 상황에 맞춰 배송비 포함 여부를 결정해야 합니다.

상세 페이지 필수 요소 4 배송 시간

배송 시간은 물건을 받기까지 걸리는 시간을 의미합니다. 고객에게는 그 물건이 필요한 시간에 맞게 배송될지, 또는 지금 주문하면 오늘 발송되는지, 아니면 내일 발송되는지 등의 문제가 중요합니다. 그래서 많은 온라인 판매자가 '오후 ○시까지 주문 시 당일 발송'이라는 문구를 넣습니다.

택배사도 매우 중요합니다. 가끔 택배사 사정 때문에 물건이 제시간에 도착하지 않는 경우가 있다 보니 택배사를 보고 구매를 결정하는 소비자도 있습니다. 택배사 중 가장 믿을 만한 곳은 우체국택배입니다. 가격이 다른 택배사보다 조금 비쌀 수 있지만, 여유가 된다면 우체국택배 이용을 추천합니다.

우체국택배는 가장 안전하고 좋지만 가격이 비싼 편이고 택배 최소 수량이 일정 수준(일반적으로 일 100개) 이상이어야 합니다. 만약 이 조건이 어려우면 해당 지역에 있는 택배사에 전화해서 계약 조건 등을 확인하고 계약을 진행하면 됩니다. 또한 '카페24' www.cafe24.com 등에서 운영하는 창업센터 등을 이용하면 저렴한 가격으로 택배를 보낼 수 있으니 이런 방법도 좋습니다.

상세 페이지 필수 요소 5 AS

제품에 문제가 있을 경우 반품은 어떻게 진행되는지, 교환이나 AS는 받을 수 있는지 등에 대한 정보를 정확하게 안내해야 합니다. 상품에 문제가 생기면 소비자로서는 난감할 수밖에 없으므로 상세 페이지에서 반드시 AS에 대한 정보를 언급해 주는 것이 좋습니다.

상세 페이지의 구성 순서 4단계

상세 페이지를 구성하는 요소는 많습니다. 상세 페이지는 각각의 상황에 따라 조금씩 다르게 구성할 수 있지만, 220쪽에서 설명한 상세 페이지의 5가지 필수 요소를 바탕으로 다음과 같은 순서로 구성하면 됩니다.

| 상세 페이지의 구성 순서 |

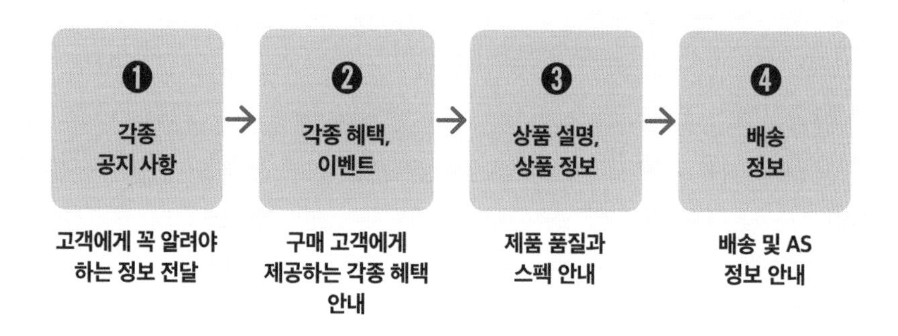

1단계 각종 공지 사항 전달하기

'각종 공지 사항' 영역에는 고객에게 꼭 알려야 하는 정보나 판매자가 고객에게 알리고 싶은 부분을 쓰면 됩니다. 예를 들어 연휴가 있어서 특정일까지만 배송할 수 있고 배송이 이루어지지 않는 기간이 있다면 이런 내용은 꼭 알려주어야 합니다. 또는 몇 시까지 주문해야 오늘 출고되는지를 알려주는 것도 중요합니다. 이런 내용을 공지하지 않고 배송이 늦어지면 소비자의 불만이 생길 수 있기 때문입니다.

TV 등의 가전제품은 제조사에서 직접 설치해 주는 것이 아니라 택배 배송만 해 주는 경우가 많은데, 우리가 판매하는 상품은 제조사에서 직접 설치해 준다면 이런 장점을 알리는 것도 중요합니다. 무상 보증 기간을 늘린 경우도 마찬가지로 충분히 강점이 될 수 있으므로 이런 부분을 고객에게 알려주는 것이 좋습니다.

2단계 각종 혜택과 이벤트 알리기

'각종 혜택, 이벤트' 영역에서는 해당 상품을 구매했을 때 소비자가 얻는 기본적인 혜택뿐만 아니라 그 외에 어떤 혜택이 있는지까지 알려줍니다. 자랑하고 싶은 것이 있으면 자랑해도 괜찮습니다. 벌써 많이 팔렸으므로 한정 기간 또는 한정 수량만 싸게 판다는 사실을 고지해 상품 자랑도 하고 소비자에게 혜택도 주는 방법입니다. 포토 상품평 이벤트를 하는 것도 좋습니다. 상품평을 쓰면 보상(리워드)을 제공해서 상품평을 유도할 수 있기 때문입니다.

물론 주의할 점이 있습니다. 초보 사장님이 손익을 생각하지 않고 고객에게 어필하려는 마음에 무작정 이벤트를 진행하는 경우가 많습니다. 하지만 이벤트는 고객의 이익을 위한 것이 아니라 판매자의 이익을 위한 것입니다. 이런 이벤트를 하면 판매량이 늘겠다, 이런 이벤트를 하면 상품평을 쌓는 데 유리하겠다, 이런 이벤트를 하면 추가 구매가 늘겠다, 이런 이벤트를 하면 재구매가 늘겠다 등등 정확한 목적을 가지고 이벤트를 진행해야 하고 무작정 고객에게 퍼주는 것은 지양해야 합니다.

3단계 상품 설명과 상품 정보 강조하기

'상품 설명, 상품 정보' 영역에서는 판매하는 상품에 대한 정보를 주로 설명합니다. 이 제품을 구매하려는 사람들에게 구매자가 원하는 정보를 제공해 주어야 합니다. 예를 들어 슬리퍼를 판매하려면 사진만 넣는 것이 아니라 이왕이면 굽의 높이는 얼마이고, 얼마나 푹신하며, 얼마나 가벼운지 등등 하나하나 세심하게 설명해 주는 것이 좋습니다.

다음 화면은 슬리퍼를 잘 판매하고 있는 한 판매자의 사례입니다. 타이틀 부분은 예쁜 이미지와 함께 '80g'이라고 표현하여 가볍다는 것을 강조하고 있습니다.

또한 '바닥이 3.5cm이어서 도톰'하고 '80g이어서 가볍다'는 부분과 '폭신폭신한 소재'라는 판매 제품의 특징을 간략하게 사진과 글을 통해 설명했습니다.

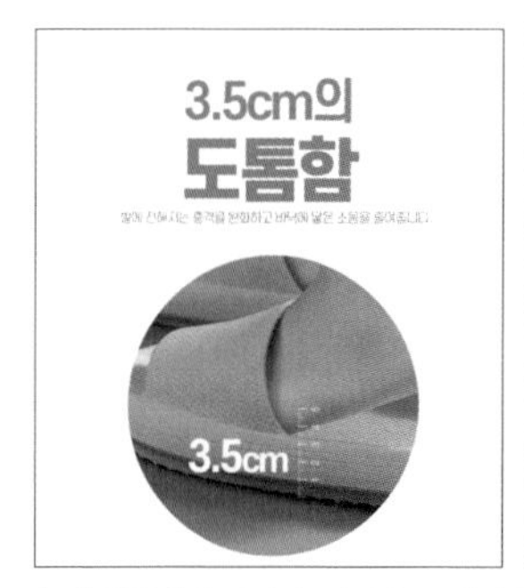

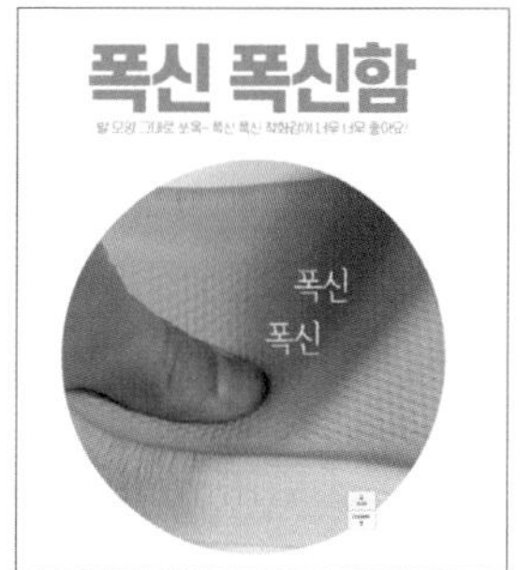

수치를 통해 슬리퍼가 도톰하고, 가벼우며, 폭신폭신하다는 것을 강조한 경우

도톰하고, 가벼우며, 폭신폭신하다는 자세한 설명을 '층간 소음 방지 효과'라는 부분과 '유연성' 등으로 표현했고 어떻게 세척하는지를 사진과 글을 통해 설명했습니다.

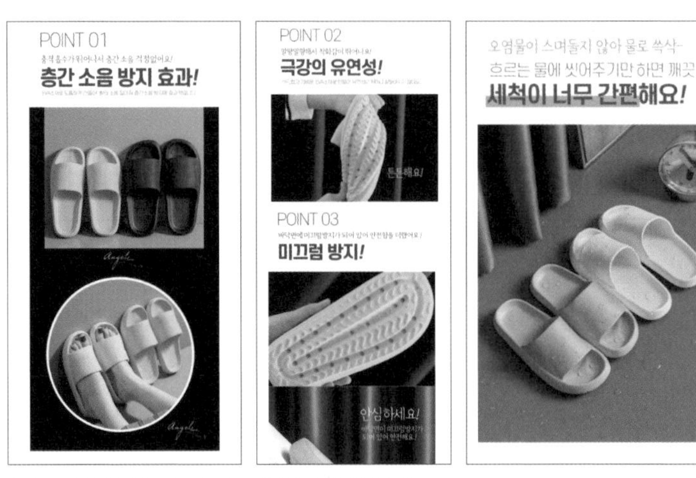

층간 소음과 미끄럼을 방지하고 편리한 세척을 강조한 경우

슬리퍼 하나 팔면서 '이렇게까지 해야 하나?'라는 생각이 들 수도 있을 것입니다. 하지만 상세 페이지는 소비자를 설득하는 중요한 요소이므로 이왕이면 '이 슬리퍼를 신으면 가볍고, 폭신하며, 바닥이 두꺼워서 편하다.'라는 생각이 들게끔 사진과 제품의 특징을 글로 설명하는 것이 좋습니다.

상세 페이지를 잘 만들기 어렵다고 이야기하는 판매자도 많습니다. 하지만 농수산물처럼 생산자가 직접 뛰어들어 판매하는 경우라면 초보 티가 나는, 2% 부족한 상세 페이지도 괜찮습니다. 사진과 글이 부족해도 진정성이 담겨 있으면 충분합니다. 농수산물만 그런 것이 아닙니다. 때로는 2% 부족한 상세 페이지가 소비자의 마음을 더 쉽게 잡을 수 있기 때문입니다.

4단계 배송 정보 안내하기

로켓배송이나 판매자로켓의 경우 쿠팡에서 익일배송을 보장하므로 상세 페이지에 배송에 대한 내용을 별도로 넣지 않아도 됩니다.

하지만 마켓플레이스 방식으로 판매할 때는 배송 정보를 꼭 넣어야 합니다. 그리고 배송 정보에는 소비자가 알고 싶어 하는 내용이 들어가는 것이 좋습니다. 몇 시까지 주문했을 때 당일 발송하는지, 교환이나 반품, AS는 어떻게 진행되는지 등을 기재합니다. 택배사가 어디인지 궁금해하는 구매자도 많으니 이용하는 택배사를 명시해 주는 것도 좋습니다.

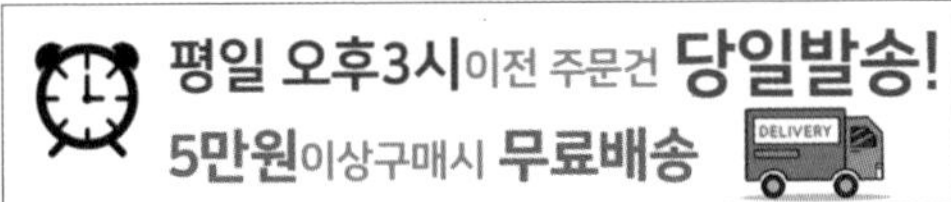

coupang shopping

21

상세 페이지, 외주 업체에 맡기는 게 정답이 아니다

외주 업체에 너무 의존하지 말 것!

외주 업체는 외주 업체일 뿐, 내 아이템의 전문가가 아닙니다.

처음 온라인 판매를 하기로 결심했다면 가장 많이 고민하는 것이 바로 아이템입니다. 어떤 아이템을 팔아야 잘 팔릴지를 정확하게 모르기 때문에 고민하게 되는 것입니다. 그래서 이 시점에는 아이템만 잘 정하면 모든 일이 잘될 것이라고 생각합니다. 하지만 판매 아이템을 정하고 나면 그다음에는 상세 페이지를 만드는 부분에서 스트레스를 받게 됩니다. 어떻게 글을 써야 할지도 모르고 어떻게 사진을 찍어야 할지도 모르기 때문입니다. 그래서 많은 판매자가 상세 페이지를 제작해 주는 외주 업체에 의뢰하게 됩니다.

상세 페이지 기획에서 가장 중요하게 하고 싶은 이야기는, 상세 페이지를 제작할 때 웹 에이전시, 쇼핑몰 제작 회사, 또는 웹 디자이너에게 무작정 의뢰해서는 절대 매출이 잘 나오는 상세 페이지를 만들 수 없다는 것입니다.

왜냐하면 웹 디자이너는 디자인 전문가이지, 내 상품의 전문가는 아니기 때문입니다. 사진도 마찬가지입니다. 포토그래퍼에게 잘 찍어달라고 부탁하는 판매자가 많습니다. 그런데 포토그래퍼는 사진 전문가이지, 해당 상품의 전문가가 아닙니다. 그래서 이 상품의 장점과 어떤 부분을 어필해야 하는지 정확하게 알지 못합니다. 그렇다 보니 잘해달라고 하면 그냥 예쁘게만 찍어 줍니다. 예쁜 것이 중요하지 않다는 말이 아니라, 예쁜 것만으로는 물건을 파는 데 한계가 있다는 것입니다.

매출이 잘 나오는 쇼핑몰의 상세 페이지는
디자이너나 포토그래퍼의 영향도 물론 있겠지만,
어떤 부분을 어필할지에 대한 고민, 즉 기획이 제대로 되어 있습니다.
결국 제대로 된 기획이 제일 중요합니다.
업체에서 다 알아서 해 줄 거라고요? 착각입니다!

결국 대표가 중심을 잡는 게 가장 중요하다!

쇼핑몰, 상세 페이지, 홈페이지를 제작할 때 제작 회사(웹 에이전시)나 디자이너에게 의뢰하면 다 알아서 해 줄 것이라고 생각하는 분들이 많습니다. 하지만 정말 그럴까요?

치킨집을 차리기 위해서 인테리어 업체에 의뢰할 경우 해당 인테리어 업체가 "이 동네는 회사원이 많으니 주문 배달하는 분위기 대신 호프집 분위기로 인테리어를 해야 합니다." 또는 "배달이 많은 곳이니 매장이 클 필요가 없습니다." 등의 조언을 해 줄까요? 해당 분야를 잘 안다고 해도 고객에게 조언하다 보면 시간만 오래 걸리고 불필요한 논쟁이 생길 수 있기 때문에 대부분의 인테리어 업체는 아무 조언도 하지 않고 의뢰받은 대로만 일할 것입니다.

상세 페이지 제작도 마찬가지입니다. 고객이 원하는 대로만 해 줄 뿐, 이렇게 하면 물건이 잘 팔리지 않으니 저렇게 해야 한다고 굳이 말하지 않습니다. 또한 제작 회사나 디자이너는 그 상품을 잘 알지도 못하고, 알고 싶어 하지도 않습니다. 웹 에이전시나 디자이너는 고객이 원하는 대로만 제작해 준다는 것을 꼭 기억해야 합니다.

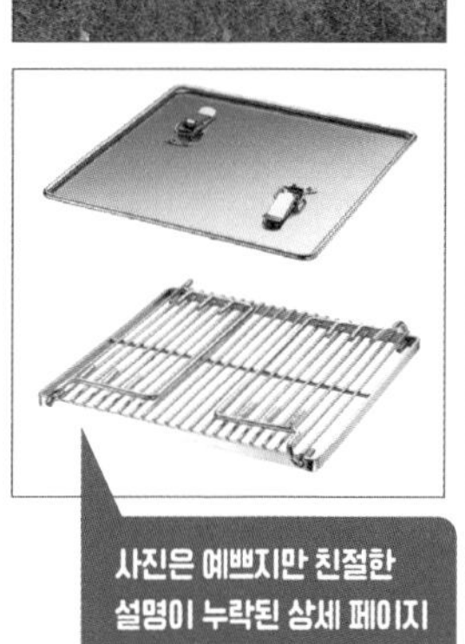

사진은 예쁘지만 친절한 설명이 누락된 상세 페이지

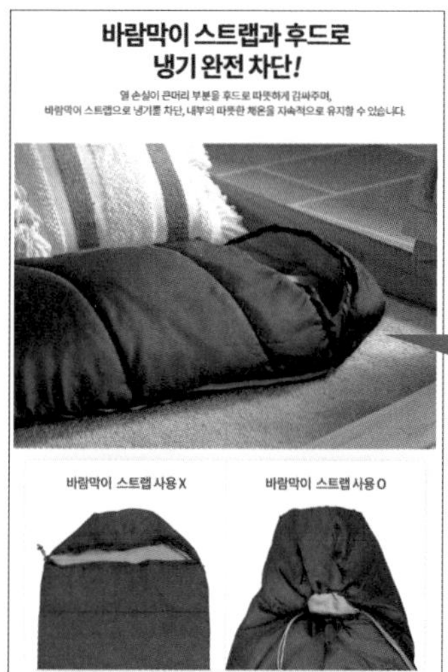

글과 사진이 잘 구성된 상세 페이지

전문가 뺨치는 상세 페이지 기획법

ft. LG 냉장고 상품 설명 중심으로!

상세 페이지는 일반적으로 ① 각종 공지 사항 ② 각종 혜택, 이벤트 ③ 상품 설명, 상품 정보 ④ 배송 정보의 순으로 구성된다고 223쪽에서 이야기했습니다. 각종 공지 사항이나 혜택, 이벤트, 배송 정보는 내용이 복잡하지 않고 단순한 경우가 많다 보니 조금만 신경을 쓰면 어렵지 않게 만들 수 있습니다. 하지만 상품 설명의 경우에는 어떻게 만들어야 하는지 너무 어렵다고 하는 분들을 많이 보았습니다. 그래서 이번에는 상품 설명에 대한 부분을 중점적으로 살펴보면서 상세 페이지를 어떻게 기획해야 하는지에 대해서도 알아보겠습니다.

사례 | LG전자 오브제컬렉션 832L 양문형 냉장고

구매 상황 연상하면서 상세 페이지 기획하기

상세 페이지 기획은 어렵게 생각하면 어렵고 쉽게 생각하면 쉬울 수 있습니다. 하지만 실제 오프라인에서 이루어지는 구매 상황을 연상해 본다면 어렵지 않게 상세 페이지를 만들 수 있습니다.

자, 그러면 오프라인 구매 상황을 염두에 둔 상태에서 어떻게 상세 페이지를 만드는지 살펴보겠습니다. 오프라인에서 우리는 어떤 대화를 하면서 냉장고를 구매할까요?

점원: 찾는 물건 있으세요?

구매자: 냉장고를 보러 왔습니다.

점원: 용량은 어느 정도 되는 것으로 생각하세요?

구매자: 800L 정도 생각합니다.

점원: 800L 냉장고들은 2도어로 되어 있는 양문형도 있고, 4도어도 있는데, 생각하고 있는 제품이 있으신가요?

구매자: 2도어(양문형) 상품을 생각하고 있습니다.

점원: 여기에 있는 제품들이 800~900L 양문형 냉장고입니다.

구매자: 어떤 제품이 괜찮은가요?

점원: 이 제품이 요즘 제일 인기 있는 제품으로, 도어쿨링 기능이 있어서 도어 쪽에 보관중인 제품까지 신선도를 유지할 수 있습니다. 또한 신선 야채실을 별도로 두고 있고 무빙도어 아이스메이커 방식으로 만들어져서 편리하고 실용적으로 냉장고 수납을 할 수 있게 설계되어 있습니다.

구매자: 네, 감사합니다. 한번 둘러보겠습니다.

점원: 네, 편하게 보세요!

(잠시 후)

구매자: 이 제품 주문하면 언제쯤 받을 수 있나요? 배송비는 따로 있나요? 집에서 쓰던 냉장고는 수거해 가나요?

오프라인에서 구매할 때 일어날 수 있는 대화를 간단하게 만들어 보았는데, 이들 대화는 다음과 같이 상세 페이지로 구성할 수 있습니다.

1 | 상세 페이지에 상품명을 직관적으로 표시하자

점원: 찾는 물건 있으세요?
구매자: 냉장고를 보러 왔습니다.
점원: 용량은 어느 정도 되는 것으로 생각하세요?
구매자: 800L 정도 생각합니다.
점원: 800L 냉장고들은 2도어로 되어 있는 양문형도 있고 4도어도 있는데, 생각하고 있는 제품이 있으신가요?
구매자: 2도어(양문형) 상품을 생각하고 있습니다.
점원: 여기에 있는 제품들이 800~900L 양문형 냉장고입니다.

상품명은 이 제품의 특징을 간결하고 명확하게 명시해 주는 것이 좋습니다.

쿠팡의 경우 기본적으로는 '[브랜드]+[제품명]+[상품군]'으로 상품명을 구성하게 되어 있습니다. 237쪽의 냉장고 화면을 살펴보면 'LG전자 오브제 컬렉션 양문형 냉장고'라는 상품명을 명시한 것을 볼 수 있습니다. 물론 이렇게 구성할 수도 있지만, 상황에 따라 소비자가 구매할 때 중요한 요소가 있는 경우에는 [상품의 특성]을 포함해서 상품명을 만들 수도 있습니다.

그렇다면 냉장고의 경우 중요한 상품의 특성은 무엇이 있을까요?

다양한 요소가 있겠지만, 모든 냉장고에서 공통적으로 중요한 요소 중 하나는 용량일 것입니다. 800~900L 냉장고를 원하는 소비자라면 700L 냉장고는 구매할 가능성이 낮기 때문입니다. 그런데 냉장고의 경우 상품의 대표 이미지만 보고 해당 상품의 용량을 알 수가 없습니다. 내가 보는 이 냉장고가 내가 원하는 800~900L 상품인지, 아니면 그보다 작은 700~800L 상품인지를 알 수 없습니다.

상품명에 용량이 표시되지 않은 상품이 있다면 소비자는 클릭할까요?

정답부터 먼저 말씀드리면 쿠팡 랭킹 기준 1~3등 정도에 노출되어 있다면 클릭할 가능성이 높습니다. 대표 이미지를 보아도 상품명을 보아도 용량을 알 수 없지만, 우선 상위에 노출되어 있으므로 위에서부터 클릭해서 내가 원하는 상품인지, 진짜 괜찮은 상품인지를 판단하게 됩니다. 하지만 첫 번째 상품을 클릭했더니 700L짜리이고 두 번째 상품을 클릭했더니 650L, 세 번째 상품을 클릭했더니 720L였다면 어떨까요? 이제 소비자는 무작정 클릭하는 것이 아니라 자신이 원하는 상품인 800~900L를 찾기 위해 상품명에 정확한 용량이 써 있는 제품을 위주로 클릭할 가능성이 높습니다. 여러 번 클릭하면서 점점 피로도가 쌓였기 때문입니다. 그래서 저라면 상품명에 용량 832L를 포함한 'LG전자 오브제콜렉션 832L 양문형 냉장고'로 상품명을 만들 것입니다.

2 | 사진과 글을 추가해 구체적으로 표현하자

냉장고 사례에서 점원이 구매자에게 설명하는 부분을 다시 살펴보겠습니다.

점원: 이 제품이 요즘 제일 인기 있는 제품으로, 도어쿨링 기능이 있어서 도어 쪽에 보관중인 제품까지 신선도를 유지할 수 있습니다. 또한 신선 야채실을 별도로 두고 있고 무빙도어 아이스메이커 방식으로 만들어져서 편리하고 실용적으로 냉장고 수납을 할 수 있게 설계되어 있습니다.

상품명을 통해 내 상품의 특징을 이야기했다면 상세 페이지에서는 이러한 특징과 함께 소비자에게 이야기하고 싶은 것을 자세히 설명해 주면 됩니다. '이 냉장고는 도어쿨링 기능이 있어서 도어 쪽에 보관중인 제품까지 신선도를 유지할 수 있습니다. 또한 신선 야채실을 별도로 두고 있고 무빙도어 아이스메이커 방식으로 만들어져서 편리하고 실용적으로 냉장고 수납을 할 수 있게 설계되어 있습니다.'라는 내용을 이야기하고 싶다면 어떻게 해야 좋을까요? 이 경우에는 해당 내용을 사진 또는 글만으로 설명하기보다는 다음 화면과 같이 '해당 사진에 설명을 쓰는 사진+글' 스타일로 작성하는 것이 좋습니다.

이렇게 '사진+글' 스타일로 작성해야 하는 이유는, 오프라인에서는 상품을 직접 눈으로 볼 수 있어서 말로만 설명해도 충분하지만, 온라인에서는 설명과 함께 사진을 이용해 소비자가 이해하기 쉽도록 상세 페이지를 만드는 것이 중요하기 때문입니다. (에디터를 사용할 경우에는 블로그에 글을 쓰듯이 사진 올리고 글 올리는 방식으로 상세 페이지를 만들면 됩니다. 그리고 포토샵 등을 이용할 경우에는 사진과 글이 어우러진 이미지를 만들면 됩니다.)

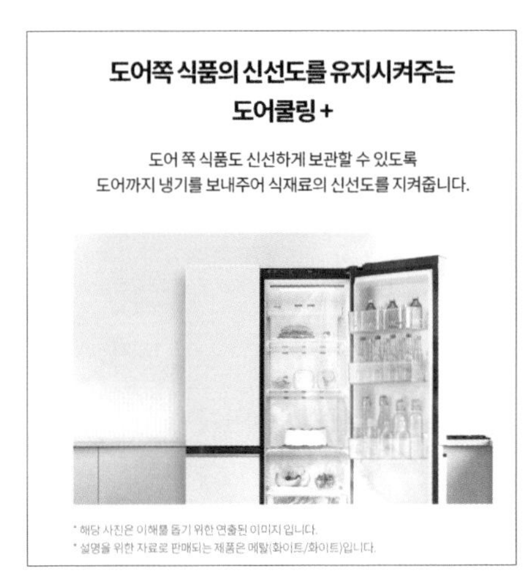

'해당 사진에 설명을 쓰는 사진+글' 스타일로 작성해야 효율적이다.

3 | 상품에 따라 도해가 있으면 최고!

상세 페이지를 만들 때 기본적으로 상품의 장점을 부각할 수 있는 정보는 전부 써야 합니다.

❶ 해당 제품은 도어쿨링 기능과 무빙도어 아이스메이커 기능이 가장 중요한 장점이지만, 스마트폰으로 제품을 제어할 수 있는 기능도 가지고 있습니다. 이 경우 이 제품의 특징인 '스마트폰을 이용해 냉장실과 냉동실의 온도를 제어할 수 있는 것은 기본이고 원격 제어와 고장 원인까지도 진단할 수 있다.'는 내용도 꼭 적어주어야 합니다. 이때 이왕이면 소비자가 이해하기 쉽도록 도해(내용을 좀 더 효과적으로 전달하기 위해 그림으로 표현하는 방식)를 이용하면 더 좋은 상세 페이지를 만들 수 있습니다.

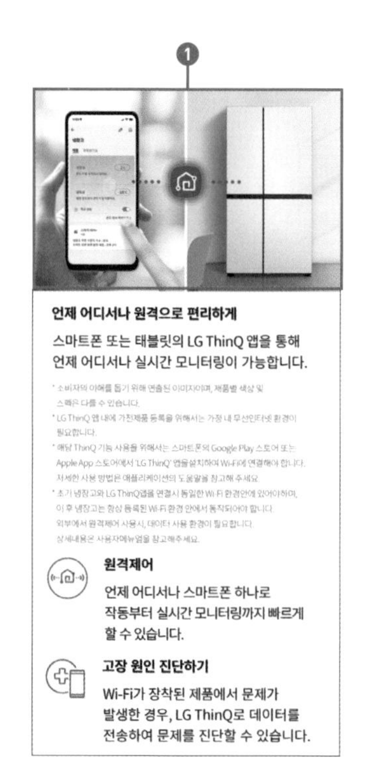

❷ 제품의 크기도 마찬가지입니다. '전체 크기(W×H×D): 913×1,790×913mm'로 표시할 수도 있지만, 도해를 이용해 표현한다면 소비자가 훨씬 쉽게 상세 페이지를 이해할 수 있습니다.

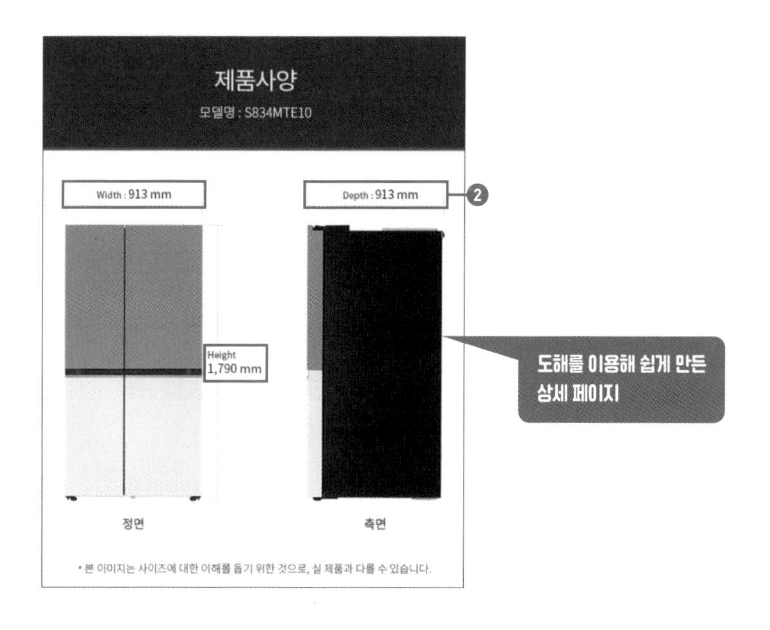

4 | 상세 페이지의 5가지 필수 요소를 꼭 넣자

앞의 냉장고 사례에서 구매자가 판매자에게 한 질문을 다시 살펴보겠습니다.

구매자: 이 제품 주문하면 언제쯤 받을 수 있나요? 배송비는 따로 있나요? 집에서 쓰던 냉장고는 수거해 가나요?

상품에 대한 정보와 특징을 충실히 설명했다면 220쪽에서 이야기한 상세 페이지의 필수 5요소(품질, 가격, 배송비, 배송 시간, AS) 중 빠진 것이 있는지 살펴보고 해당 내용을 넣는 것이 좋습니다.

❶ 가격은 상품을 등록할 때 입력해도 충분합니다.

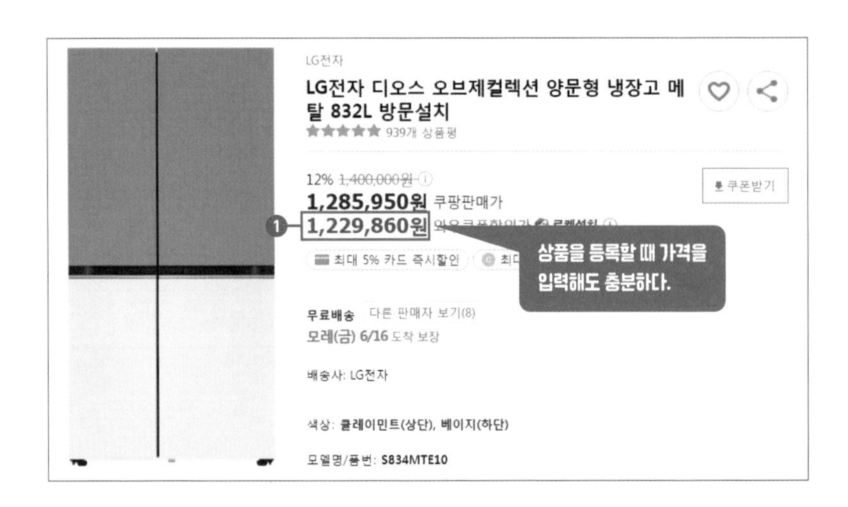

하지만 상황에 따라서는 가격 이야기를 별도로 상세 페이지에 넣을 수도 있습니다. 예를 들어 파격가로 상품을 판매하는 경우에는 할인 가격을 강조하기 위해 상세 페이지에서 가격을 한 번 더 노출하는 게 좋습니다.

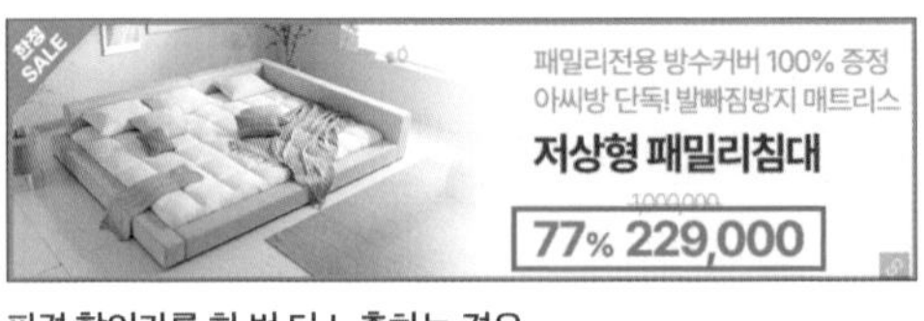

파격 할인가를 한 번 더 노출하는 경우

❷ 배송비도 마찬가지입니다. 상품을 등록할 때 배송비를 입력해도 충분하다고 생각할 수 있습니다. 하지만 배송에서 주의해야 하는 부분이 있는 경우, 예를 들어 지역별로 배송비가 다르면 상세 페이지에 배송비를 등록했어도 한 번 더 명시해 주는 것이 좋습니다.

또한 배송이 늦어지거나 빨리 배송되는 부분을 강조해야 할 경우, AS와 관련된 특이 사항이 있는 경우에도 상세 페이지에 해당 내용을 넣어 주면 좋습니다. 이렇게 하면 상세 페이지를 완성할 수 있습니다.

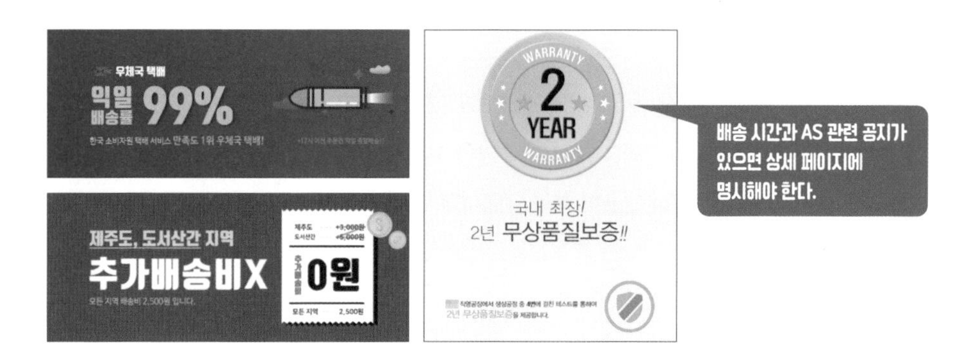

실내화 상세 페이지 기획하기
ft. 쿠팡의 필터 기능(+스마트스토어 상품의 주요 정보 활용)

235쪽에서는 오프라인에서 냉장고를 구매하는 상황을 기반으로 상세 페이지를 기획하는 방법을 설명했습니다. 냉장고는 판매자와 구매자 간에 이런저런 대화가 이루어지는 경우가 많으므로 그런 부분에 집중해서 상세 페이지를 구성하면 됩니다. 하지만 판매 상품이 실내화라면 상황이 좀 다를 수 있습니다.

실내화는 대화가 이루어지는 경우보다 매장을 방문한 고객이 혼자서 이것저것 살펴보고 구매 여부를 결정하는 경우가 많으므로 어떤 것을 설명해야 할지 막막할 수 있습니다. 이런 경우에는 쿠팡의 필터 기능과 네이버 스마트스토어가 제공하는 상품 주요 정보 내용을 기반으로 상세 페이지를 만들 수 있습니다. 자, 그러면 실내화를 판매한다고 생각하고 쿠팡 앱과 스마트스토어 상품 등록에 대한 내용을 살펴보겠습니다.

1 | 쿠팡 앱의 [필터] 눌러 검색 옵션 지정하기

❶ 쿠팡 앱에서 '실내화'를 검색한 후 [필터]를 누르고 필터 목록을 살펴보면 '사용계절', '소재', '색상', '사용 대상', '기능(미끄럼 방지)'을 비롯해서 필터 옵션이 많습니다. 이들 필터 옵션은 상품을 등록할 때 검색 필터에 적용했던 사항입니다. 검색 필터의 기본 옵션은 소비자가 해당 상품군을 검색한 후 구매를 결정할 때 많이 고려하는 부분을 쿠팡에서 만들어 놓은 것입니다. 그러므로 검색 필터에 나오는 항목들을 이용하면 쉽게 상세 페이지를 만들 수 있습니다.

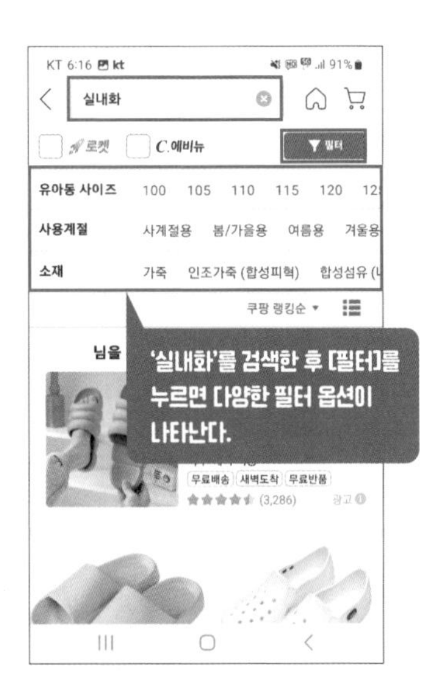

❷ 연습 삼아 앞의 필터 기능을 이용해 내가 판매하는 실내화의 상세 페이지를 기획한다면 다음과 같이 정리할 수 있습니다.

① **소재**: EVA ② **색상**: 빨주노초파남보 ③ **사용 대상**: 남녀 모두 가능 ④ **미끄럼 방지 기능**: 있음	⟶	① 상품의 소재는 EVA여서 가볍고 폭신폭신하며 ② 색상은 빨주노초파남보의 예쁜 무지개 색상을 모두 갖추고 있고 ③ 사이즈는 200~300mm까지 갖추고 있어서 성인 남녀뿐만 아니라 어린이까지 이용할 수 있으며 ④ 기능적으로는 미끄럼 방지를 위한 바닥 패턴을 사용했습니다.

'실내화'로 다양하게 검색 필터 적용하기

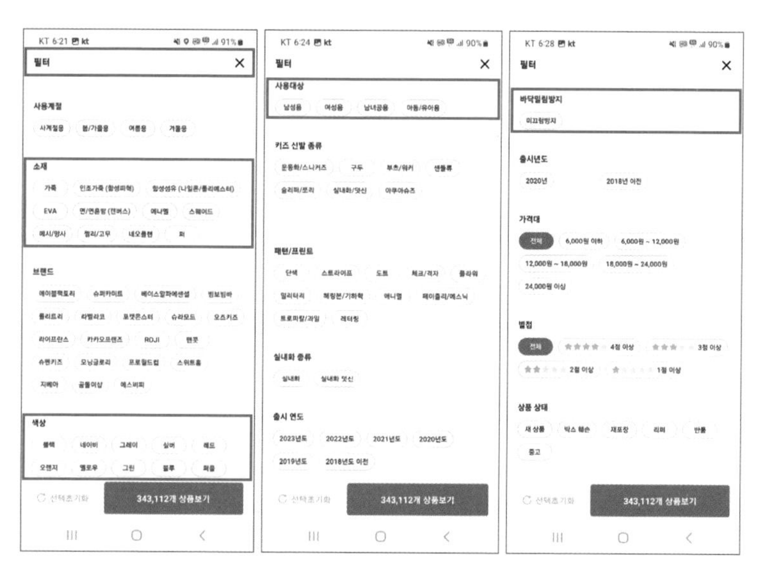

소재, 색상, 사용 대상, 바닥 밀림 방지 등 다양한 조건으로 실내화를 검색한 결과

2 | 스마트스토어에서 상품 속성 지정하기

쿠팡 앱의 필터는 아직까지 스마트스토어의 상품 주요 정보보다 부족한 부분이 많습니다. 그래서 쿠팡 앱의 필터만으로 상세 페이지를 만드는 것이 부족하다고 생각되면 스마트스토어의 상품 주요 정보까지 살펴보고 상세 페이지를 만들 수 있습니다.

❶ 스마트스토어센터(sell.smartstore.naver.com)에서 회원 가입하고 로그인합니다. (사업자등록증이 없어도 회원에 가입할 수 있습니다.)

❷ '스마트 스토어센터' 화면이 나타나면 '상품관리' → '상품 등록'을 선택합니다. '상품 등록' 화면의 '카테고리'에서 '패션잡화 > 남성신발 > 실내화'를 선택합니다.

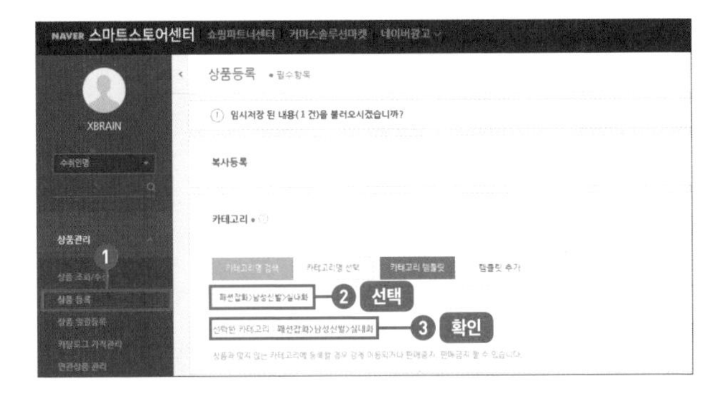

❸ '상품 주요정보'에서 상품 속성을 볼 수 있습니다. 쿠팡 필터에서는 볼 수 없었던 '사용용도'부터 해당 상품의 '주요특징'과 '주요형태' 및 '굽높이' 등을 볼 수 있는데, 이런 옵션을 참고하여 상세 페이지를 만들 수 있습니다.

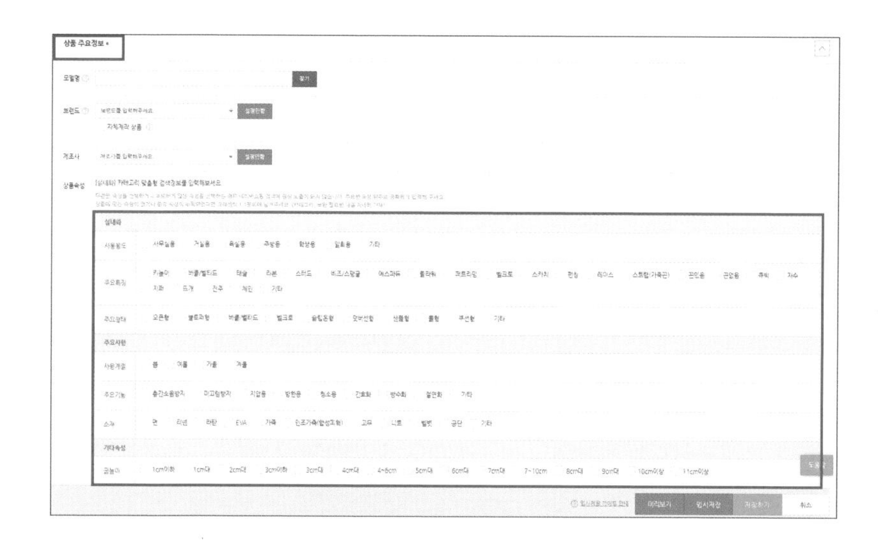

다음 상품은 쿠팡에서 아주 많이 팔리고 있는 실내화입니다.

❶ 상세 페이지의 내용을 살펴보면 쿠팡의 필터에서 보았던 내용과 스마트스토어의 상품 주요 정보에 있는 내용을 바탕으로 '사진+글'의 형태로 작성되었습니다. 소재가 폭신폭신하다는 특징을 강조하기 위해 실내화를 직접 구부려서 유연함을 강조했습니다.

❷ 산뜻하고 예쁜 색감과 디자인을 강조하기 위해 실내화를 함께, 또는 따로 배치하여 보여주고 있습니다.

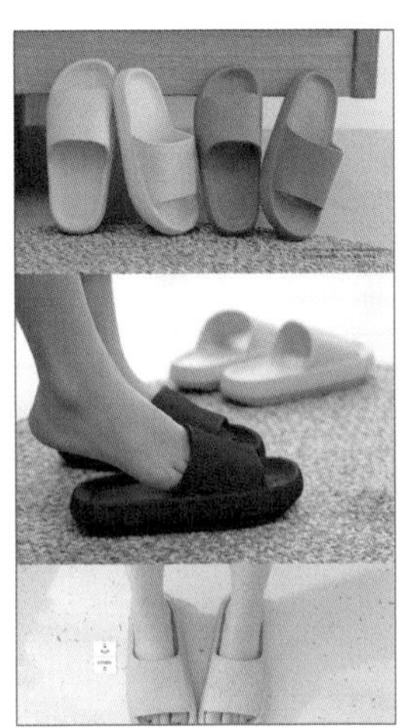

3 가족뿐만 아니라 커플끼리 신었을 때의 느낌을 잘 전달하면서 실내화의 사이즈까지 정확하게 전달하고 있습니다.

36-37	38-39	40-41	42-43	44-45
230mm	240mm	250mm	260mm	270mm

4 실내화의 안전성에 꼭 필요한 미끄럼 방지 기능에 대해서도 설명하고 있습니다.

고객 클레임을 방지하는 상세 페이지 기획법

상품에 대한 정보를 상세 페이지에 자세히 설명하지 않으면 고객 클레임이 자주 발생할 수 있습니다. 이러한 고객 클레임은 반품으로 이어질 수 있으므로 상품을 등록할 때 꼼꼼하고 정확하게 작성해야 합니다.

방법 1 공지는 긴 글이 아니라 직관적 형태로 작성!

여름이 되면 쇼핑몰도 여름휴가 기간을 갖습니다. 이 기간 동안 온라인 주문은 가능해도 택배 서비스가 일시 중단됩니다. 이때 판매자는 상세 페이지의 맨 위에 여름휴가 공지를 아주 크게 띄워놓습니다. 그런데도 계속 주문이 들어오고 왜 이렇게 배송이 늦냐는 항의가 들어오기 일쑤입니다.

왜 이런 현상이 발생할까요? 고객은 자기가 보고 싶은 것만 보기 때문입니다. 관심이 없는 것은 아무리 이야기해도 신경 쓰지 않기 때문입니다. 상세 페이지에 분명히 글자까지 크게 해서 주의하라고 표시해놨는데도 계속 전화하고 문의하는 사람들이 많습니다. 그러므로 온라인에서 판매를 한다면 이런 부분을 어떻게 효과적으로 처리할지 생각해 보아야 합니다.

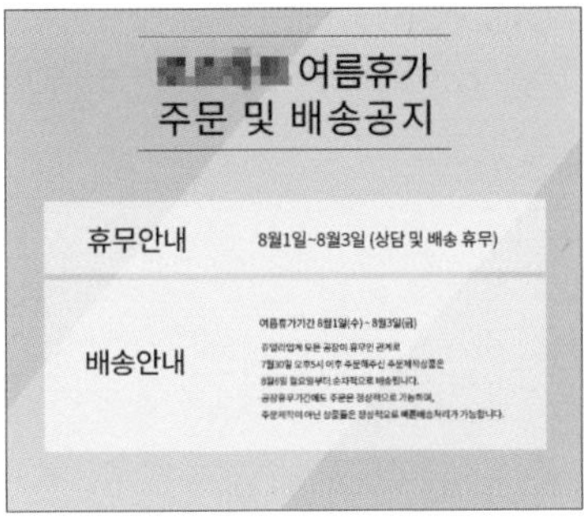

방법 2 백 마디 글보다 사진 하나로!

온라인에서 판매를 하다 보면 고객에게 교환이나 환불을 해 주어야 하는 상황이 생깁니다. 이 경우 이미 발송한 상품을 되돌려받아야 하는데, 이때 최초 발송한 상품과 상태가 다른 물건이 반송되는 경우가 많습니다. 예를 들어 박스가 파손된 채 반송되거나 이미 여러 번 사용한 상품을 반품하는 경우도 있습니다. 이러면 반품받은 상품을 재판매하기가 어렵습니다. 자, 그러면 이러한 문제를 어떻게 해결해야 할까요?

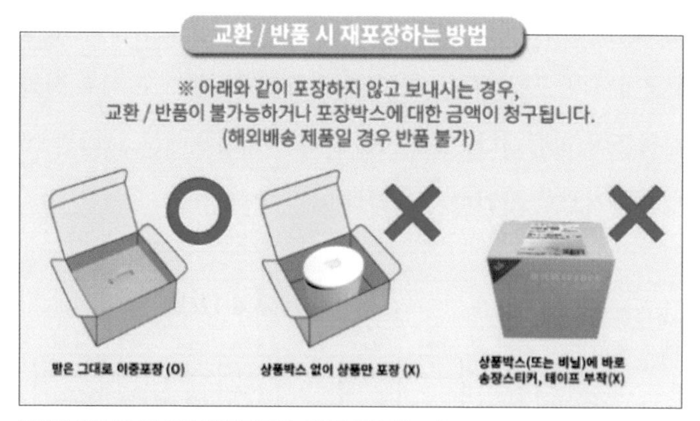

글보다 사진 하나로 교환 및 반품 주의 사항을 전달하는 경우

앞의 화면은 반품에 대한 훌륭한 예입니다. 반품이 가능한 경우, 교환이나 환불이 가능한 경우와 불가능한 경우를 사진으로 명확하게 보여주고 있습니다. 이렇게 사진으로 예시를 보여주면 특별한 설명이 없어도 누구나 직관적으로 이해하기 쉬우므로 파손된 채 반송되는 상품이 많이 줄어듭니다.

상세 페이지의 사진 촬영 & 디자인 작업

앞에서 상세 페이지를 어떻게 기획할지 생각해 보았습니다. 구매 상황과 연관을 지어 기획할 수도 있고 쿠팡 앱의 [필터]나 스마트스토어의 상품 주요 정보를 이용해서 기획할 수도 있는데, 상세 페이지를 기획하는 것이 문서 작업이었다면 이제는 실제로 상세 페이지를 만드는 작업을 알아보겠습니다.

사진 촬영도 상세 페이지 기획의 일부!

이제까지 상세 페이지를 만들 때 어떤 내용이 들어가는지 중점적으로 이야기했습니다. 지금까지 콘텐츠 중심으로 이야기했다면 상품군에 따라 사진에 대한 부분도 한 번쯤 생각해 보아야 합니다. 결국 상세 페이지는 콘셉트가 명확한 사진으로 완성됩니다!

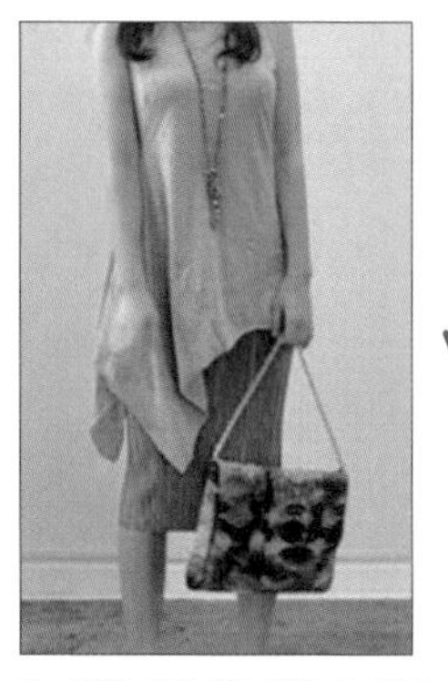

A: 전문 모델을 이용해 촬영 VS B : 사장님이 직접 착용 후 촬영 VS C : 제품만 촬영

위의 사진은 똑같은 민소매 티셔츠를 파는 쇼핑몰 세 곳의 사진입니다. 여러분은 A, B, C 상품 중 어떤 것이 가장 잘 팔릴 것이라고 생각하나요? 제가 운영하는 네이버카페(cafe.naver.com/ktcfob)에서 질문했더니 A, B, C 모두 고르게 표를 받았습니다. 그러면 정답은 무엇일까요?

정답은 셋 다 잘 팔릴 수 있다는 것입니다.

기존 오픈마켓 때는 A 사진처럼 전문 모델을 이용해서 찍거나 C 사진처럼 누끼컷을 잘 찍어서 판매를 잘하는 분들이 있었지만, B 사진처럼 적당히 찍어서 잘 팔리는 경우는 없었습니다. 하지만 블로그에서 쇼핑몰처럼 상품을 판매하기 시작하면서 B 사진처럼 일반인이 입었을 때의 느낌을 부여해도 잘 팔 수 있게 되었습니다.

- 어떻게 사진을 찍어야 할까?
- 전문 모델을 이용해 예쁜 장소에서 사진을 찍어야 할까?
- 일반인의 느낌을 최대한 살려 동네에서 사진을 찍어야 할까?
- 누끼컷으로 사진을 찍어야 할까?

이런 것을 '사진의 콘셉트'라고 하는데, 어떤 콘셉트로 할지 생각하고 사진 촬영을 하는 것이 좋습니다. 단순히 예쁜 사진보다는 어떤 콘셉트로 판매할지 생각해서 사진을 찍는 것이 판매에 훨씬 많은 도움이 되기 때문입니다.

예쁜 사진이 크게 중요하지 않을 수 있다

네이버에서 '사과'를 검색해 보면 다양한 상품들이 나타납니다. 다음 중 어떤 상품이 더 잘 팔릴까요?

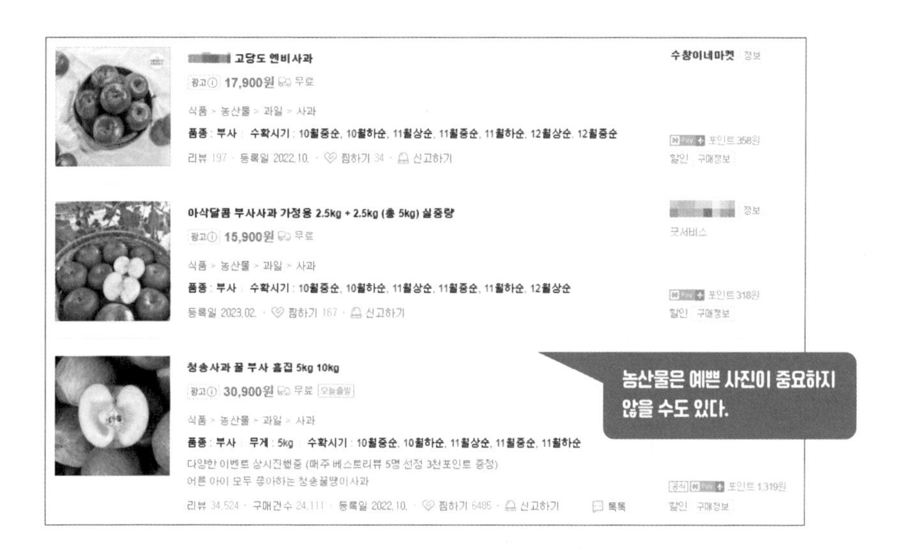

질문을 받고 사진을 유심히 살펴보는 분이 많을 것입니다. 그런데 사과나 귤 같은 과일은 사진 자체보다는 어떻게 구매자를 설득하는지가 더 중요합니다. 질문을 하나 해 보겠습니다. 사진을 아주 잘 찍은 사과를 보면 그 사과가 진짜 맛있을 거라고 생각하나요? 반대로, 평범하게 찍은 사과를 본다고 해서 그 사과가 맛없을 거라고 생각하나요?

사실 사과 같은 농산물은 사진이 크게 중요하지 않습니다. 물론 김치는 배추를 그대로 파는 것이 아니라 가공해서 판매하기 때문에 이왕이면 먹음직스럽게 보이는 사진이 좋을 것입니다. 하지만 사과는 가공하지 않은 자연 산물 그대로이므로 사진을 잘 찍기 위해서 엄청나게 노력하는 것은 큰 의미가 없습니다. 그보다는 어떻게 소비자를 설득할지를 생각하고 그것을 기반으로 어떤 콘셉트로 사진을 찍을지 생각하는 것이 더 중요합니다.

사진은 상세 페이지의 기획 콘셉트에 맞춰 찍자

사진을 찍을 때 가장 중요한 포인트는 '어떤 부분을 강조해서 찍을까?'입니다. 즉 내가 팔려고 하는 상품의 상세 페이지 기획에 맞는 사진을 찍는 것이 중요합니다.

상세 페이지는 기획하지 않고 포토그래퍼에게 사진을 맡기는 경우를 많이 보았습니다. 하지만 아무리 사진을 잘 찍는 포토그래퍼라고 해도 사진에서만 전문가일 뿐, 해당 상품에 대해서는 전문가가 아닙니다. 그러므로 자신이 판매하는 상품의 특성을 정확하게 알기는 어렵습니다. 그래서 포토그래퍼에게 사진 촬영을 의뢰해도 내가 기획한 것을 가지고 어떤 콘셉트의 사진을 찍을 것인지 이야기해 주지 않으면 원하는 사진을 확보하기가 어렵습니다.

정리해 보면 상세 페이지에 사용할 사진을 잘 찍는 방법은 다음과 같습니다.

① 상세 페이지 기획이 선행되어야 합니다.

② 기획된 상세 페이지를 기반으로 어떤 콘셉트의 사진을 찍을지 생각해 보아야 합니다.

③ 내가 생각했던 사진을 직접 최대한 많이 찍어보아야 합니다.
(자신의 사무실에서 찍을 수도 있고 셀프 스튜디오에서 찍을 수도 있습니다.)

④ 이렇게 했는데도 원하는 사진이 나오지 않으면 그때는 전문가에게 맡깁니다.

간혹 직접 찍어보았는데 원하는 사진이 나오지 않아 결국 포토그래퍼에게 의뢰했다고 이야기하는 분들이 있습니다. 그런데 이렇게 했다고 시간과 돈을 낭비한 것은 절대 아닙니다. 직접 경험하지 않고 무작정 포토그래퍼에게 의뢰한 것보다 이렇게 직접 해 보고 의뢰하면 훨씬 좋은 결과물을 얻을 수 있기 때문입니다.

상세 페이지 디자이너는 디자인 능력만 판단하자

디자이너가 실력이 없어서 상세 페이지를 못 만드는 경우도 많습니다. 하지만 상세 페이지 기획 없이 디자이너에게 상세 페이지를 의뢰하다 보니 안 팔리는 상세 페이지가 되는 경우도 매우 많습니다.

상세 페이지를 잘 만들기 위해 꼭 필요한 기본 요소는 '기획'입니다. 기획이 잘 되었으면 그 기획에 맞추어 사진을 찍고 그 이후에 포토샵 등을 이용해서 상세 페이지를 만들면 됩니다. 만약 포토샵을 할 줄 안다면 직접 해도 상관없지만, 포토샵을 하지 못해도 굳이 배워서 시작할 필요는 없습니다.

만약 직접 하지 않고 업체를 통해서 상세 페이지를 제작한다면 꼭 포트폴리오를 보고 선택해야 합니다. 진짜로 이 사람이 나의 상세 페이지를 잘 만들어줄 수 있는지 판단해야 하기 때문입니다. 이때 디자인 능력을 보아야지, 사진이나 기획력을 보아서는 안 됩니다. 해당 포트폴리오에서 사진을 빼고 보았을 때 디자인적인 요소를 잘 갖추고 있는지, 가독성은 좋게 디자인했는지, 풍성하게 콘텐츠를 구성했는지 등을 보고 판단해야 합니다.

망고보드 (mangoboard.net)	• 포토샵을 몰라도 쉽게 이미지 파일을 만들 수 있다. • 파워포인트처럼 망고보드에서 제공하는 템플릿과 서체, 사진과 일러스트 이미지 등을 이용해 상세 페이지를 만들 수 있다. • 비용이 든다는 단점이 있다. • 월 사용료가 29,000원이므로 무료 체험한 후 사용 여부를 결정하는 것이 좋다.
크몽 (kmong.com)	• 크몽 사이트에서 '상세 페이지'로 검색하면 상세 페이지를 만들어 주는 수많은 디자이너를 만나볼 수 있다. • 대략 20만 원 이하에서 상세 페이지를 만들 수 있다. • 상세 페이지를 만들 디자이너를 찾기 어렵다면 크몽에서 검색한 후 궁금한 것들을 질문하고 진행 여부를 결정하는 것이 좋다.

사진 정보가 명확할수록 클레임이 줄어든다

쇼핑몰을 운영하다 보면 고객에게 상품을 교환 또는 환불해 주어야 하는 상황이 발생합니다. 이 부분은 251쪽에서도 이야기했지만 매우 중요하므로 다음의 예시를 보면서 나는 어떻게 처리할 것인지 생각해 봅시다. 그러면 좀 더 쉽게 상세 페이지를 만들 수 있을 것입니다.

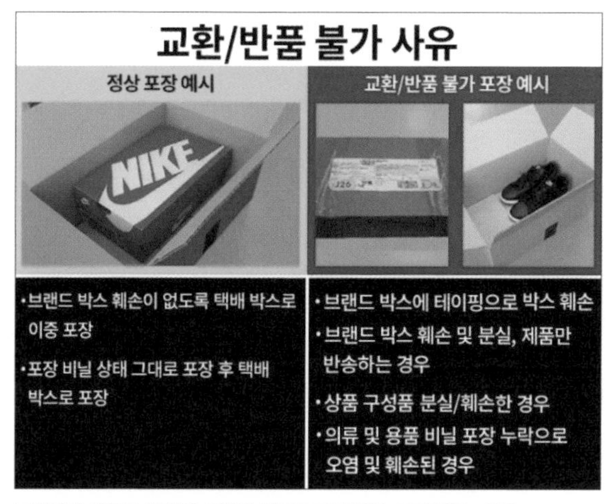

교환이나 환불과 관련된 사항을 사진으로 정확하게 전달하는 경우

상세 페이지 업로드 방법 3가지

쿠팡은 상세 페이지를 '이미지 업로드 방식', '에디터 방식', 'HTML 방식', 이렇게 3가지 방식으로 업로드할 수 있습니다. 스마트스토어는 블로그 방식인 에디터 방식을, 오픈마켓과 쿠팡은 이미지 업로드 방식을 가장 많이 사용하고 있습니다. 상황에 따라 HTML 방식을 사용하기도 하는데, 이번에는 이들 방식을 차례대로 살펴보겠습니다.

방법 1 이미지 업로드 방식

이미지 업로드 방식은 G마켓, 옥션, 11번가 등 기존 오픈마켓에서 가장 많이 사용하는 방식으로, 쿠팡에서도 가장 많은 판매자가 쓰고 있습니다. 포토샵 등의 툴을 사용해 이미지(JPG, PNG 파일) 형식으로 상세 페이지를 만들어서 업로드하면 되는데, 권장 이미지 크기는 가로 780px, 세로 30,000px 이하입니다(용량은 10MB 이하). 권장 이미지 크기 중 가로 폭의 경우 마켓플레이스마다 크기가 조금씩 다르지만, 쿠팡에서는 자동 리사이징되므로 오픈마켓 등에서 사용하던 이미지 파일을 그대로 사용하면 됩니다.

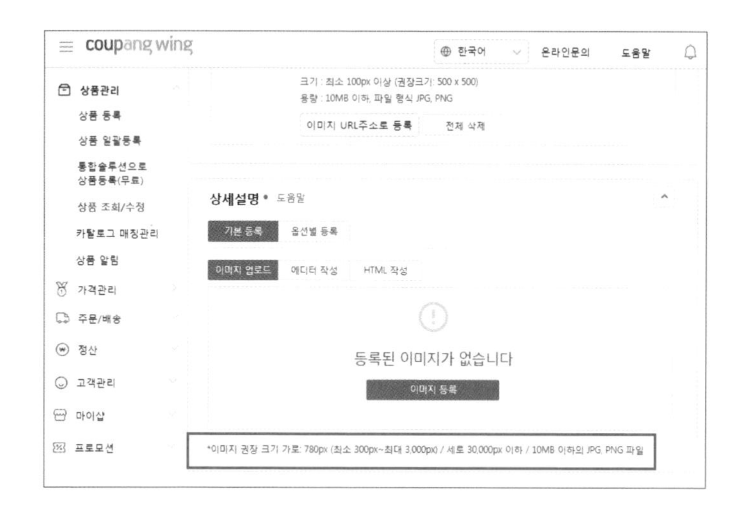

방법 2 에디터 방식

에디터 방식은 스마트스토어에서 많이 사용하는 방식으로, 블로그에 글을 쓰듯이 '글+사진(이미지)+글+사진' 형식으로 상세 페이지를 만드는 방식입니다. 포토샵 등에 익숙하지 않은 판매자라면 이 방식을 이용해서 쉽게 상세 페이지를 만들 수 있습니다. 또한 스마트스토어에서 에디터 방식으로 상품을 등록했던 판매자도 쿠팡에서 같은 방식으로 상품을 등록할 수 있습니다.

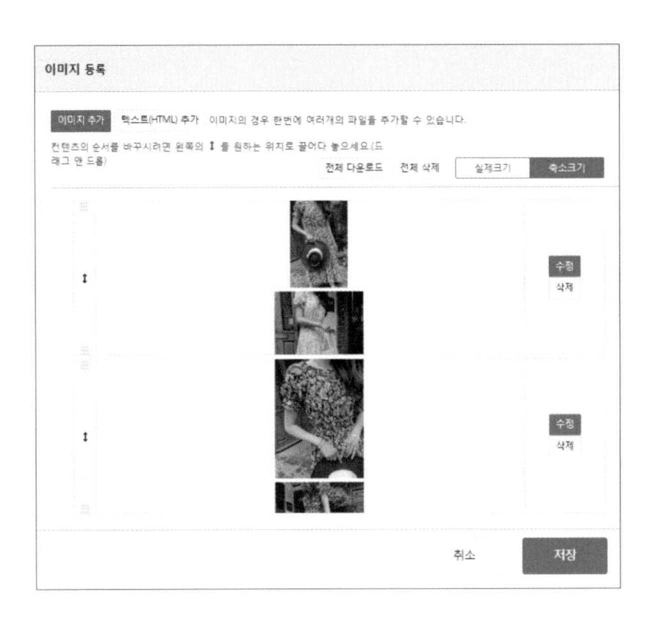

방법 3 HTML 방식

판매자의 상황에 따라 같은 상품을 많은 채널에 등록하는 경우가 있습니다. 예를 들어 A라는 상품을 G마켓에도 등록하고, 옥션에도 등록하며, 11번가와 인터파크에도 등록하는 경우입니다. 그런데 A 상품의 상세 페이지가 바뀐다면 어떻게 해야 할까요?

일반적으로는 상품을 등록했던 G마켓, 옥션, 11번가, 인터파크에 각각 다 접속하여 하나하나 전부 상세 페이지를 수정해야 합니다. 이렇게 하면 시간이 오래 걸리고 실수도 발생할 수 있기 때문에 이런 불편함을 개선하기 위해서 HTML 방식이 만들어졌습니다.

HTML 문서에 <img src= '호스팅 주소'>를 넣고 호스팅 서버에 상세 페이지 이미지를 올려놓습니다. 이 상태에서는 상세 페이지가 변경되어도 호스팅 서버에 있는 상세 페이지 이미지만 변경해 주면 G마켓, 옥션, 11번가, 인터파크에서 일일이 수정하지 않아도 변경된 상세 페이지가 적용됩니다. 그런데 안타깝게도 쿠팡은 HTML 방식으로 상품을 등록했어도 호스팅 서버에 있는 이미지가 보이지 않고 처음 등록할 때 보였던 이미지가 그대로 보입니다. 처음 이미지 서버에 있던 이미지를 쿠팡 서버에 저장하기 때문입니다. (이 부분이 어렵다면 그냥 넘어가도 됩니다.)

그러면 쿠팡에서는 언제 HTML을 써야 할까요? 쿠팡에서는 유튜브 등의 동영상을 올리기 위해서 HTML을 쓰게 됩니다. HTML 언어를 안다면 쿠팡 윙에서 '상품관리' → '상품 등록'을 선택하고 '상세설명' 화면에서 [HTML 작성]을 클릭합니다. 이 상태에서 HTML을 작성하고 [저장]을 클릭하면 됩니다.

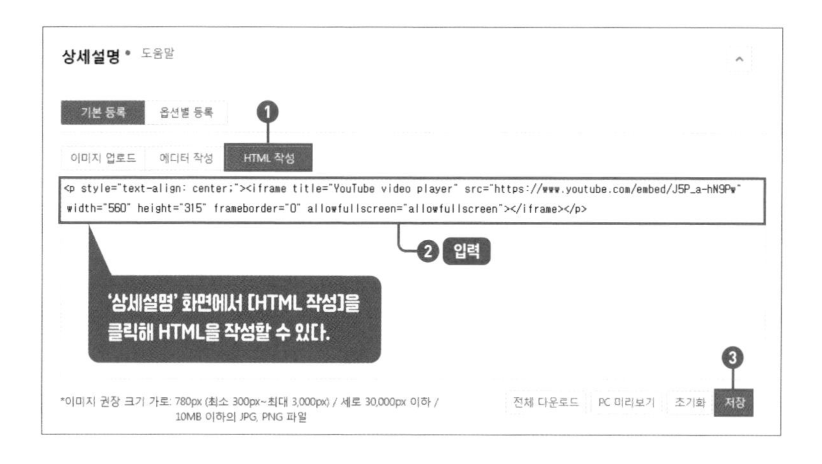

나도 쿠팡 고수

상세 페이지 업로드 ① 이미지 업로드 방식

쿠팡에서는 이미지 업로드 방식으로 상세 페이지를 등록하려면 쿠팡윙에서 '상품관리' → '상품 등록'을 선택하고 '상세설명' 화면에서 [이미지 업로드]와 [이미지 등록]을 차례대로 클릭해 해당 파일을 업로드하면 됩니다.

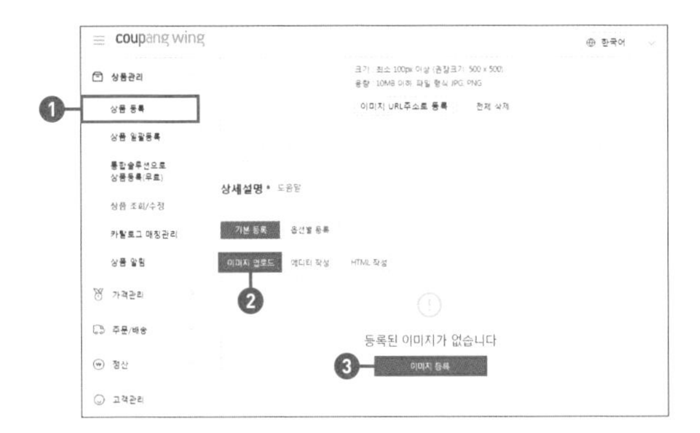

참고로 스마트스토어의 경우에는 20MB까지 이미지 파일을 업로드할 수 있습니다. 하지만 파일 크기가 너무 크면 해당 이미지를 로딩하는 데 시간이 오래 걸리므로 상품을 등록하는 판매자가 상세 페이지 이미지를 1~2MB 단위로 직접 잘라서 업로드해야 했습니다. 반면 쿠팡에서는 이미지 크기와 상관없이 1개의 JPG나 PNG 이미지로 업로드하면 자동 리사이징되면서 업로드되어 편리합니다.

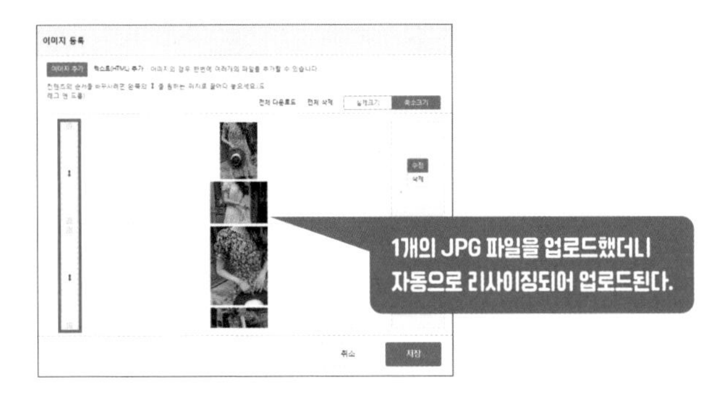

나도
쿠팡
고수

상세 페이지 업로드 ② 에디터 방식

쿠팡에서는 에디터 방식으로 상품을 등록할 수 있습니다.

❶ 쿠팡윙에서 '상품관리' → '상품 등록'을 선택하고 '상세설명' 화면에서 [에디터 작성]과 [작성하기]를 차례대로 클릭합니다.

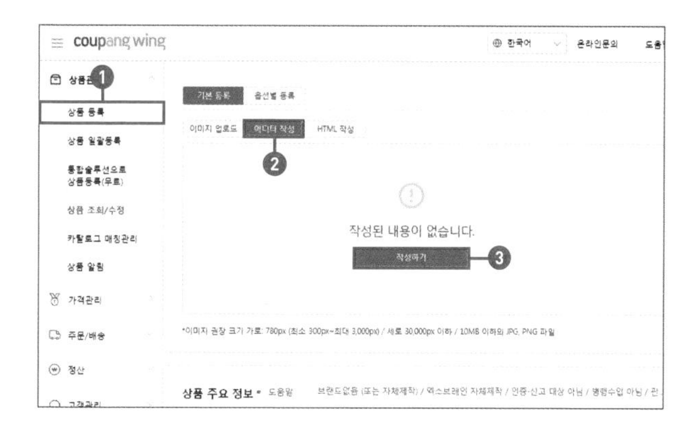

❷ 추천 템플릿 목록이 표시되면 내 상품에 해당하는 추천 템플릿을 선택합니다.

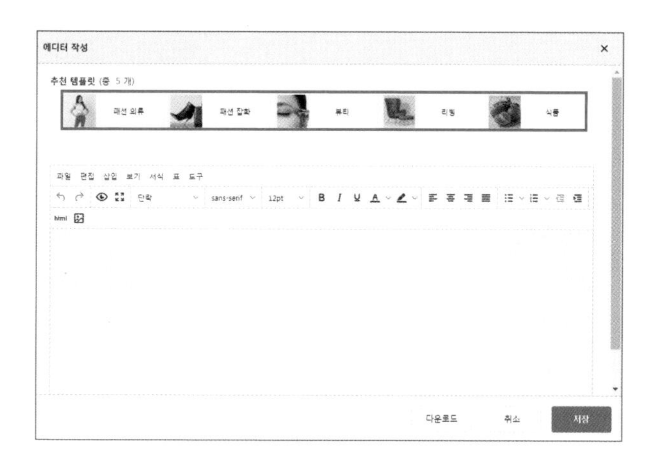

❸ 선택한 템플릿이 나타나면 글자와 사진을 원하는 것으로 바꿉니다.
(이 방법은 블로그에 글을 쓰는 것보다 훨씬 쉽습니다.)

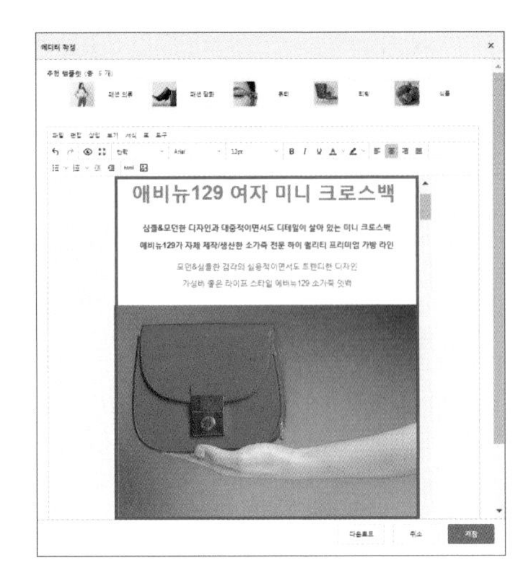

❹ 완성한 상세 페이지를 확인합니다.

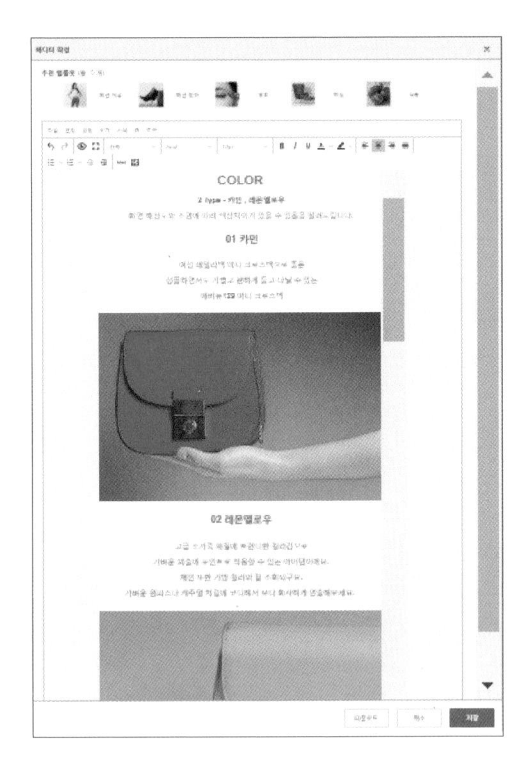

5 만약 글자 크기나 색깔, 서체 등을 바꾸려면 편집 툴을 이용하면 됩니다.

스마트스토어의 경우 에디터를 이용해 상품을 등록하는 것이 상위 노출에 유리했습니다. 네이버 검색 엔진의 특성상 블로그에 글을 쓰듯이 상세 페이지를 '이미지+텍스트'로 등록하면 텍스트를 인식하여 검색에 반영했기 때문입니다. 하지만 쿠팡에서는 상세 페이지 영역이 검색에 반영되지 않으므로 억지로 에디터 방식으로 상품을 등록할 필요가 없습니다. 그래서 스마트스토어에서 에디터 방식으로 상품을 등록하고 판매중인 판매자들도 대부분 스마트스토어에 등록한 상세 페이지를 캡처해서 이미지 업로드 방식으로 쿠팡에 상품을 등록하고 있습니다.

나도 쿠팡 고수

상세 페이지 업로드 ③ HTML 방식

쿠팡에서 HTML을 사용하는 이유는 유튜브 등의 동영상을 올리기 위해서입니다. HTML 페이지를 직접 작성하면 되지만, HTML을 모른다면 다음의 방법으로 간략하게 작성할 수 있습니다.

❶ 쿠팡윙에서 '상품관리' → '상품 등록'을 선택하고 '상세설명' 화면에서 [에디터 작성]과 [작성하기]를 차례대로 클릭합니다.

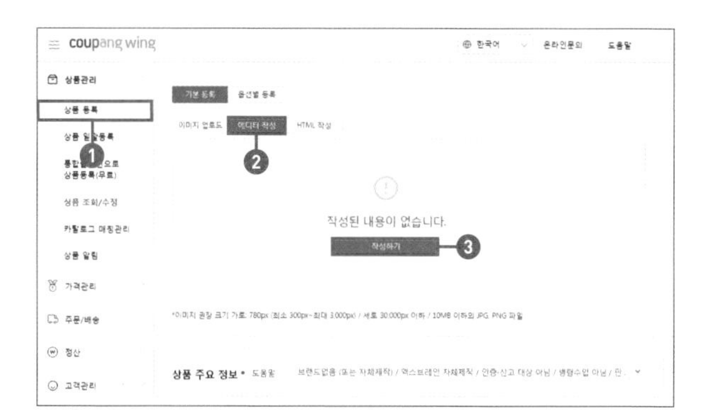

❷ '유튜브 동영상 넣기'를 입력하고 [삽입]-[이미지 삽입]을 선택한 후 삽입하려는 상세 페이지 이미지를 업로드합니다.

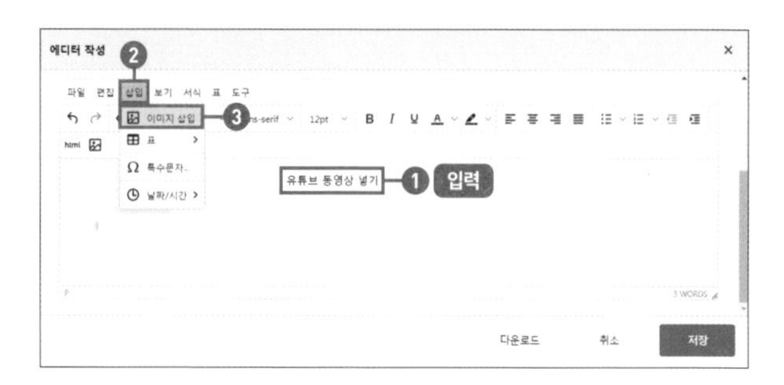

❸ 텍스트 '유튜브 동영상 넣기'와 선택한 이미지가 삽입된 것을 볼 수 있습니다. 이 화면은 아래의 작업 이후에 다시 되돌아와서 [html]을 클릭해 진행할 예정입니다.

❹ 상세 페이지에 올릴 유튜브 영상을 찾은 후 [공유]와 [퍼가기]를 차례대로 클릭합니다.

5 'iframe'으로 시작하는 HTML 소스가 표시되면 복사합니다.

6 에디터 작성으로 만들었던 화면에서 [html]을 클릭합니다.

7 다음과 같은 소스 코드가 표시되면 '유튜브 동영상 넣기'를 지웁니다.

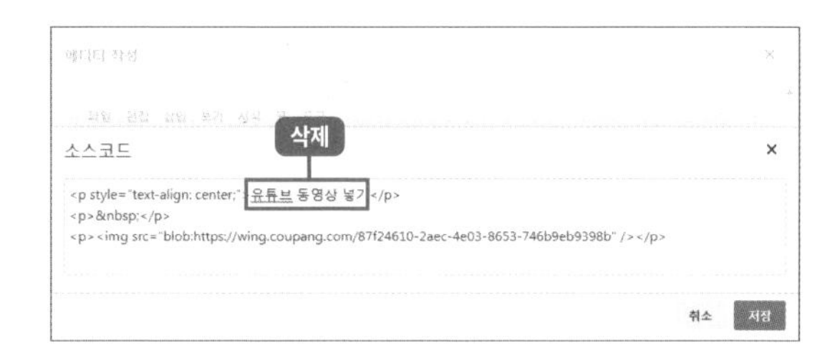

⑧ ⑤ 과정에서 복사한 소스 코드를 붙여넣은 후 [저장]을 클릭합니다.

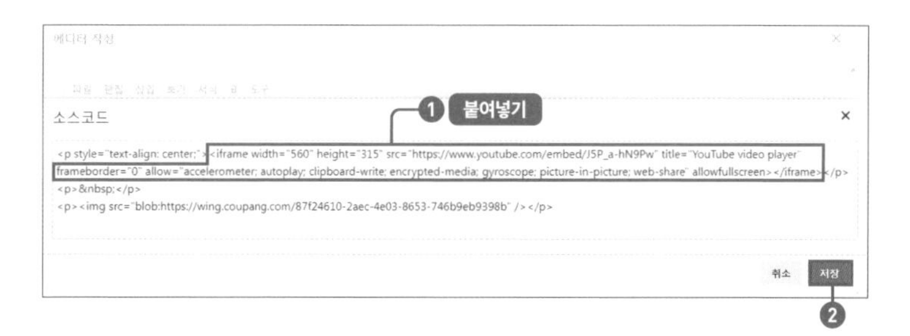

⑨ 화면에 유튜브 화면이 삽입되었는지 확인합니다.

5일 차

쿠팡 **광고와 마케팅** 최적화하기

coupang

스마트스토어 판매자들이 쿠팡에서 실패하는 이유

쿠팡에서 상위 노출하려면 광고는 필수!

온라인에서 판매를 생각한다면 다양한 채널을 통해 판매할 수 있습니다. 네이버에서 운영하는 스마트스토어뿐만 아니라 G마켓이나 옥션, 11번가와 같은 오픈마켓에서 판매할 수 있습니다. 또는 이 책의 주제인 쿠팡에서 판매할 수도 있고 직접 자사몰을 만들어서 판매할 수도 있습니다.

온라인 판매라는 것이 비슷비슷한 부분이 많다 보니 판매 채널 한 군데에서 잘할 수 있으면 다른 판매 채널을 추가해서 판매한다고 해도 한동안만 신경을 쓰면 금방 잘하게 되는 경우가 많습니다. 대표적으로 G마켓, 옥션, 11번가에서 잘 팔던 분들을 보면 쿠팡에서도 잘하는 경우가 많습니다. 그런데 스마트스토어에서 잘 팔던 분들 중에는 쿠팡에서 성과를 잘 내지 못하는 경우가 많습니다. G마켓, 옥션, 11번가에서 잘 판매하던 분들이 쿠팡에서 판매하면 잘 되는데, 스마트스토어에서 잘 판매하던 분들이 쿠팡을 하면 잘 안되는 이유는 무엇 때문일까요?

* 그림에서 노란색 바탕 부분이 광고 영역

광고를 하지 않으면 상위 노출이 불가능한 오픈마켓

광고하지 않아도 상위 노출이 가능한 스마트스토어

여러 가지 이유가 있겠지만, 가장 큰 이유 하나는 광고 때문이라고 이야기할 수 있습니다. G마켓, 옥션, 11번가 같은 오픈마켓은 광고를 하지 않고 판매하는 것이 쉽지 않습니다. 옥션과 G마켓의 모바일 화면을 보면 소비자가 키워드로 상품을 검색할 때 검색 결과 화면이 대부분 광고로 채워져 있습니다. PC 화면도 마찬가지입니다.

아무리 좋은 상품이라고 해도 상위에 노출되어 있지 않다면 클릭이 잘 발생하지 않아 결과적으로 판매가 잘되기 어렵습니다. 그런데 오픈마켓의 경우 광고를 하지 않으면 상위에 노출이 불가능합니다. 그래서 오픈마켓에서 판매를 잘하는 분들을 보면 광고를 당연히 진행해야 하는 것으로 인식하는 경우가 많습니다.

광고 없이 상위 노출 경험이 있는 스마트스토어 판매자들

반면 스마트스토어의 경우에는 광고하지 않아도 상위 노출이 가능합니다. 굳이 돈을 써서 광고하지 않아도 상위 노출만 되면 판매가 어렵지 않다 보니 스마트스토어에서 잘했기 때문에 쿠팡에서 판매할 때도 광고는 배제하고 어떻게 해야 잘 팔릴지 고민하는 분들을 많이 보았습니다. 그런데 쿠팡은 상황에 따라 광고를 해야 할 수도 있습니다. 쿠팡에서는 광고하지 않고는 쉽지 않은 경우가 분명히 있는데, 스마트스토어의 성공 경험 때문인지 광고에 전혀 신경 쓰지 않아 실패를 경험하는 스마트스토어 판매자들이 생각보다 많은 것이 현실입니다.

쿠팡 광고 vs 스마트스토어 광고의 차이점

27

coupang shopping

275쪽에서 설명한 오픈마켓과 스마트스토어, 쿠팡의 검색 결과 화면을 비교해 보면 오픈마켓은 광고를 하지 않고는 상위 노출이 불가능합니다. 하지만 스마트스토어는 광고가 많지 않으므로 광고하지 않은 상품이 더 많이 상위 노출된 것을 볼 수 있습니다. 쿠팡은 스마트스토어보다는 광고가 많고 오픈마켓보다는 훨씬 적은 편입니다. 광고를 안 해도 상위 노출되는 상품이 많고 광고하는 상품도 꽤 많은 상황입니다.

광고와 상위 노출의 상관관계

쿠팡의 경우 상품 등록을 적절하게 잘했다는 가정하에 상위 노출에 가장 큰 영향을 미치는 요소는 '판매량'과 '클릭 수'입니다. 클릭 수와 판매량이 나와야만 상위 노출이 되는 것입니다. 경쟁이 치열하지 않은 상품군에서는 상품 등록만 잘하고 대표 이미지만 잘 만들면 광고를 하지 않아도 노출되는 영역이 충분히 있어서 시간이 지나면 차근차근 순위도 올라가고 판매량도 늘어납니다. 이런 경우에는 굳이 광고를 하지 않아도 괜찮습니다.

하지만 경쟁이 치열한 상품군의 경우(검색 결과의 위쪽에 로켓배송 상품이 대부분인 경우 등)에는 광고를 통해서라도 클릭 수와 판매량을 늘리지 않으면 상위 노출이 되기 쉽지 않습니다. 광고의 클릭 수가 상위 노출에 아주 중요한 영향을 미치기 때문입니다. 그래서 치열한 상품군의 경우에는 상위 노출을 위한 초석을 쌓는다는 마음으로 광고를 진행해야 합니다.

광고를 통한 클릭 발생 시
쿠팡은 상위 노출 O vs 스마트스토어는 상위 노출 X

쿠팡과 스마트스토어 모두 상위 노출의 기준에는 '클릭 수'가 있습니다. 클릭이 많이 발생할수록 상위 노출이 쉬워지는 것입니다. 그런데 스마트스토어의 경우 광고로 클릭이 발생해도 상위 노출 점수에는 반영되지 않습니다. 대신 네이버 광고가 아닌 다른 방법에 의해 클릭이 발생할 때만 상위 노출 점수에 반영되다 보니 상위 노출을 위해서 광고할 필요가 없습니다. 반면 쿠팡의 경우에는 광고로 클릭이 발생해도 상위 노출 점수에 반영됩니다. 그렇기 때문에 쿠팡에서는 광고를 진행하면 훨씬 쉽게 상위 노출이 가능합니다.

* 그림에서 노란색 바탕 부분이 광고 영역

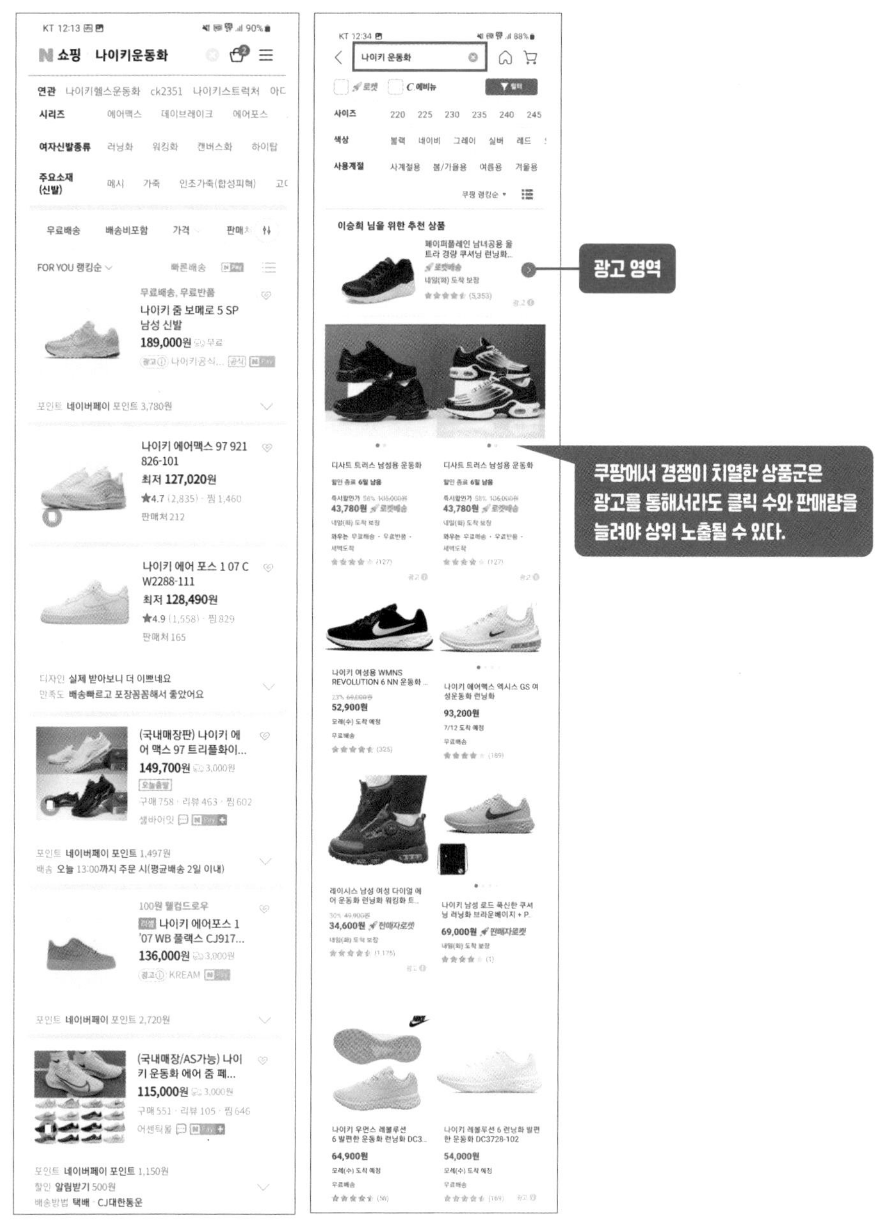

스마트스토어 대비 쿠팡의 광고 영역이 더 많다.

스마트스토어와 쿠팡의 광고 효율 비교

스마트스토어에서 잘 판매하고 있는 판매자들에게 스마트스토어에서 광고를 안 하는 이유를 물어보면 광고를 하지 않아도 충분히 잘 팔리기 때문이라고 이야기하는 경우가 많습니다. 또한 광고를 해도 기존에 팔리는 매출보다 엄청나게 매출이 향상되지 않기 때문이라는 판매자도 많이 보았습니다. 스마트스토어에서는 생각만큼 광고 효율이 나오지 않는다는 것입니다. 왜 그럴까요?

스마트스토어의 광고를 잠깐 살펴보겠습니다.

광고를 게재하는 곳에는 관계 법령에 의거하여 '광고' 또는 'AD'를 표시해야 하는데, 스마트스토어의 경우 281쪽 화면에서 빨간색 박스로 표시한 광고처럼 소비자가 광고임을 명확하게 인지할 수 있게 되어 있습니다. 그 결과, 아주 많은 소비자가 광고를 건너뛰고(파란색 박스 부분) 광고가 아닌 상품부터 클릭하는 경우가 많습니다. 이 말은 광고를 해도 클릭 수(유입 수)를 크게 높일 수 없다는 것입니다.

또한 광고를 클릭해도 광고 표시가 너무 눈에 잘 들어오다 보니 소비자는 '이 상품은 진짜 잘 팔리는 상품이 아니라 광고 때문에 상위에 노출된 상품이구나!'라고 인식하게 됩니다. 그 결과, 클릭은 했지만 실제 구매로 잘 전환되지 않게 되는 것입니다. (물론 네이버도 최근 이런 부분을 인지하고 노란색 박스 부분처럼 초록색의 구매 표시(구매 970+)와 빨간색으로 글씨를 표시해서 광고 여부를 잘 인지하지 못하게 바꾸기는 했습니다.) 상황이 이렇다 보니 스마트스토어에서 상위 노출을 통해 잘 판매하고 있는 판매자들은 굳이 광고를 하는 이유를 찾기가 어렵게 되었고 쿠팡에서 판매를 시작해도 광고에는 신경을 쓰지 않게 되는 원인이 되기도 했습니다.

그러면 쿠팡의 광고도 한번 살펴볼까요? 쿠팡도 '광고'나 'AD' 등으로 광고를 표시는 하지만, 스마트스토어 대비 눈에 잘 안 띄게 화면을 설계하여 더 많이 클릭하고 구매를 유도하도록 만들어져 있습니다.

스마트스토어의 경우에는 상품명과 가격 사이에 '광고(광고ⓘ)'를 표시하여 소비자가 이 상품은 광고하고 있는 상품이라는 것을 인지할 수밖에 없게 화면이 구성되어 있습니다. 하지만 쿠팡의 경우 소비자는 상품명과 가격, 도착일에 집중할 수 있게 하면서 광고는 상품명과 가격 도착일을 분리해서 표시해 광고인지를 정확하게 인지하지 못하게 화면을 설계했습니다. 결과적으로 소비자의 입장에서 보면 이게 광고인지 모르고 클릭하는 경우가 많습니다. 이렇게 클릭하여 상세 페이지를 본 후 꽤 괜찮은 상품이라고 생각이 들면 쿠팡 랭킹 기준 상위 노출이 된 상품이 아니라 광고하는 상품이어도 구매하는 비율이 높아지게 됩니다. 이와 같은 이유로 쿠팡의 광고는 일반적으로 스마트스토어의 광고보다 효율성이 좋은 편이고 경쟁이 치열한 상품군은 광고가 필수인 경우가 많습니다.

스마트스토어에서 광고하지 않고 잘 팔았던 판매자라고 해도 쿠팡에서 판매하려면 광고까지 포함해서 어떻게 판매해야 잘 팔 수 있을지를 생각해야 합니다.

쿠팡에서 경쟁이 치열한 상품군은 왜 광고가 필요할까?

쿠팡이라고 해서 모든 상품에 광고가 필요한 것은 아닙니다. 경쟁이 치열하지 않은 상품군에서는 상품 등록만 잘해도 상위 노출이 될 수 있기 때문에 반드시 광고하지 않아도 됩니다. 하지만 로켓배송이 화면 위쪽에 포진되어 있는 등 경쟁이 치열한 상품군이라면 광고를 하는 것이 좋습니다. 왜냐하면 경쟁이 치열한 상품군은 상품 등록을 잘하는 것만으로는 상위 노출이 쉽지 않기 때문입니다. 그래서 일반적으로 쿠팡에서 판매를 잘하는 판매자들을 보면 광고를 통해 클릭 수를 높인 후 판매량과 상품평이 늘어나면 랭킹 순위가 올라가는 선순환을 만드는 것입니다. 이렇게 한 후에는 광고를 해서 더 많이 팔 것인지, 아니면 랭킹 순위만으로 판매할지 결정하게 됩니다.

광고를 진행하기 전, 생각해야 할 질문 2가지

ft. 대나무 도마 상품 사례

광고비만큼 매출이 안 나온다면?

광고를 해서 무조건 투자한 광고비 이상을 뽑을 수 있다면 광고를 하지 않을 이유가 없을 것입니다. 그런데 실제 광고를 집행해 보면 매출이 광고비만큼 안 나오는 경우가 많습니다. 광고를 하지 않으니 팔리지 않고, 광고를 하니 팔리기는 하는데 광고비가 매출보다 더 많아지는 진퇴양난(進退兩難)의 상황을 경험하기도 합니다. 그래서 무작정 광고를 하는 것이 아니라 광고하기 전에 판매자 스스로에게 몇 가지 질문을 던져보고 그 질문에 대한 답을 생각한 후에 광고를 진행해야 합니다.

그렇다면 광고를 진행하기 전에 어떤 질문을 생각해야 할까요?

첫 번째 질문은 바로 이것입니다.

질문 1 "이 상품은 광고를 해서 상위 노출하면 팔릴 수 있을 것인가?"

대표 이미지와 상세 페이지를 비롯해서 상품 등록까지 끝낸 상태에서 이렇게 등록한 상품의 광고를 진행할 경우 충분히 판매할 수 있을지를 판단해 봅니다. 만약 가능하다는 생각이 들면 광고를 진행하면 됩니다. 그런데 만약 내가 판매하려는 상품의 대표 이미지, 상세 페이지, 가격 등을 보고 소비자가 쉽게 구매할 것 같지 않다는 생각이 든다면 바로 두 번째 질문을 생각해 보아야 합니다.

질문 2 "무엇을 고쳐야 판매가 될 것인가?"

이러한 질문을 쉽게 이해하기 위해 한 가지 사례를 살펴보겠습니다.

대나무 도마를 판매하고 있는 한 판매자가 286쪽 화면과 같이 대표 이미지 하나에, 간략한 설명 몇 줄 넣은 상세 페이지를 만들어서 상품 등록을 했습니다. 내용은 다음과 같이 표시되어 있네요.

- **구성**: 대나무 도마 1pcs
- **사이즈**: 40×30×1.8cm
- **재질**: 대나무
- **원산지**: 중국
- **배송 관련**: 신속한 배송을 위해 출고지와 다른 곳에서 직접 출고할 수 있다.
- **가격**: 18,000원(배송비 별도)

대표 이미지

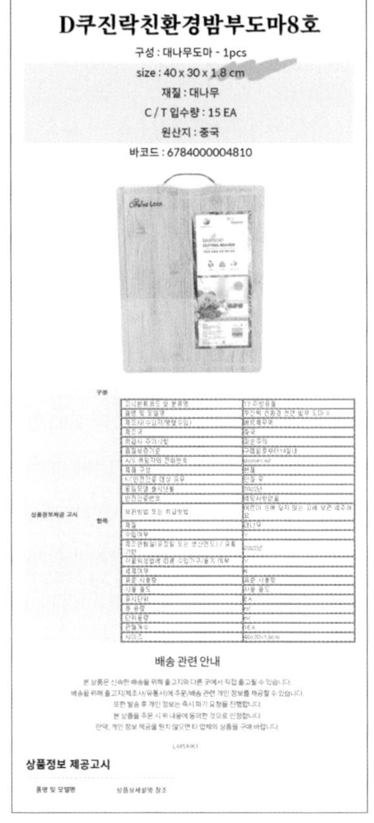

상세 페이지

소비자의 관점으로 한번 생각해 보겠습니다. 이 글을 읽는 독자 여러분이라면 위와 같은 대표 이미지에 간단한 설명이 있는 상세 페이지를 보고 나니 이 대나무 도마를 구매할 생각이 있나요?

많은 사람이 구매할 의향이 있다는 생각이 들면 광고를 진행하면 됩니다. 하지만 판매가 쉽지 않을 것이라는 생각이 들면 무엇을 고쳐야 할지 생각해야 합니다.

"그래도 광고하면 팔리는데요."라고 이야기하는 판매자들을 가끔 봅니다. 이에 대해 저는 이렇게 조언합니다.

"맞습니다. 이렇게 만들어도 살 사람은 삽니다. 하지만 부족한 부분을 수정하면 광고 효율성도 좋아지고 더 많이 판매할 수 있어서 드리는 말씀입니다."

광고 효율성을 높이는 상세 페이지 구성은 따로 있다!

'4일 차. 소비자의 눈길을 사로잡는 상세 페이지 구성하기'에서는 소비자가 상품을 구매할 때 해당 제품의 품질과 가격 배송비, 배송 시간, AS 등을 고려한다고 설명했습니다. 아무리 싼 상품이어도 품질에 대한 확신이 없으면 사지 않을 것이고, 가격이 다소 비싸도 그 정도의 돈을 더 지불할 수 있는 품질이라면 구매할 것입니다. 그래서 상세 페이지에는 소비자가 구매할 때 고려해야 하는 다음 5가지 요소가 반드시 포함되어야 합니다.

| 상세 페이지의 필수 5요소 |

그런데 285쪽에서 예시로 설명했던 대나무 도마의 경우에는 이 제품의 품질은 어떤지, 배송에 대한 부분은 어떤지 등이 제대로 설명되어 있지 않습니다. 물론 가격이 엄청나게 싸다면 이렇게 상세 페이지를 만들어도 팔릴 것입니다. 하지만 배송비 별도 18,000원에 팔고 있는 대나무 도마의 경우에는 품질과 배송에 대한 부분이 명확하지 않은 상세 페이지로 소비자를 설득하기 어려울 것입니다. 만약 이 상품을 꼭 팔아야 한다면 광고를 진행하기 전에 소비자를 설득할 수 있는 상세 페이지를 만들고 그 이후에 광고를 진행해야 할 것입니다.

스마트스토어 vs 쿠팡 광고 진행 프로세스

온라인에서 광고를 진행하려면 공부해야 하는 것이 많습니다. 이것은 스마트스토어를 비롯하여 오픈마켓에서 광고를 해 봤다면 누구나 공감할 것입니다. 온라인 광고가 무엇 때문에 어려운지 스마트스토어 사례를 통해 잠깐 살펴보고 이에 비해 쿠팡 광고는 얼마나 단순한지도 함께 살펴보겠습니다.

스마트스토어와 오픈마켓의 광고 진행 프로세스

스마트스토어에서 판매하는 판매자가 광고를 하려면 다음 사항들을 진행해야 합니다.

❶ 네이버 광고 계정 작성　❷ 캠페인 생성　❸ 새 광고그룹 작성
❹ CPC(클릭당 단가) 설정　❺ 카피 입력, 키워드 세팅

1 | 네이버의 광고 계정 만들기

스마트스토어 계정과 별개로 네이버의 광고 계정을 만들어야 합니다.

2 | 캠페인 생성하기

스마트스토어에서 처음 판매해 본다면 캠페인을 생성하는 것부터 어려워지기 시작합니다. '파워링크 유형', '쇼핑검색 유형', '파워컨텐츠 유형' 중에서 선택해야 하는데, 각각의 용어가 무엇을 의미하는지 알기 어렵기 때문입니다.

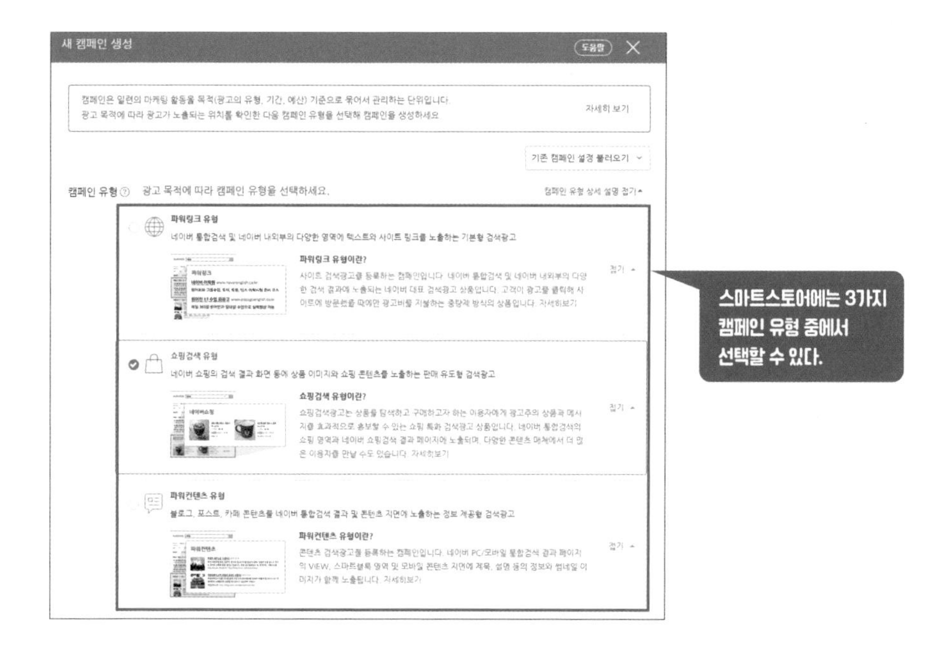

이 중에서 '쇼핑검색 유형'의 광고를 선택해 보겠습니다. 쇼핑 검색 유형의 광고는 스마트스토어 판매자들이 가장 많이 하는 광고이고 통합 검색을 비롯한 네이버 쇼핑 영역에서 볼 수 있습니다.

3 | 새 광고 그룹 만들기

쇼핑 검색 유형의 광고를 선택하고 나면 그중에서도 어떤 광고를 할지 다시 선택해야 합니다. '쇼핑몰 상품형', '제품 카탈로그형', '쇼핑 브랜드형' 중에서 선택해야 하는데, 처음 광고를 시작한다면 또 여기서 무엇을 선택해야 할지 찾아보고 공부해야 광고를 진행할 수 있습니다. 현재 광고를 진행하고 있어도 새롭게 광고를 하나 더 추가하려면 각각의 상품이 무엇을 의미하는지 기억이 나지 않아 다시 찾아보는 경우가 많습니다.

4 | CPC(클릭당 단가) 설정하기

이렇게 광고를 생성하면서 하루 광고 예산뿐만 아니라 클릭당 얼마를 지불할지 설정하는 CPC **Cost Per Click**, 즉 클릭당 단가를 설정하게 됩니다. 또한 CPC의 경우 PC 및 모바일에 따라 가중치를 얼마로 할지도 정해야 합니다. 예를 들어보겠습니다.

☑ PC 1,000원을 설정한 상태에서

☑ PC 입찰 가중치는 100%로, 모바일 입찰 가중치는 150%로 설정하면

☑ 1클릭당 비용을 PC는 1,000원 모바일은 1,500원까지 지불하겠다는 것입니다.

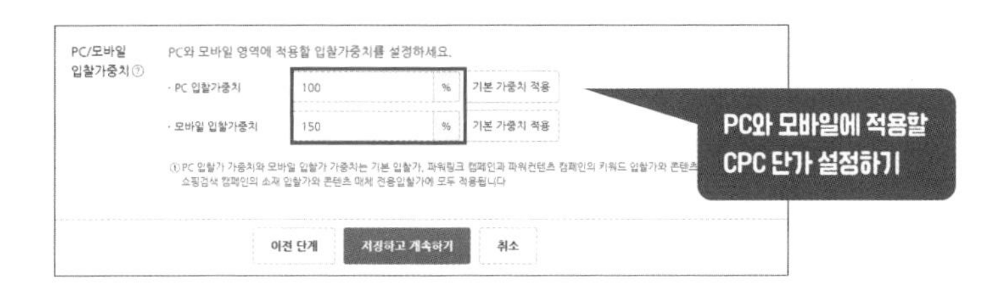

이 밖에도 광고에 들어가는 카피를 입력하고 키워드를 세팅해야 합니다. 이 옵션은 상황에 따라 광고하는 판매자들에게 최대한 편의성을 맞추기 위한 것이지만, 어떤 요일에 몇 시부터 몇 시까지 누구(성별, 연령)를 대상으로 노출할 것인지 등을 세팅해야 합니다.

스마트스토어뿐만 아니라 G마켓, 옥션, 11번가도 공부해야 할 것이 많습니다. 광고가 노출되는 위치에 따라서 매일매일 경쟁 입찰 방식으로 진행되는 정액형 광고 상품도 있고, 네이버와 비슷하게 CPC로 진행되는 상품도 있습니다. 그래서 광고를 하려면 (어떤 자리가 광고 효과가 좋은지도 모르는 상태에서) 어떤 자리에 광고할 것인지 정해야 하고 그 후 해당 상품은 어떻게 광고를 진행해야 하는지, 광고비는 얼마인지, 어떻게 운영해야 하는지를 공부해야만 합니다. 이렇게 해서 막상 광고를 진행하게 되어도 진짜 어려운 부분은 어떻게 광고를 운영해야 효율성을 높일 수 있는지 알기 어렵다는 것입니다.

쿠팡 광고는 키워드 2개만 알면 끝!

쿠팡의 광고는 단순합니다. 기본적으로는 목표 광고 수익률 정도만 입력하면 모두 끝납니다. 정교하게 광고한다고 해도 목표 광고 수익률과 CPC 개념 정도만 알면 누구나 쉽게 진행할 수 있습니다. 그러면 쿠팡에서 광고를 진행할 때 알아야 하는 목표 광고 수익률(목표 ROAS)과 CPC에 대한 개념부터 살펴보겠습니다.

1 | 목표 광고 수익률(목표 ROAS)

온라인에서 광고할 때 많이 사용하는 단어들이 있습니다. ROI, CTR, CPC 등이 대표적인 단어이고 ROAS도 많이 사용합니다. ROAS는 'Return On Ad Spend'의 약자로, '광고 수익률'이라고 표현합니다. 투자한 광고비 대비 광고로 인해 증가한 매출액의 비율을 의미하고 다음과 같은 방법으로 계산합니다.

$$\text{광고 수익률(ROAS)} = \frac{\text{광고 순매출}}{\text{광고비}} \times 100\%$$

예를 들어보겠습니다. 100만 원의 광고비를 썼더니 300만 원의 매출이 발생했다면 300%가 됩니다.

$$\text{광고 수익률(ROAS)} = \frac{\text{300만 원}}{\text{100만 원}} \times 100\% = 300\%$$

30만 원의 광고비를 썼더니 210만 원의 매출이 발생했다면 700%가 됩니다.

$$\text{광고 수익률(ROAS)} = \frac{\text{210만 원}}{\text{30만 원}} \times 100\% = 700\%$$

쿠팡에서는 목표 광고 수익률(목표 ROAS)을 설정하게 되어 있습니다.

목표하는 광고 수익률이 얼마냐는 것인데, 목표 ROAS를 300%를 설정하면 100만 원의 광고비를 썼을 때 300만 원의 매출 달성을 목표로 한다는 의미입니다.

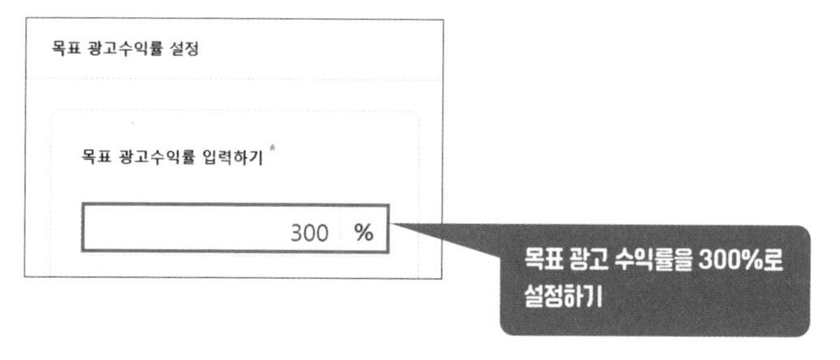

2 | CPC(Cost Per Click)

CPC는 클릭당 단가, 즉 클릭이 한 번 발생했을 때 지불하는 광고비를 의미하는 용어입니다. 따라서 CPC는 클릭이 발생한 건에 대해서만 광고비를 지불하는 방식을 이야기합니다.

참고로 온라인에서 진행하는 광고는 크게 2가지 방식의 과금 체계를 적용하고 있습니다. 우선 클릭 수와 상관없이 광고의 기간과 노출량에 따라 광고비를 지불하는 방식이 있습니다. 또 하나는 광고의 기간과 노출량에 상관없이 클릭이 일어났을 때만 광고비를 지불하는 방식입니다.

CPC 1,500원이라고 이야기하면 클릭이 한 번 발생했을 때 1,500원의 비용이 들어간다는 의미입니다. 예를 들어 '립스틱'이라는 키워드에 CPC 1,500원으로 입찰했다고 한다면 소비자가 '립스틱'이라는 키워드로 검색해서 내가 광고하는 상품을 한 번 클릭하면 최대 1,500원의 광고 비용을 지불하는 구조입니다.

쿠팡에서는 기본적으로 판매자가 설정한 목표 광고 수익률을 바탕으로 쿠팡의 알고리즘에 의해 키워드와 CPC 입찰가가 자동으로 운영되고 있습니다. 하지만 직접 운영을 원하는 광고주들을 위해 키워드와 CPC 입찰가를 수동으로 입력할 수도 있습니다.

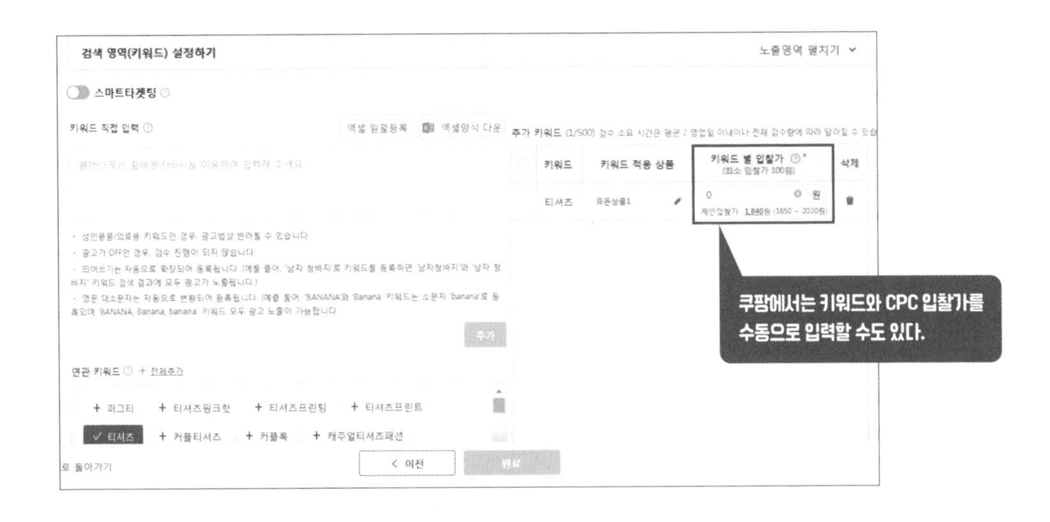

304쪽에서 실제 광고 세팅 방법을 보면 좀 더 쉽게 이해할 수 있겠지만, 온라인에서 많이 사용하는 'CPC'와 '키워드별 입찰가(=CPC)'라는 단어는 기억해 두는 것이 좋습니다.

수익률과 연동한 목표 광고 수익률(목표 ROAS) 계산하기

다음의 조건으로 광고를 진행하여 판매하려고 할 때 손해를 보지 않으려면 목표 광고 수익률(목표 ROAS)은 얼마가 되어야 할까요?

- **제품 판매가**: 20,000원(택배비 포함)
- **제품 매입가**: 5,000원
- **쿠팡 수수료**: 10%로 가정

→ **정답**: 최소 200%

왜 이렇게 결괏값이 나왔는지 계산해 보겠습니다.
2만 원짜리 제품 1개를 판매하면 임대료 및 인건비 등 고정비를 제외하고 대략 1만 원의 수익이 창출됩니다.

20,000원(제품 판매가)-5,000원(제품 매입가)-3,000원(택배비)-2,000원(쿠팡 수수료)=10,000원

결과적으로 상품 1개를 판매할 때 광고비를 1만 원 이하로 쓰면 수익이 나고 1만 원 이상으로 쓰면 손실이 나게 됩니다. 그래서 제품 1개 판매당 1만 원의 광고비를 사용했다면 광고 수익률(ROAS)은 200%가 됩니다.

$$\frac{20{,}000\text{원}}{10{,}000\text{원}} \times 100\% = 200\%$$

반면 제품 1개 판매당 5,000원의 광고비를 사용했다면 광고 수익률(ROAS)은 400%가 됩니다.

$$\frac{20{,}000\text{원}}{5{,}000\text{원}} \times 100\% = 400\%$$

따라서 광고 수익률(ROAS)이 200%이면 수익은 0원이고 400%이면 1개당 5,000원의 수익이 발생합니다. 결론적으로 광고 수익률(ROAS)이 200% 미만이면 손실이 발생하고 200% 이상이면 수익이 발생하는 것입니다.

30 실전! 쿠팡 광고 진행하기

AI가 알아서 해 주는 쿠팡 광고, 심플한 게 장점!

쿠팡의 광고는 단순합니다. 스마트스토어, 오픈마켓(G마켓, 옥션, 11번가)처럼 어느 위치에 얼마의 비용을 들여서 광고해야 성과가 나오는지 생각하지 않아도 됩니다. 쿠팡의 알고리즘이 판매자가 설정한 목표 광고 수익률에 맞추어서 키워드 선정부터 입찰가 관리, 광고 노출 지면에 이르기까지 알아서 해 주기 때문입니다. 그래서 쿠팡의 광고는 상위 노출뿐만 아니라 광고 소재에 신경 쓰지 않아도, 효율성이 얼마나 될지 생각하지 않아도 됩니다. 그냥 하루에 얼마 정도의 광고비를 쓸지, 어떤 상품을 광고할지, 광고 대비 매출이 얼마나 나왔으면 좋겠는지 목표 광고 수익률 **ROAS** 만 세팅하면 끝입니다.

물론 쿠팡 광고에 장점만 있는 것은 아닙니다. 스마트스토어처럼 정교하게 광고를 세팅할 수 없기 때문입니다. 하지만 다른 플랫폼에 비해 광고 진행이 쉽고 효율성도 좋은 편이어서 쿠팡에서 어떻게 광고하는지 한 번쯤 익혀두면 어렵지 않게 실행할 수 있습니다.

광고를 하려면 캠페인 이름부터 정하는 게 순서!
씨젠 자궁경부암 캠페인 vs 쿠팡 선풍기 캠페인 사례

쿠팡뿐만 아니라 네이버에서 광고를 진행하려고 해도 제일 먼저 캠페인을 설정하라고 나옵니다. 캠페인을 설정하려면 캠페인명부터 입력해야 하는데, '캠페인'이 무엇을 의미하는지 모르다 보니 어떻게 설정해야 하는지 모르는 판매자가 많습니다. 캠페인은 '광고 목표를 달성하기 위해 일정 기간 계속 실시하는 일련의 광고 활동'을 말합니다.

쉽게 이해할 수 있게 오프라인 캠페인 사례를 설명하겠습니다.

씨젠 Seegene 이라는 회사는 '자궁경부암, 소중한 가족을 위해 HPV DNA 검사하세요!'라는 TV 광고를 통해 뉴욕페스티벌 광고제에서 해외특별상을 받았습니다. 씨젠은 소화기, 여성 질환, 호흡기, 결핵, 뇌수막염, 인유두종 바이러스 등 수십 가지 시약을 만드는 회사입니다. 이런 여러 가지 제품을 만드는 회사에서 소비자들을 대상으로 자궁경부암 검사를 하라는 광고를 하게 됩니다. 목적은 자궁경부암 진단 시약 판매량을 늘리기 위해서였습니다. 이 경우 씨젠 회사에서는 다음과 같이 캠페인 내용을 정리하게 됩니다.

- **캠페인명**: 자궁경부암
- **캠페인 기간**: 2014년 5월~2014년 6월
- **캠페인 목적**: 자궁경부암 시약 판매 증대
- **캠페인 메시지**: '자궁경부암, 소중한 가족을 위해 HPV DNA 검사하세요!'
- **캠페인 진행 매체 및 예산**: TV(5억 원), 온라인(2억 원), 잡지(1억 원)

오프라인 캠페인 사례에서 이야기한 것과 비슷한 방법으로 쿠팡에서 캠페인을 설정해 보겠습니다. 다음의 경우 캠페인명은 어떻게 정하면 될까요?

만약 내가 판매하는 상품이 TV, 선풍기, 냉장고이고
판매 방식은 상품에 따라 마켓플레이스 방식, 로켓그로스 방식, 로켓배송으로 판매하고 있습니다.
그중에서 마켓플레이스 방식으로 판매하고 있는 선풍기를 광고하려고 합니다.
이 선풍기의 손익분기점은 ROAS를 기준으로 200%가 됩니다.

캠페인명은 오프라인 캠페인의 사례처럼 '선풍기'로 할 수 있지만, 광고 관리의 효율성을 생각해서 저는 이렇게 설정하겠습니다.

판매 상품명 + 판매 방식 + 목표 광고 수익률

이런 방식으로 캠페인명을 설정하면 '선풍기_마켓플레이스_200%'가 됩니다.

캠페인 이름을 잘 설정하면 광고 관리 시간이 줄어든다

캠페인명을 '선풍기_마켓플레이스_200%'로 설정하는 이유는, 광고 운영 페이지의 요약 화면 하나만 보아도 판매 제품이 무엇인지, 어떤 방식으로 판매하는 상품인지, ROAS가 200% 이하가 되면 판매되어도 손해인데 실제 광고를 집행했더니 ROAS 200% 이상이 나오는지를 확인하고 그렇지 않다면 광고를 중단하거나 효율성을 개선하기 위해 어떤 일을 해야 할지 금방 판단할 수 있기 때문입니다.

쿠팡윙에서 '광고 관리' → '광고 운영'을 선택하면 캠페인명과 광고 수익률을 볼 수 있습니다. 캠페인명 '선풍기_마켓플레이스_200%'를 통해 선풍기를 마켓플레이스에서 판매하고 있고 목표 광고 수익률은 200%라는 것을 알 수 있습니다. 그리고 광고 수익률이 약 475%인 것을 보면 광고를 해도 손해 보지 않고 잘 판매하고 있다고 판단할 수 있을 것입니다. 이와 같이 캠페인명만 가지고 손쉽게 광고를 관리하기 위해 '판매 상품명+목표 광고 수익률'로 캠페인명을 설정하면 광고 관리 시간을 줄일 수 있습니다.

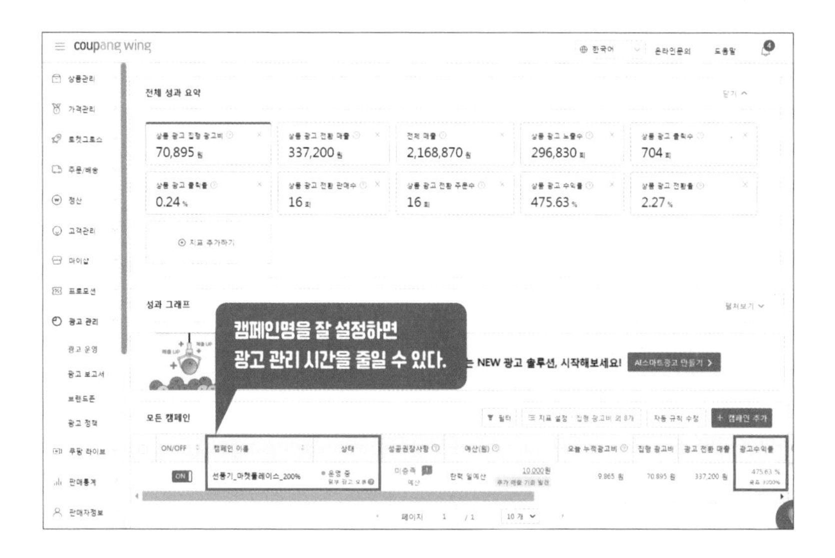

목표 광고 수익률(목표 ROAS) 설정에 따라 노출되는 위치가 달라진다

이때 목표 광고 수익률과 실제 광고 수익률은 다를 수 있다는 것에 주의해야 합니다.

목표 광고 수익률을 500%로 설정했는데 실제 광고 수익률은 300%일 수도 있고, 목표 광고 수익률을 300%로 설정했는데 실제 광고 수익률은 400%일 수도 있습니다.

왜 그럴까요?

쿠팡의 광고는 AI가 다 알아서 합니다. '알고리즘으로 운영된다'고 하지만, AI 또는 알고리즘이 실제로 소비자가 해당 광고를 보고 구매할지, 안 할지는 정확히 알 수 없을 것입니다.

상품을 구매할 때는 해당 상품이 소비자의 니즈needs에 맞는 상품인지, 가격은 적절한지, 상세 페이지는 제대로 구성되어 있는지 등 많은 요소에 의해 결정되기 때문입니다. 또한 지금 막 광고 등록한 상품을 쿠팡의 AI가 학습하는 데 걸리는 시간도 있고(최소 7~14일) 학습이 되었어도 경쟁사의 상황 등이 바뀔 수 있으므로 목표 광고 수익률과 실제 광고 수익률이 달라질 수 있습니다. 그래서 목표 광고 수익률은 키워드의 CPC Cost Per Click 입찰가를 결정하는 요소가 된다고 생각하는 것이 좋습니다. 상품별 경쟁 정도별 차이는 있지만, 목표 광고 수익률이 350% 정도 되면 1~2페이지 안에서 노출되고 1,000%쯤 된다면 리스팅 순서가 많이 밀린다고 생각하면 편할 것입니다.

이제까지의 설명을 간략하게 정리해 보겠습니다.

특정 상품을 목표 광고 수익률 1,000%(이하 A)와 200%(이하 B)로 설정하게 되면 A는 검색할 때 상위에서는 잘 보이지 않지만, B는 검색 결과 화면의 상위에서 쉽게 보입니다. 광고비 측면에서 보면 B의 경우 CPC 금액 높아지다 보니 하루에 똑같은 광고비를 사용할 경우 광고를 시작한지 얼마 지나지 않아 광고비가 소진될 수 있습니다. 반면 A의 경우 상위 노출이 잘 안되어 CPC 금액이 높지 않다 보니 광고비 소진이 오래 걸릴 수도 있습니다.

	목표 광고 수익률이 높은 경우 (예: 1,000%)	목표 광고 수익률이 낮은 경우 (예: 200%)
상위 노출	어렵다.	쉽다.
CPC	낮아진다.	높아진다.
광고비	많아진다.	적어진다.
광고비 소진	광고비가 잘 소진되지 않을 수 있다.	광고 시작 후 불과 몇 시간 만에 광고 예산 부족으로 광고가 끝날 수 있다.

그래서 처음에는 목표 광고 수익률을 200~500% 정도로 설정하고 2주 정도 실적을 지켜본 후(AI가 학습된 후)에 목표 광고 수익률을 높일지, 낮출지를 생각해 보는 것이 필요합니다.

광고 수익률(ROAS)이 높은 것이 꼭 좋을까?

광고비를 10만 원 써서 광고 매출 100만 원을 만들었다면 광고 수익률 **ROAS**은 1,000%가 됩니다. 반면 광고비 80만 원 써서 광고 매출 400만 원을 만들었다면 광고 수익률은 500%가 됩니다. 하지만 광고 이익적인 측면에서 보면 광고 수익률 500%인 경우가 광고 이익이 더 많습니다(303쪽 도표 참조). 물론 원가를 포함해서 모든 부분을 고려해야 하지만, ROAS에만 집중하면 전체적인 수익이 떨어질 수 있습니다. 그러므로 공격적으로 광고를 진행할지, 안정적인 수익에 집중해서 광고를 진행할지 잘 생각해야 합니다.

| 광고 매출 대비 광고 수익률(ROAS) 비교 |

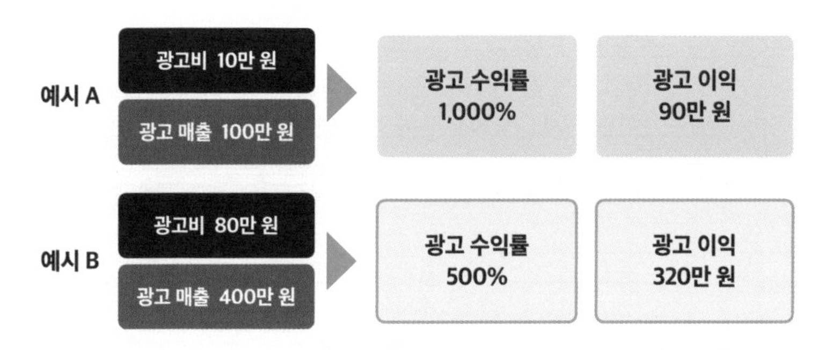

나도 쿠팡 고수

매출 최적화 광고 세팅하기
ft. 특정 상품만 광고

이번에는 내가 등록한 상품을 모두 광고하는 것이 아니라 광고해야 한다고 생각하는 상품만 광고하는 방법을 소개하겠습니다. 실제로 쿠팡의 광고 세팅 방법을 따라 해 보면서 익혀보세요.

❶ 쿠팡윙에서 '광고 관리' → '광고 운영'을 선택하고 [캠페인 추가]를 클릭합니다.

❷ '광고의 목표가 무엇인가요?'에서 '매출 성장'을 선택합니다. 광고 목표를 살펴보면 매출 성장 외에 브랜드 인지도를 높이는 광고가 있지만 잘 사용하지는 않습니다. 쿠팡이라는 매체의 특성상 브랜드 인지도 제고보다는 판매에 중점을 둘 수밖에 없기 때문입니다.

❸ 내 광고가 어디에 노출되는지 나오는 설명을 볼 수 있습니다. 검색 결과 페이지, 상품 상세 페이지, 장바구니 페이지, 쿠팡 홈 화면 등에 광고가 노출된다고 쓰여 있습니다. 이것은 쿠팡 광고가 노출될 수 있는 모든 영역에 노출된다는 의미입니다.

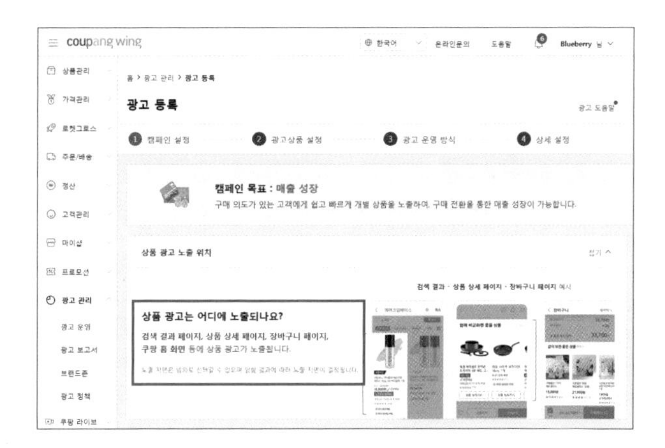

❹ '캠페인 설정' 화면에서 캠페인 이름, 일 예산, 예산 규칙, 기간 등을 설정합니다.

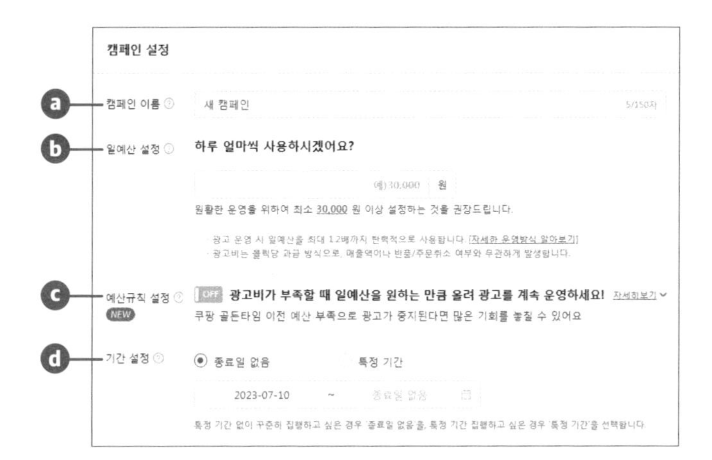

ⓐ 캠페인 이름

캠페인 이름은 아무렇게나 설정해도 광고를 진행하는 데 상관이 없습니다. 숫자 '1'이나 의미 없는 '가나다'로 설정해도 상관없습니다. 단지 캠페인 이름을 아무렇게나 지정하면 광고 관리가 어려워질 수 있으므로 299쪽에서 말한 방법으로 설정하는 것이 좋습니다.

ⓑ 일예산 설정

쿠팡은 하루에 얼마를 광고비를 쓸지 판매자가 설정하게 되어 있습니다. '일예산 설정'에는 최소 1만 원 이상을 설정해야 하지만, 쿠팡에서는 하루 3만 원 이상 광고비 설정을 권장합니다. 저의 경우 처음 광고를 시작할 때 공격적으로 광고할 때는 하루 3~5만 원 정도로, 보수적으로 광고한다고 생각할 때는 1만 원으로 설정합니다. 그리고 1~2주 정도 상황을 살펴보면서 목표 광고 수익률과 광고비를 조정합니다.

ⓒ 예산규칙 설정

'예산규칙 설정'은 일 예산이 부족하여 광고가 일찍 끝나는 경우 추가로 광고비를 더 쓸지를 설정하는 부분입니다. 예산 규칙이 필요하면 설정하고 추가 광고비를 지불하지 않았으면 설정하지 않아도 됩니다.

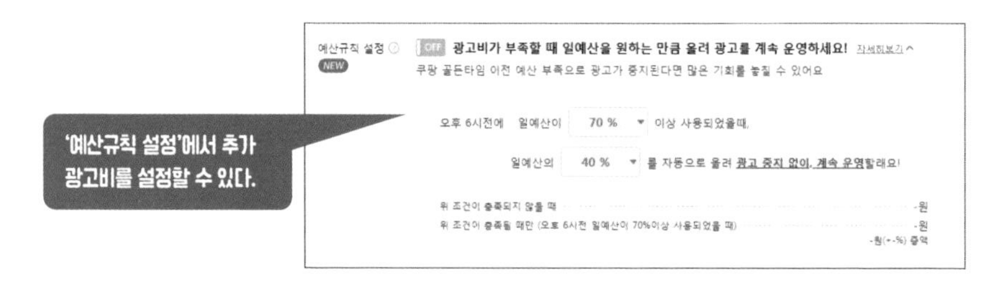

ⓓ 기간 설정

1년 내내 계속 팔리는 상품이라면 '기간 설정'에서 '종료일 없음'을 선택합니다. 하지만 선풍기의 경우 계절성 상품이므로 광고 종료일을 설정하는 것이 좋습니다. 그렇지 않으면 판매 시기가 지났는데도 광고비가 계속 나갈 수 있기 때문입니다.

❺ 광고 상품 설정하기

광고 상품은 각 항목에 맞게 설정할 수 있습니다.

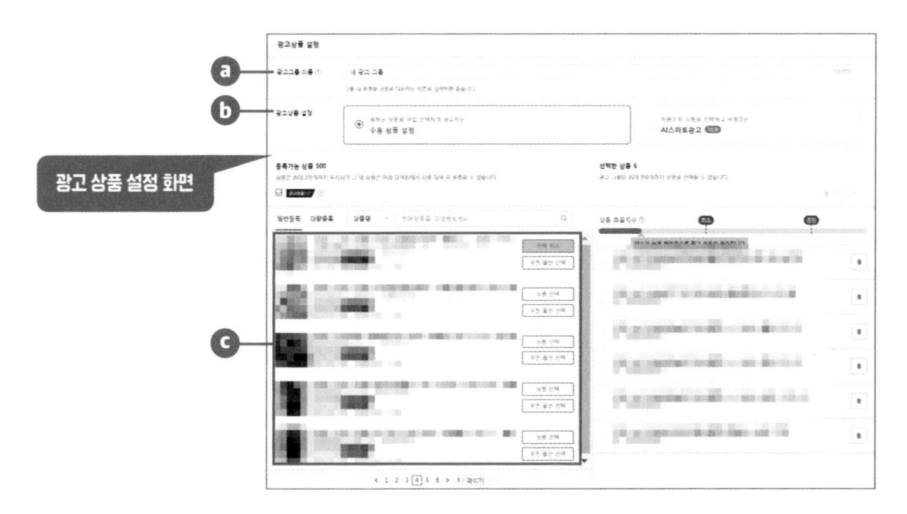

ⓐ 광고그룹 이름

'광고그룹 이름'에서는 캠페인 이름과 동일하게 광고 그룹 이름을 설정합니다. 299쪽에서 살펴보았듯이 '판매 상품명+판매 방식+목표 광고 수익률'로 설정하면 됩니다.

ⓑ 광고상품 설정

'광고상품 설정'에는 '수동 상품 설정'과 'AI스마트광고' 항목이 있습니다. (304쪽 ❷ 과정의 화면에서 'AI스마트광고'를 선택하는 것과 같은 광고입니다.) 우리는 특정 상품만 광고할 예정이므로 '수동 상품 설정'을 선택합니다.

- 수동 상품 설정: 내가 등록한 상품 중에서 어떤 상품을 광고할 것인지 선택 가능
- AI스마트광고: 내가 등록한 모든 상품의 광고 가능

ⓒ 광고할 상품 찾기

'등록가능 상품'에서 판매할 상품을 선택해 줍니다. 찾기 어려우면 상품명, 노출 상품 ID, 옵션 ID 등을 통해 찾을 수 있습니다.

구매 전환율이 높은 상품을 알려주는 '광고효율UP' 마크(광고효율UP)

'광고효율UP' 마크(광고효율UP)는 쿠팡의 알고리즘에 의해 내가 판매하는 상품 중 구매 전환율이 높을 것으로 판단되는 상품을 알려주는 마크입니다. 쉽게 이야기하면 '광고효율UP' 마크가 붙어있으면 구매 전환율이 높으니 이런 상품을 위주로 광고하면 성과가 나온다고 쿠팡에서 가이드를 해 준 것입니다. 그래서 '광고효율UP' 마크가 있는 상품만 가지고 광고를 진행하는 판매자도 많습니다. 쿠팡에서는 리뷰와 최근 판매량, 제품의 가격적 요소 등을 종합적으로 판단하여 '광고효율UP' 마크를 생성합니다.

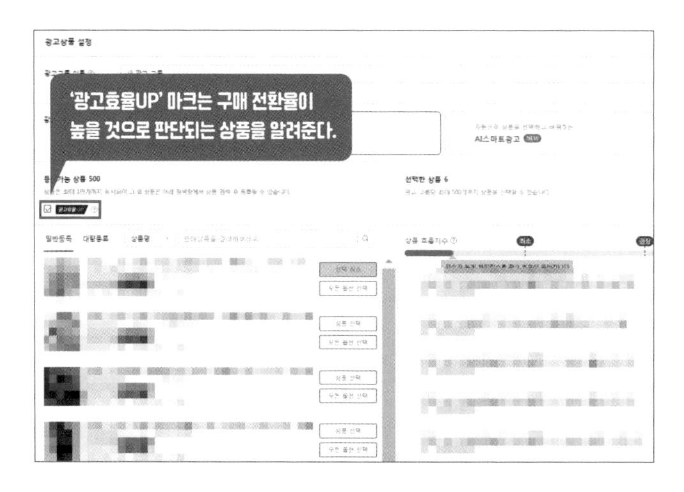

299쪽에서 캠페인명을 만들 때 판매하는 상품을 기준으로
'판매 상품명+판매 방식+목표 광고 수익률(목표 ROAS)' 형식으로 생성한다고 했는데,
'광고효율UP' 상품만 가지고 캠페인을 생성할 경우에는
'광고 효율UP_마켓플레이스_300%'와 같이 생성할 수도 있습니다.

❻ 광고 운영 방식 선택하기

이제 광고 운영 방식을 선택할 차례입니다. 판매자가 직접 키워드를 추가하고 CPC도 입력하려면 '직접입력'을, 쿠팡의 알고리즘이 알아서 키워드를 선정하고 CPC도 조절하는 것을 원하면 '자동운영'을 선택합니다. 그런데 기본적으로는 '자동운영' 선택을 권장합니다. '직접입력'은 오픈마켓이나 스마트스토어에서 오랫동안 광고를 집행해 본 경험이 있거나 쿠팡의 광고를 오랫동안 운영해 봐서 어떻게 세팅해야 효율성이 높아질지 정확하게 판단이 설 때 하는 것이 좋습니다. 무작정 직접 입력하게 되면 자동 운영보다 효율성이 떨어지는 경우가 많기 때문입니다.

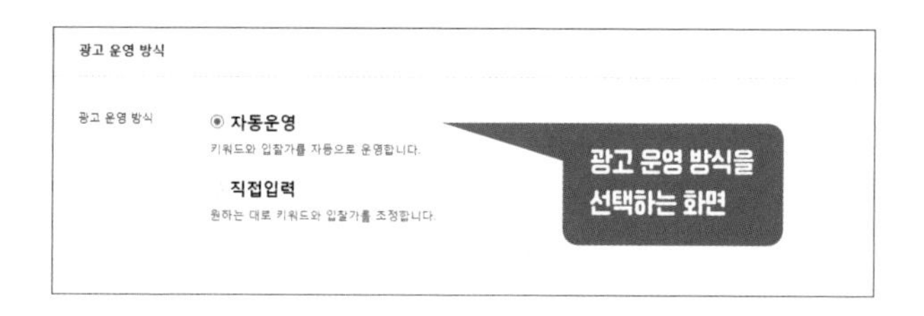

❼ 목표 광고 수익률 설정하기

'광고 운영 방식'에서 '자동운영'을 선택했으면 목표 광고 수익률을 설정해야 합니다. 쿠팡은 350% 설정을 권장한다는 의미로 입력 상자에 '350%'가 흐리게 쓰여져 있습니다. 하지만 판매 가격, 제품 원가, 쿠팡 수수료 등을 고려해서 목표 ROAS를 얼마로 설정할지 결정하면 됩니다.

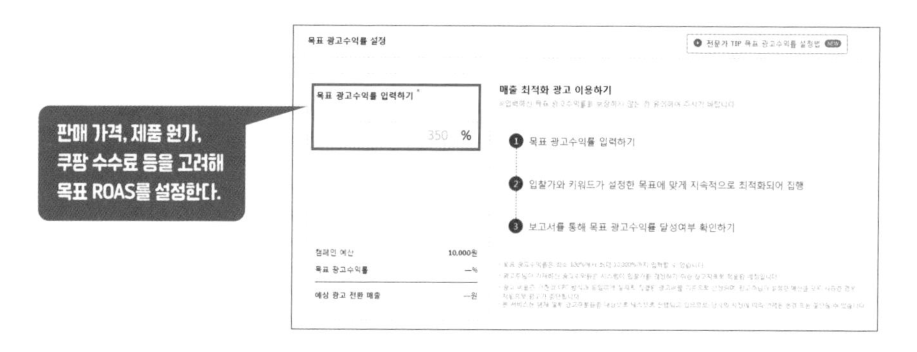

❽ 남은 항목 설정하기

이제까지 문제없이 설정했으면 남은 항목까지 잘 설정하여 매출 최적화 광고 세팅을 마무리합니다.

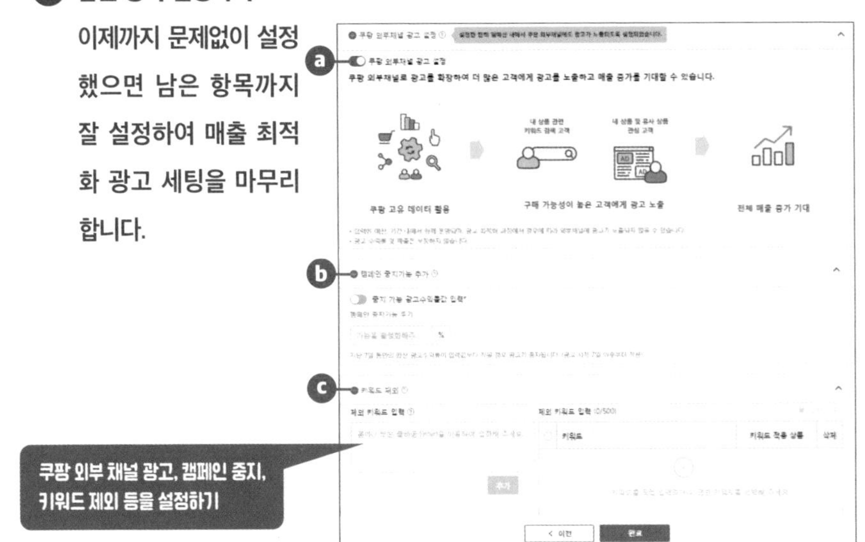

ⓐ 쿠팡 외부채널 광고 설정

'쿠팡 외부채널 광고 설정'은 쿠팡의 자체 데이터를 이용해 구매 가능성이 높은 고객에게 광고를 노출하는 것을 말합니다. 광고 예산이 많으면 이 부분도 설정하면 좋지만, 그렇지 않다면 꺼두는 것이 좋습니다.

ⓑ 캠페인 중지기능 추가

'캠페인 중지기능 추가'는 광고 수익률(ROAS)이 일정 수준 이하가 되면 광고를 중단할 수 있는 기능으로, 필요한 경우에는 설정하면 됩니다.

ⓒ 키워드 제외

'키워드 제외'는 처음 광고를 세팅할 때는 필요 없는 기능입니다. 하지만 한동안 광고를 운영해 보고 광고비는 많이 들어가지만 실제 전환되지 않는 키워드가 있다면 추후 등록해서 광고비를 효율적으로 쓰는 데 필요합니다.

광고 수익률(ROAS) 대신 CPC 기반으로 광고를 진행하고 싶다면?

309쪽에서 광고 운영 방식을 선택할 때 '자동운영' 선택을 권장한다고 설명했습니다. 어떻게 광고를 설정해야 효율성이 높아지는지를 정확하게 알지 못하는 상태에서 '직접입력'을 선택하게 되면 자동 운영보다 효율성이 떨어지는 경우가 많기 때문입니다. 하지만 네이버 광고나 오픈마켓 광고에 익숙하다면 '광고 운영 방식'에서 '직접입력'을 선택하여 CPC(클릭당 단가)를 기반으로 광고를 세팅할 수 있습니다.

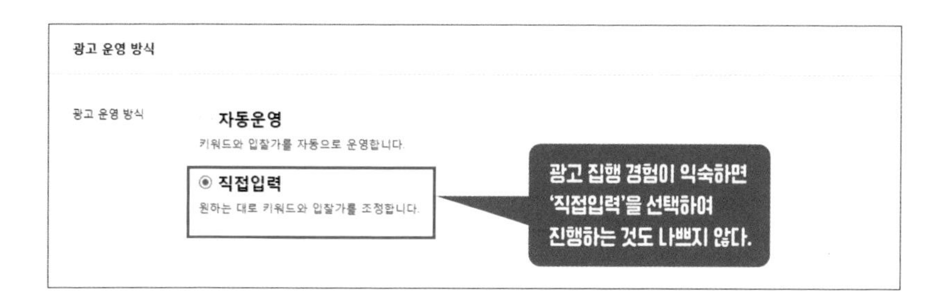

또한 '직접입력'을 선택하면 스마트타겟팅 입찰가로 광고를 진행할 수 있습니다. 스마트타겟팅에서 키워드의 선정은 기본적으로 쿠팡의 AI가 담당하고 입찰가의 기준은 CPC가 됩니다. CPC는 쿠팡이 권장하는 제안 입찰가를 확인한 후 설정하면 됩니다. 이 경우 쿠팡이 제시한 제안 입찰가보다 높게 설정하면 상위 노출이 쉬워지고, 낮게 설정하면 리스팅 순서는 뒤로 밀리게 되어 있습니다.

상세 설정 : 직접입력

검색 영역(키워드) 설정하기

스마트타겟팅

스마트 타겟팅 입찰가 *

입찰가를 입력해주세요

제안입찰가: 490원 (최소 100원)

키워드 제외

키워드 추가 NEW

키워드 직접 입력　엑셀 일괄등록　엑셀양식 다운　추가 키워드 (0/500)

키워드　키워드 적용 상품

스마트타겟팅에서는 CPC를 기준으로 키워드를 선정한다.

특정 키워드만 광고하고 싶다면?

특정 키워드만 광고하고 싶다면 스마트타겟팅을 끄고 키워드를 설정해야 합니다. '잠옷'이라는 키워드를 입력했더니 쿠팡의 제안 입찰가가 5,170원(4,650~5,690원)이 나오는 것을 볼 수 있습니다. 쿠팡에서 제안한 입찰가로 설정하면 상위 노출이 쉽지만, 낮은 입찰가로 설정하면 노출이 어려워집니다.

생각보다 특정 키워드만 진행하니 CPC가 아주 높아지는 것을 볼 수 있습니다. 물론 '잠옷' 키워드는 선호도가 아주 높고 검색 횟수가 많아서 CPC가 높게 책정되어 있습니다. 이 경우 세부 키워드를 이용해 CPC를 낮출 수 있지만, 자동 운영으로 진행하는 것과 큰 차이가 없습니다. 그렇기 때문에 특정 키워드에서만 광고하는 것은, CPC 광고에 아주 익숙하거나 특정 목적이 있는 경우에만 진행하는 것이 좋습니다.

온라인 매출을 결정하는 요소 3가지

"온라인에서 판매를 잘하려면 어떻게 해야 할까요?"

"현재 판매하고 있는 제품의 매출을 높이려면 어떻게 해야 할까요?"

"현재 진행하고 있는 광고의 효율을 높이려면 어떻게 해야 할까요?"

"현재 판매하고 있는 상품의 구매 전환율을 높이려면 어떻게 해야 할까요?"

실제 상품을 판매하는 판매자들에게 이런 질문을 하면 다양한 답변이 나옵니다. 온라인에서 상품을 잘 판매하려면 광고가 중요하다고 하는 분도 있고, 아이템이 중요하다고 하는 분도 있으며, 상세 페이지가 중요하다고 하는 분도 있습니다.

너무 광범위한 질문일 수 있어서 현재 판매하고 있는 제품의 매출을 높이려면 어떻게 해야 할지 좀 더 구체적으로 물어보면 마찬가지로 마케팅 활동을 해야 한다, 광고를 해야 한다 등등 수많은 답변을 합니다. 모두 맞는 말입니다. 하지만 온라인의 매출은 단 한 가지 요소로 결정되는 것이 아니라 여러 가지 요소가 결합되어 결정되는 것이므로 이들 다양한 요소를 정확하게 아는 것이 중요합니다. 그렇지 않으면 한쪽 측면에만 치중되어 실질적으로 매출을 높이는 데 한계가 있을 수밖에 없기 때문입니다.

매출 결정 요소 1 유입(=방문자)

아무리 좋은 상품이 많은 매장이어도 방문자가 없다면 상품을 판매할 수 없습니다. 그래서 매출을 높이려면 방문자 수를 늘리는 것이 기본입니다. 오프라인에서 장사할 경우에는 영업을 시작하기 전부터 상권이 어떤지, 유동 인구와 상주 인구가 얼마나 되는지 등을 파악해서 시작하는 경우를 많이 볼 수 있습니다. 온라인도 마찬가지입니다. 아무리 좋은 상품이라고 해도 방문자의 유입이 없다면 상품을 판매할 수 없으므로 유입을 늘리는 것은 중요할 수밖에 없습니다. 방문자의 유입은 SNS를 이용해서 늘릴 수도 있고 유튜브를 통해 늘릴 수도 있습니다. 하지만 이런 방법은 많은 시간과 노력이 필요할 수 있기 때문에 광고와 상위 노출을 통해 방문자의 유입을 늘리는 방법을 생각해 보아야 할 것입니다.

쿠팡에서 광고를 진행하는 경우 쿠팡윙에서 방문자의 유입에 대한 기본적인 데이터를 볼 수 있습니다. (쿠팡윙의 '광고 관리' → '광고 보고서'에서 좀 더 자세한 데이터를 볼 수 있습니다.) 이 데이터를 살펴보면 광고 노출 수, 클릭 수(=광고 유입 수), 클릭률을 확인할 수 있습니다. 만약 방문자의 유입이 많지 않다고 생각하면 292쪽에서 설명한 ROAS, CPC, 하루 광고 비용, 대표 이미지를 수정해서 유입을 늘릴 수 있을 것입니다.

쿠팡윙에서 방문자의 유입 정보 확인하기

광고를 해도 방문자의 유입이 적을 때의 체크 사항

광고를 했는데도 방문자가 많이 유입되지 않는다면 다음 사항을 체크하여 개선 방법을 찾아야 합니다.

① **적절한 목표 광고 수익률**: 목표 광고 수익률이 너무 높으면 방문자의 유입이 줄어들기 때문에 목표 광고 수익률을 적절하게 조정해야 합니다.

② **적절한 CPC**: 클릭당 단가(CPC)가 너무 낮으면 방문자가 잘 유입되지 않으므로 CPC를 적절하게 조정해야 합니다.

③ **적절한 광고 비용**: 하루 광고 비용이 너무 적으면 방문자가 많이 유입되기 어려우므로 광고비를 적절하게 지출해야 합니다.

④ **매력 있는 대표 이미지**: 방문자가 클릭하고 싶은 대표 이미지를 만들었는지 확인해야 합니다.

매출 결정 요소 2 구매 전환율

구매 전환율은 방문자(=유입) 대비 구매자 비율을 의미합니다. 오프라인의 사례를 본다면 똑같은 화장품 판매 매장이라고 해도 어떤 매장은 100명이 방문해서 그중 10명이 구매하지만, 어떤 매장은 100명이 방문해서 5명만 구매합니다. 이 경우 유입된 방문자 수가 같다고 해도 매출은 크게 차이가 날 수밖에 없습니다. 이것은 온라인에서도 마찬가지입니다. 기껏 클릭해서 내가 판매하는 상품을 보기는 했는데(유입이 발생했는데) 결국 구매하지 않는다면 매출은 잘 나오기 어렵습니다. 그러므로 어떻게 하면 방문자들이 더 많이 구매하도록 유도할지, 즉 구매 전환율을 높일지 생각해 보는 것이 중요합니다.

유입이 늘었는데도 판매량(구매 전환율)이 늘어나지 않는다면 원인을 찾아서 해결하는 것이 매우 중요합니다. 판매량이 늘지 않는 이유는 일반적으로 다음 영향 때문일 가능성이 높습니다.

1 | 소비자의 니즈에 맞지 않는 상품

아무리 광고를 잘해도 유행이 지난 상품은 많이 판매할 수 없습니다. 또한 너무 독특한 제품도 쉽게 판매되지 않을 수 있습니다. 이 밖에도 소비자가 원하는 상품이 아니라 판매자가 좋아하는 상품만 고집하는 경우에는 방문자의 유입이 발생해도 구매 전환이 잘 안될 수 있습니다.

2 | 소비자를 잘 설득하지 못하는 상세 페이지

285쪽에서 대나무 도마의 사례를 통해 이야기했듯이 소비자는 상세 페이지를 보고 해당 상품이 본인이 사려고 하는 제품인지를 확인합니다. 그런데 소비자를 잘 설득하지 못하는 상세 페이지라면 구매 전환율이 낮아질 수밖에 없습니다.

3 | 제품과 상관없는 키워드로 유입 증가

판매하는 제품은 롱원피스인데 미니스커트로 유입되었다면 구매로 전환하기가 쉽지 않을 것입니다. 이 경우 구매로 전환되기 어려운 키워드를 제거하는 것이 아주 중요합니다. 이렇게 필요 없는 키워드만 제거해도 광고 효율성이 좋아지기 때문입니다.

다음은 쿠팡 광고에서 필요 없는 키워드를 제거하는 과정입니다.

❶ 쿠팡윙에서 '광고 관리' → '광고 보고서'를 선택하고 광고 보고서를 다운로드합니다.

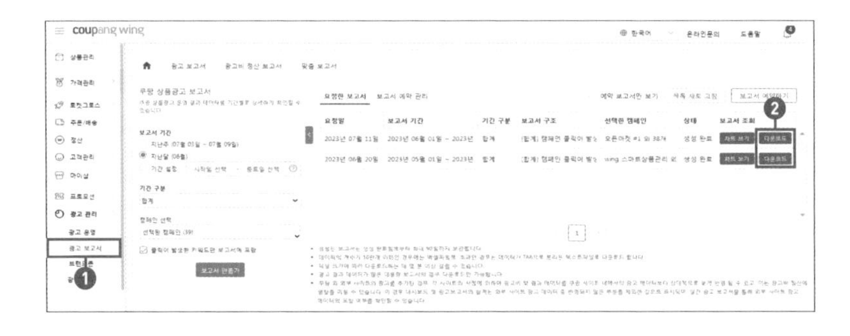

❷ 다운로드한 엑셀 파일을 살펴보면 '여성롱티' 키워드의 경우 클릭은 319회 발생했고 광고비는 32,183원을 썼지만, 실제로는 구매로 전혀

연결되지 않았습니다. 이 경우 키워드 '여성롱티'만 제거해도 광고 효율성이 크게 올라갈 것입니다.

키워드	노출수	클릭수	광고비	총 전환매출액(
여성롱티	151046	319	32,183	-
여성 박스티 반팔	64979	279	28,101	84,000
여성 오버핏 반팔티	205607	249	25,223	19,800
네온 원피스	53899	220	22,129	24,800
박스티	52775	184	18,506	39,600

매출이 전혀 발생하지 않은 키워드

4 | 악성 상품평

100개의 좋은 상품평을 무력화하는 것이 바로 악성 상품평입니다. 다행히 쿠팡에서는 베스트순을 기본으로 해서 상품평이 표시되기 때문에 악성 상품평이 한두 개 나와도 큰 문제는 없습니다. 별점이 안 좋은 상품평을 보려고 해도 별점 낮은 순으로는 볼 수 없고 최신순으로만 볼 수 있기 때문입니다. (최신순에 안 좋은 상품평이 있어도 시간이 조금 지나면 다른 상품평에 의해 아래쪽으로 밀리게 되어 자연스럽게 해결됩니다.) 하지만 진상 고객이어서가 아니라 제품에 문제가 있어서 악성 상품평이 달린 것이라면 문제가 됩니다. 이런 경우 제품을 개선하는 것이 판매를 늘리는 가장 좋은 방법이 될 것입니다.

매출 결정 요소 3 객단가

객단가는 상거래에서 고객 1인당 평균 구매 금액을 말합니다. 1인당 구매 금액이 클수록 매출이 높아지는 것은 당연합니다. 그래서 일반적인 쇼핑몰의 경우에는 어떤 상품을 구매할 때 다른 상품을 같이 구매하도록 독려하는 전략을 쓰기도 합니다.

다음은 쓱닷컴 shinsegaemall.ssg.com 의 '함께 주문하면 좋은 상품'과 쿠팡의 '자주 산 상품 함께 담기' 화면입니다. 한 번 주문할 때 이왕이면 더 많은 상품을 구매하게 하기 위한 전략 중 하나입니다.

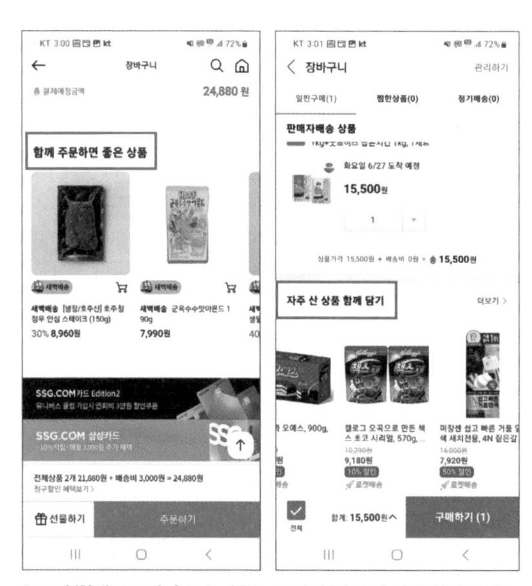

SSG의 '함께 주문하면 좋은 상품' 쿠팡의 '자주 산 상품 함께 담기'

하지만 이런 사례는 마켓플레이스에 입점해서 판매하는 업체들이 할 수 있는 방법이 아닙니다. 그렇다면 쿠팡에 입점해서 판매하고 있는 판매자라면 어떤 방식으로 객단가를 높일 수 있을까요?

상품군에 따라, 판매자의 상황에 따라 다를 수 있지만, 일반적으로 상품을 1+1과 같이 구성해서 객단가를 높이는 전략을 쓸 수 있습니다. 특히 이 방법은 쿠팡에서 많이 사용하기 때문에 꼭 기억해야 합니다.

쿠팡에서 많이 사용하는 1+1 판매 방식

정리해 보면 온라인 매출은 '유입'과 '구매 전환율', 그리고 '객단가', 이렇게 3가지 요소로 설명할 수 있습니다. 이들 3가지 요소에 집중하여 무엇이 부족한지, 어떻게 하면 각각의 요소를 증대할 수 있는지 생각해 보세요. 그러면 누구나 어렵지 않게 성공할 수 있을 것입니다.

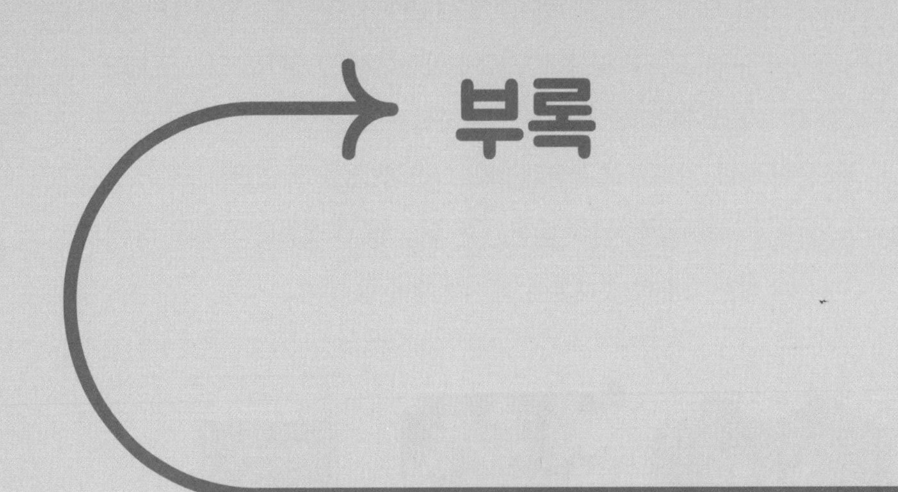

부록

아이템 선정의 기술 6가지

coupang

아이템 TIP 1 오프라인 사업장을 가지고 있다면?

아이템 TIP 2 소비자의 눈으로 아이템을 보자

아이템 TIP 3 온라인에서는 어떤 상품을 팔아야 할까?

아이템 TIP 4 초보 판매자가 절대 팔면 안 되는 아이템 4가지

아이템 TIP 5 B2B 사이트를 이용해 판매하기(+알리바바)

아이템 TIP 6 주력 판매 아이템을 선정하기 전 필수 점검 사항

아이템 TIP 1

오프라인 사업장을 가지고 있다면?

오프라인에서 온라인 판매 아이템을 찾자

온라인 판매를 준비하는 분들이 저에게 가장 많이 물어보는 질문 중 하나는 바로 이것입니다.

"어떤 아이템을 하는 것이 좋을까요?"

자, 그렇다면 과연 어떤 아이템을 선택해야 할까요?

현재 오프라인에서 사업체를 갖고 있다면 지금 하는 상품을 중심으로 온라인 판매를 준비하라고 이야기해 줍니다. 벌써 오프라인에서 판매하는 상품을 온라인에 판매할 경우에는 상세 페이지만 잘 만들고 마케팅에만 신경을 쓰면 준비할 것이 별로 없기 때문입니다. 하지만 이렇게 이야기해도 본인이 지금 오프라인에서 판매하는 상품은 쉽지 않을 것이라고 이야기하는 경우가 많습니다. 이전에는 괜찮았는지 모르겠지만, 지금은 잘 팔리지 않는 상품이라고 이야기하는 경우입니다. 물론 그럴 수도 있습니다. 하지만 많은 경우가 그렇지 않더군요.

한 가지 사례를 살펴보겠습니다. 제가 어릴 때만 해도 동네마다 도장을 파주는 곳이 많았습니다. 하지만 지금은 도장을 파주는 곳을 쉽게 찾을 수가 없습니다. 혹자는 이제는 사인이 도장을 대신하다 보니 도장이 필요 없어졌고, 그 결과 오프라인의 도장가게는 대다수 망했다고 이야기합니다. 진짜 그럴까요?

스마트스토어에서 '도장'을 검색해 보니 리뷰가 10만 개가 넘는 곳도 있고 5만 개인 곳도, 3만 개인 곳도 있습니다. 진짜 도장의 수요가 없는데도 불구하고 이렇게 많은 리뷰를 쌓을 수 있을까요? 스마트스토어만 그런 것이 아니라 쿠팡도 마찬가지입니다. 쿠팡에서 '도장'을 검색해 보니 수백 개부터 수천 개의 리뷰를 쌓은 곳들을 많이 볼 수 있습니다.

TOPSTAMP
탑스탬프 만년도장 만년인 법인인감 결재도장 이미지 아크릴4푼검정 한글고인체
2,690원
가격비교
생활/건강 > 문구/사무용품 > 스탬프/도장 > 도장
형태 : 원형 재질 : 아크릴
알림받기 할인쿠폰 증정
리뷰 106,462
구매건수 6,698
등록일 2016.04.
찜하기 592
신고하기
탑스탬프
도장마트 만년 도장 인감 법인 직인 결재 인장 만년인 아크릴 4푼 한글고인체
2,500원
가격비교
생활/건강 > 문구/사무용품 > 스탬프/도장 > 도장
형태 : 원형 재질 : 아크릴
리뷰 55,716
구매건수 15,673
등록일 2016.04.
찜하기 739
신고하기
도장마트1
수제도장 개인 인감도장 아기도장 만들기 외국인선물 직인 낙관 캘리그라피
7,800원
생활/건강 > 문구/사무용품 > 스탬프/도장 > 도장
형태 : 사각형 재질 : 석재
리뷰 46,788
구매건수 14,748
등록일 2022.03.
찜하기 2029
신고하기
담빛공간
레드스탬프 만년 도장 결재도장 만년인 아크릴4푼 4자한글
2,400원
가격비교
생활/건강 > 문구/사무용품 > 스탬프/도장 > 도장
형태 : 원형 재질 : 아크릴
레드스탬프
스마트스토어에서 '도장'에 대한 수만 개의 리뷰를 확인할 수 있다.

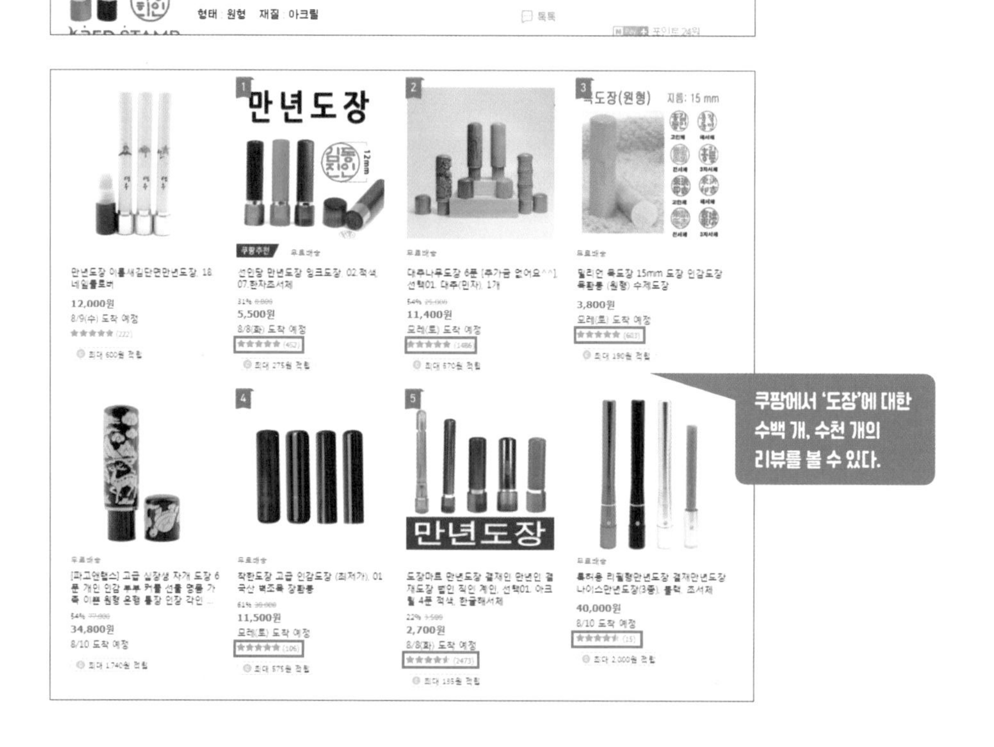
만년도장
12,000원
만년도장
5,500원
11,400원
3,800원
34,800원
11,500원
만년도장
2,700원
40,000원
쿠팡에서 '도장'에 대한 수백 개, 수천 개의 리뷰를 볼 수 있다.

구매 장소가 온라인으로 이동한 것을 인지하자

오프라인에서 판매되지 않는다고 온라인에서 팔지 않는 것이 아니라 소비자들이 구매하는 장소가 오프라인에서 온라인으로 이동한 경우가 많습니다. 실제 수요가 있는지, 없는지 객관적으로 파악할 수 있는 가장 좋은 방법은 소비자들이 해당 상품을 얼마나 많이 검색하는지만 파악해 보면 됩니다.

쿠팡은 검색 횟수에 대한 데이터를 제공하지 않으므로 네이버 광고에서 검색해 보면 됩니다. '네이버 검색광고' → '도구' → '키워드 도구'에서 '도장'으로 검색했더니 7월 한 달 동안 PC와 모바일을 합쳐서 5만 번 이상의 검색이 발생했습니다.

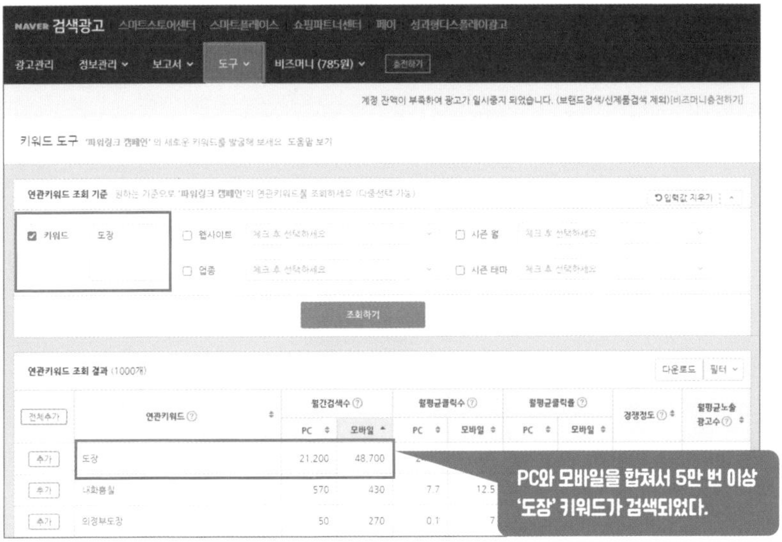

PC와 모바일을 합쳐서 5만 번 이상
'도장' 키워드가 검색되었다.

해당 키워드인 '도장'을 선택해서 연간 검색량을 체크해 보니 1년 중 가장 조금 검색되는 4~7월까지는 5만 번 이상, 12~3월까지는 10만 번 전후의 검색이 발생하는 것을 알 수 있습니다. 따라서 한 달에 최소 5만 번 이상 검색되고 있는 도장 상품이 오프라인에서 안 팔리므로 온라인에서도 팔 수 없다고 생각하는 것은 정말 잘못된 생각입니다.

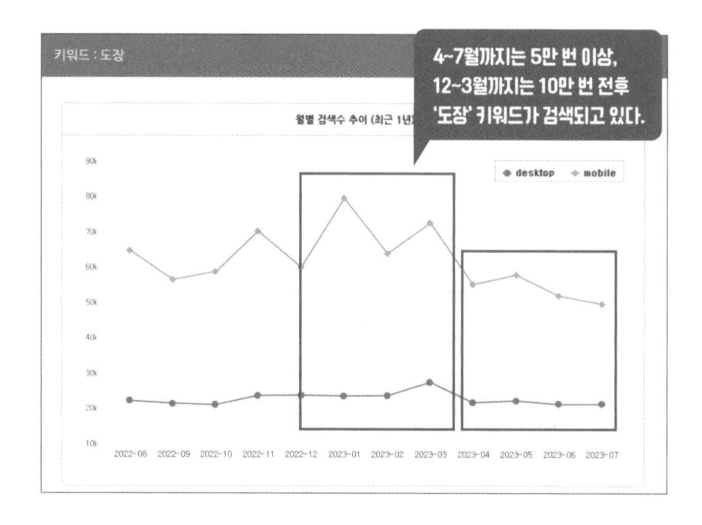

도장만 그런 것이 아닙니다.

도어락의 경우 네이버에서는 월 1만 번 이상의 검색이 발생합니다. 그런데 오프라인에서 도어락 가게를 하시는 분들은 실제 돈을 벌지 못하는 경우가 많습니다. 이전에는 집 근처 오프라인 가게에서 도어락을 구매하고 설치했는데, 이제는 온라인에서 구매하는 경우가 많기 때문입니다.

아무리 오프라인에서 하는 것을 온라인에서 해 보는 것이 좋다고 이야기해도 지금 하는 것 말고 더 좋은 것이 무엇인지 물어보는 경우가 많습니다.

하지만 온라인 판매에서 가장 어려운 것 하나를 말하라고 한다면 바로 '아이템'이라고 이야기할 수 있습니다.

온라인 판매를 고려한다면 새로운 무엇인가를 찾기보다는 현재 오프라인에서 운영중인 사업을 고려해 네이버 광고에서 해당 상품의 검색량을 확인해 보아야 합니다. 일정 수준 이상의 수요가 있다고 판단된다면 지금 오프라인에서 판매하는 상품을 온라인에서 판매하는 것이 가장 쉬운 방법임을 꼭 기억하는 것이 좋습니다.

아이템 TIP 2

소비자의 눈으로 아이템을 보자

현재 오프라인에서 사업체를 갖고 있다면 지금 하는 상품을 중심으로 온라인 쇼핑몰을 준비하라고 이야기합니다. 하지만 오프라인에서 사업을 하고 있지 않거나, 회사에서 사무직으로 근무했거나, 딱히 별다른 기술이 없는 상태라면 본인이 좋아하고 관심 있는 업종을 중심으로 생각해 보라고 조언합니다. 그런데 자기 사업을 한 것은 아니지만, 그래도 해당 업종에 꽤 오래 근무했으므로 그 업종을 하겠다고 말하는 분들이 있습니다.

"저는 여성 의류 쇼핑몰에서 3년 근무했는데, 여성 의류를 판매하는 것은 어떨까요?"
"저는 대형 전자회사에 오랫동안 근무했는데, 전자제품을 판매해 보려고요."

이렇게 자신의 경험을 기반으로 무언가 하려고 하는 분들을 무척 많이 보았습니다. 그런데 이런 분들 중 많은 분이 실패합니다. 왜 그럴까요? (참고로 해당 업종에 경험이 있는 분이나 그렇지 않은 분이나 성공하는 확률은 실제 큰 차이가 없습니다.)

해당 업종 경험이 많아도 쿠팡에서 실패하는 이유

본인이 대형 전자회사에 오랫동안 근무했다면 제품별 특징도 알고, 어떤 제품이 잘 팔리는지도 알며, 회사에서 유통망을 담당하는 담당자도 알고 있어서 판매가 쉬울 것이라고 생각합니다. 하지만 이런 생각으로 시작하면 쉽지 않을 수 있습니다. 우선 대형 전자회사의 제품은 모델명만 입력하면 쉽게 가격을 비교할 수 있으므로 가격 비교에서 우위를 차지하려면 그만큼 가격을 싸게 가져와야 합니다. 하지만 해당 분야의 경험이 있고 담당자와 친분이 있다는 것만으로 가격 비교에서 이길 수 있을 만큼 상품을 싸게 가져오는 것은 쉽지 않습니다.

여성 의류 쇼핑몰도 마찬가지입니다. 이전에 근무한 쇼핑몰은 매출이 어느 정도 나오고 직원도 꽤 있었을 것입니다. 하지만 자본력과 직원 모두 부족한 상황에서 기존 방식과 똑같이 운영해서는 살아남기 어렵습니다. 그런데 온라인 판매를 시작하기 전에 많이 고민하지도 않고 '내가 이 분야를 잘 알고 있으니 시작하면 그래도 어느 정도는 되겠지.' 하는 마음으로 기존 회사에서 잘 팔리는 상품을 찾고 (회사를 그만둘 때 보통 기존 회사에서 잘 팔리는 상품이 무엇인지 파악하고 퇴사합니다.) 기존 회사에서 파는 방식으로 팔기 때문에 대부분 실패하는 것입니다.

친분만으로 물건을 싸게 가져올 수 있을까?

약간 친분이 있는 분에게서 전화가 왔습니다.
본인이 폐쇄몰◆을 통해 상품을 공급하는데, 설과 추석에는 스팸이 아주 많이 팔리니 제가 스팸을 공급해 줄 수 있느냐는 내용이었습니다. 저에게 부탁한 이유는, 제가 CJ 임원들을 좀 많이 알고 있었기 때문에 해당 임원에게 부탁해 달라는 말이었습니다. 결국 총판보다 싸게 스팸을 받아와 달라는 것이 핵심이었습니다. 그런데 총판보다 싸게 물건을 받아오는 것이 가능할까요?

물건을 공급하는 CJ 입장에서 생각해 보겠습니다.
현재 CJ의 물건을 열심히 팔아주는 총판도 있고 대리점도 있는데, 이런 관계를 무시하고 인맥이 있다는 이유만으로 총판이나 대리점보다 싼 가격으로 제품을 공급한다면 기존 유통망이 망가지는 결과를 초래할 것입니다. 그래서 친분이 있어도 무조건 싸게 물건을 줄 수 없는 상황이 되는 경우가 많습니다.

객관적인 시각으로 아이템을 바라보자

그렇다면 어떻게 해야 할까요?

제가 집필한 《엑스브레인 쇼핑몰 성공법》(진서원 출간)에서는 L그룹을 퇴사한 후 강아지 간식 쇼핑몰을 창업했던 김군의 사례를 이야기했습니다. 김

◆ **폐쇄몰**: 검색 사이트(네이버나 구글 등)에 가격이 공개되지 않는 폐쇄된 공간에서 특정 인원들에게만 제품을 파는 쇼핑몰. 임직원몰과 복지몰이나 SNS 공구, 블로그 공구, 앱 공구 등이 해당됩니다.

군은 해당 업종에 대한 경험은 없었지만, 시작한 지 얼마 되지 않아 직원 10명에 연 매출 30억 원을 넘겼습니다.

강아지 사료 시장을 간략하게 이야기해 보면 수많은 업체가 가격을 낮추기 위해서 원재료의 질을 낮춥니다. 사람이 먹는 것도 아니고 동물이 먹는 것인데 굳이 좋은 품질로 만들 필요가 없기 때문입니다. 그런데 강아지를 키우고 있던 김군은 본인이 소비자였기 때문에 소비자의 니즈 **needs** 를 정확하게 알고 있었습니다. 싼 가격의 상품을 원하는 사람도 있지만, 본인처럼 가격이 높아도 질 좋은 상품을 원하는 소비자도 많다는 것을요. 그래서 가격은 약간 비싸지만, 원재료만큼은 아주 좋은 간식을 판매했는데 결과는 대성공이었습니다.

객관적인 시각이란,
무엇보다 소비자의 시각으로 상품을 바라보는 것입니다.
단순히 해당 업종의 경험 유무가 중요한 것이 아니라
소비자의 눈으로 객관적으로 아이템을 바라보는 것이 중요합니다.

앞에서 말한 가전제품은 어떻게 해야 할까요?

기본적으로 소비자는 이왕이면 저렴한 가격에 좋은 상품을 구매하기를 원합니다. 그리고 가격 비교가 명확한 가전제품의 경우 소비자는 가격을 비교하려고 할 것입니다. 같은 상품이라면 싼 가격에 사고 싶은 것이 소비자의 마음이니까요. 그렇다면 가격 비교를 통해서 싸게 사고 싶은 소비자에게 가격 비교를 쉽게 해 주는 것이 소비자의 니즈를 충족하는 것일까요?

저는 그렇지 않다고 생각합니다.

가격 비교에서 우위를 차지할 수 있다면 그렇게 해 주면 됩니다. 하지만 가격 비교에서 우위를 차지하는 것이 쉽지 않다면 가격을 비교하고 싶은 마음을 없애고 해당 상품을 보았더니 이 정도 가격에 이런 상품을 샀으면 잘 산 것 같다는 생각을 가지게 하면 된다고 생각합니다. 다시 말해서 가격 비교에 묶이지 않게 상품을 등록하고 등록된 해당 상품의 페이지를 키우는 전략을 통해 판매하는 것이 더 낫다는 것입니다.

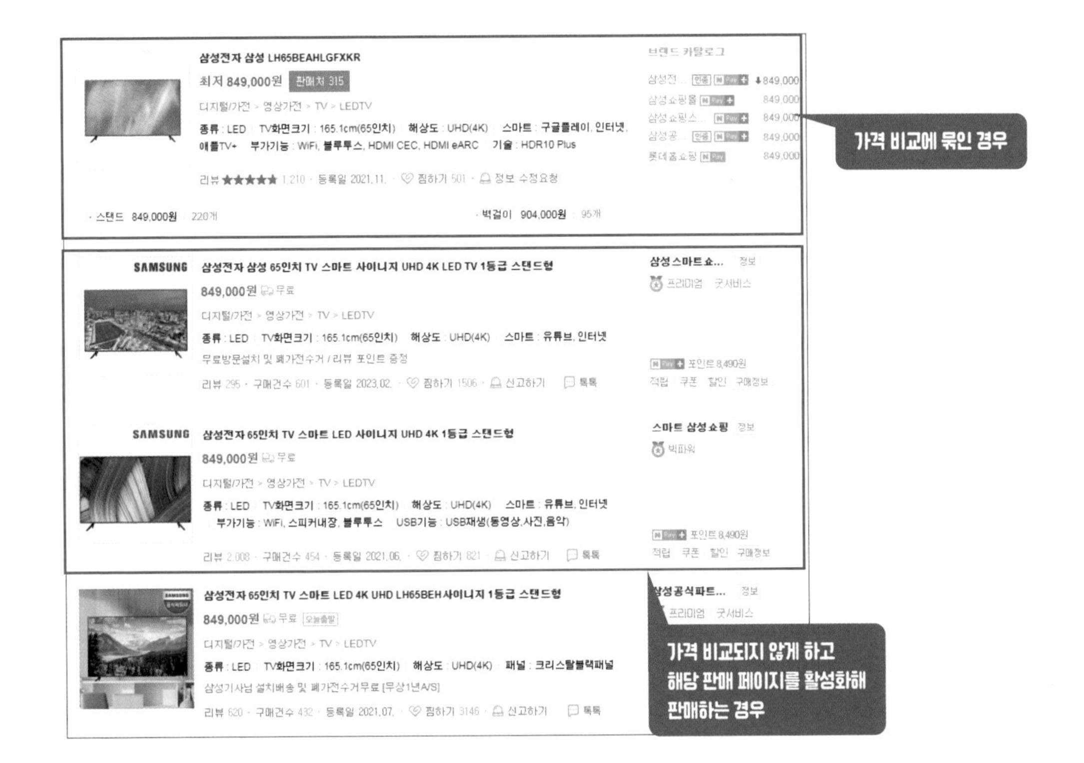

의류도 마찬가지입니다.

자본력부터 차이가 나는 상황에서 기존에 근무했던 회사와 똑같은 방식으로 상품을 선정하고 기존 회사에서 판매했던 방식을 그대로 고수하기보다는 현재 자신의 상황에서 어떤 아이템을 가지고 어떻게 판매할지 소비자의 관점으로 바라보는 것이 중요합니다.

온라인 판매에 성공하는 가장 좋은 방법은 소비자의 관점으로 아이템을 바라보는 것입니다. 소비자가 원하는 것은 무엇인지, 나의 상황에서는 어떤 전략으로 소비자를 공략하고 들어갈지를 생각해서 판매한다면 어렵지 않게 성공할 수 있을 것입니다.

아이템 TIP 3

온라인에서는 어떤 상품을 팔아야 할까?

아이템을 고민할 때는 우선 온라인에서 어떤 아이템이 잘되는지를 정확히 알 필요가 있습니다. 그래야 그 분야를 조금이라도 더 검토해 볼 수 있기 때문입니다. 온라인에서는 과연 어떤 아이템이 잘 팔릴까요?

나에게 맞는 판매 영역 선택하기

온라인 판매 아이템 1위는 옷(의류)입니다.

그중에서도 여성 의류가 남성 의류보다 훨씬 잘 팔리고 여성복 중에서는 원피스가 제일 많이 팔립니다. 그래서 많은 분이 여성 의류 쇼핑몰을 합니다.

2위는 화장품과 잡화입니다.

화장품 중에서도 향수, 바디 관련 제품들이 잘 팔리고 잡화는 가방, 신발 등이 잘 팔립니다.

또 어떤 것들이 있을까요?

유아용품도 있고 아동용품도 있습니다. 식품도 잘 팔리고, 가구도 잘 팔리며, 가전도 잘 팔립니다. 반려견용품도 잘 팔립니다. 쓰다 보니 잘 팔리는 제품이 너무 많네요. 아이들 장난감도 잘 팔리고, 아이들 옷도 잘 팔리며, 낚시용품도 잘 팔립니다.

그런데 시작하기 전에 생각해 볼 것이 있습니다.

수요가 많은 상품은 당연히 많이 팔릴 것이고, 수요가 적은 상품은 당연히 조금 팔릴 것입니다. 이것에 대한 장단점을 이야기해 본다면 수요가 많은 상품은 많이 팔리지만 경쟁이 치열합니다. 만약 온라인 판매 경험이 많다면 다소 치열해도 치열한 영역에 들어가서 판매를 하는 것도 나쁘지 않습니다. 그만큼 많이 팔리기 때문입니다.

반면 수요가 적은 상품은 팔리는 총량은 작겠지만 경쟁이 덜 치열한 경우가 많습니다. 따라서 온라인 판매 경험이 적다면 처음에는 조금 덜 치열한 영역에 들어가서 경험하고 자신감이 생기면 그 후에 수요가 많은 상품을 판매하는 것이 효과적입니다.

실제 검색을 통해 잘 팔리는 아이템을 확인하자

온라인에서 판매를 잘하려면 자신의 경험을 바탕으로 '아마 이런 것이 많이 팔릴 것이다.'라고 유추하기보다는 실제 검색을 통해 확인하는 것이 좋습니다. 내 경험으로 유추했던 수요와 실제 수요가 다를 수 있기 때문입니다. 이것을 확인하려면 다음 2가지 방법을 이용할 수 있습니다.

방법 1 키워드 입력해 확인하기

'네이버 검색광고' → '도구' → '키워드 도구'에서 해당 키워드를 입력해서 확인하는 방법입니다.

방법 2 **리뷰 개수로 확인하기**

리뷰 개수를 통해 실제 판매량을 확인하는 방법입니다.

많이 검색되어도 실제로 많이 팔리지 않는 경우가 있기 때문입니다. 광고를 제외한 쿠팡 랭킹 기준으로(또는 판매량 기준으로) 상위 4~5개 업체의 최근 1개월 동안의 리뷰 개수를 확인하는 정도면 충분합니다. 쿠팡의 경우 10~20개 판매될 때마다 1개 정도의 상품평이 쌓이므로 대략 1개월 동안 몇 개가 판매되는지 예상할 수 있습니다.

정리해서 이야기해 보면 개개의 상황에 따라 무조건 어느 쪽이 좋은 것이 아니라 경쟁이 좀 치열해도 수요가 많은 쪽으로 갈 것인지, 수요는 적지만 덜 치열한 업종에 가서 잘해볼 것인지를 검색 횟수와 리뷰 개수를 보고 정확하게 판단한 후 온라인 판매를 시작하는 것이 좋습니다.

아이템 TIP 4

초보 판매자가 절대 팔면 안 되는 아이템 4가지

이 세상에 팔지 말아야 하는 상품은 없습니다. 그래도 초보 판매자라면 꼭 조심해야 하는 아이템이 있습니다. 초보자가 절대 팔면 안 되는 4가지 판매 아이템은 다음과 같습니다.

1 | 유행 상품

유행 상품의 가장 큰 장점은, 짧은 시간 안에 손쉽게 아주 많은 수량을 팔 수 있다는 것입니다. 그래서 짧은 시간에 돈을 벌기가 쉽습니다. 하지만 유행 상품은 언제 유행이 끝날지를 오랫동안 장사한 판매자들조차도 가늠하기 어려울 때가 많습니다. 하물며 판매한 지 얼마 안 되는 초보 판매자는 예측하기가 더욱 힘들 것입니다. 그래서 판매 경력이 얼마 안 되는 분들은 처음부터 유행 상품보다 꾸준히 인기 있는 스테디 상품을 판매하는 것이 더 좋습니다. 참고로 어떤 상품이 잘된다는 이야기가 돌 만큼 유행하는 경우 이 물건을 사입(仕入)해서 진행하는 것은 생각만큼 쉽지 않습니다. 즉 초보 판매자마저도 유행 상품이라고 느낄 정도라면 판매 아이템으로는 적합하지 않을 수 있습니다.

2 | 시즌 상품

시즌 상품이란, 유통기한이 짧거나 특정한 시즌에만 적용되는 상품으로, 식품이나 이용권 등이 있습니다. 예를 들어 건강보조식품이나 건강기능식품은 유통기한이 길어야 1~2년밖에 되지 않습니다. 물론 소량만 사두면 상관없겠지만, 가격을 싸게 해 준다고 해서 무작정 많은 수량을 사오면 상황에 따라서는 상품을 모두 팔기 어려운 경우도 생깁니다.

건강보조식품보다 더 민감한 것은 시즌 상품입니다. 장마철이 되기 조금

유통기한이 짧은 건강보조식품 시즌 상품인 우산

전부터는 우산이 엄청나게 팔리고 여름이 되기 조금 전부터는 모기장이 많이 팔립니다. 그런데 이런 제품을 너무 많이 사입해서 팔다가 무너지는 경우가 종종 있습니다. 일부 제조사가 말도 안 되는 가격에 처리하는 경우가 꽤 있기 때문입니다. 그래서 유통기한이 짧거나 시즌 상품은 초보 판매자라면 조심할 것을 권합니다.

그래도 이런 아이템은 나름의 노하우를 가지고 진행하면 짧은 시간에 많은 돈을 벌 수 있습니다. 만약 꼭 시즌 상품을 하고 싶고 지금이 4월이라면 우산을 준비하라고 조언하겠습니다. 우산은 6월부터 7월 초까지 너무나 많이 팔리는 아이템이기 때문입니다.

3 | 사이즈와 색상 등이 다양한 상품

잘하는 판매자도 많지만, 사이즈가 다양하고 색상이 많은 상품은 무척 주

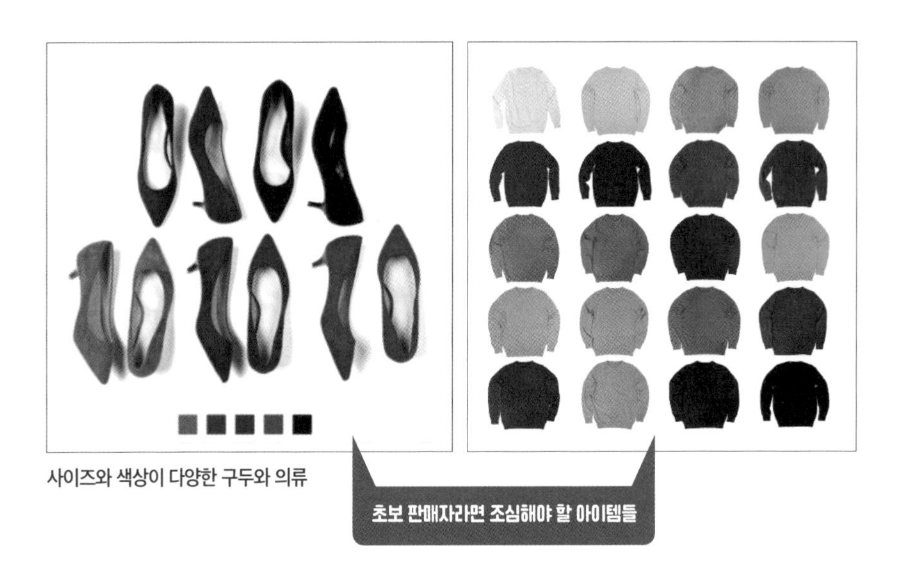

사이즈와 색상이 다양한 구두와 의류

초보 판매자라면 조심해야 할 아이템들

의해야 합니다. 대표적인 상품이 구두입니다. 구두는 똑같은 디자인이어도 색상과 사이즈가 다양해서 재고가 많이 남을 확률이 높습니다. 물론 구두 분야의 전문가라면 어떤 상품이 잘 팔리고, 덜 팔릴지를 어느 정도는 알고 있어서 문제가 없을 것입니다. 하지만 초보 구두 판매자라면 주의해야 합니다.

만약 이런 상품을 판매하기를 원한다면 매입가가 올라간다고 해도 대량 사입보다는 그때그때 필요한 만큼만 구매해서 파는 것이 좋습니다.

4 | 단가가 높은 상품

자금이 있으면 상관없지만, 소자본으로 시작한다면 단가가 너무 높은 상품은 판매를 다시 생각해야 합니다. 자본금이 적을 경우 단가가 높은 상품은 몇 개만 사서 두어도 금방 돈이 부족해질 수 있기 때문입니다. 의류를 판매할 경우 겨울철에 시작하면 패딩이나 코트 등 가격이 비싼 상품을 구비해야 하는데, 이런 상품은 여름철 상품보다 단가가 훨씬 비쌉니다. 그래서 자금이 적다면 금방 어려워질 수 있습니다.

참고로 쿠팡은 정산이 오래 걸립니다. 월 정산을 기준으로 판매 금액의 70%는 최대 한 달 이후에, 나머지 30%는 최대 2개월 이후에 입금됩니다. 그런데 하나에 10만 원짜리 상품을 하루에 50개 팔려면 대략 상품 구입비만 매일 500만 원이 필요합니다. 이렇게 일주일만 판매하려고 해도 3,500만 원 정도의 여유 자금이 있어야 원활하게 쇼핑몰을 운영할 수 있습니다. 물론 금융 서비스를 이용해 어느 정도 해결할 수는 있겠지만, 초보 판매자라면 자금도 함께 생각해서 운영하는 것이 중요합니다.

단가가 높은 노트북과 유모차

초보 판매자라면 조심해야 할 아이템들

이제까지 초보 판매자가 절대 판매하면 안 되는 아이템을 소개했지만, 이 상품은 이래서 안 되고 저 상품은 저래서 안 되고 따지다 보면 실제 판매할 물건이 별로 없을 것입니다. 어떤 제품을 판매하든지 열심히 공부하고 경쟁사를 잘 분석해서 시작한다면 초보 판매자라고 해도 성공하는 것이 크게 어렵지 않다는 것을 꼭 기억해야 합니다.

아이템 TIP 5

B2B 사이트를 이용해 판매하기(+알리바바)

온라인 판매를 하려면 기본적으로 판매할 아이템이 있어야 합니다. 그리고 소비자들을 설득할 수 있는 상세 페이지가 있어야 판매를 시작할 수 있습니다. 그런데 사업 경험이 전혀 없는 판매자라면 아이템부터 막히는 경우가 많습니다. 무엇인가 판매할 상품이 있어야 도전해 보는데, 판매할 상품이 없다는 것이 문제인 것입니다.

B2B 사이트가 필요한 이유

이런 분들을 타깃으로 하여 B2B 사이트가 만들어졌습니다. B2B는 원래 'Business to Business(기업과 기업 간의 거래)'의 약자이지만, 온라인 판매에서는 상품 공급부터 상세 페이지까지 모두 제공하는 것을 'B2B'라고 이야기합니다.

쉽게 설명해 보겠습니다. 온라인 판매자가 특정 B2B 사이트에 회원 가입을 한 후 해당 B2B 사이트에서 제공하는 상세 페이지를 이용해 쿠팡을 비롯해서 스마트스토어와 오픈마켓 등에 상품을 등록합니다. 이후 실제 상품이 팔리면 온라인 판매자는 B2B 사이트에 주문하고 송장번호를 받습니다. 그리고 자신이 판매하는 쇼핑몰에 송장번호만 입력하면 B2B 사이트에서 배송까지 해 주는 편리한 시스템이라고 이야기할 수 있습니다.

이렇게 B2B 사이트를 이용하면 상세 페이지를 안 만들어도 되고, 판매 아이템을 걱정할 필요가 없으며, 배송 때문에 택배 포장을 하지 않아도 됩니다. 게다가 소량 구매가 가능하므로 재고 문제에서도 편합니다. 이렇게 편리함이 많다 보니 B2B 사이트에서는 크게 노력하지 않고 열심히 상품 등록만 하면 한 달에 수백 만 원에서 수천만 원까지 쉽게 버는 것처럼 홍보하기도 합니다. 온라인 커뮤니티 등에서는 '상품 몇 개를 등록했다. 매일매일 열심히 등록해야 하는데 열심히 등록하지 않다 보니 생각보다 안 팔린다.'와 같은 이야기가 종종 나오기도 합니다.

하지만 남들과 똑같은 상품을 잘 팔려면 단순히 상품만 열심히 등록해서는 쉽지 않습니다. 가격도 바꿔보고, 광고도 해 보고, 대표 이미지도 바꾸고, 상품명과 태그도 바꾸는 등의 다양한 노력을 해야 합니다. 왜냐하면 상품만 등록했다고 판매되지는 않기 때문입니다. 또한 오픈마켓에서 판매되는 가격이 B2B 사이트보다 더 저렴한 경우도 많기 때문에 단순히 B2B를 통해 상품만 열심히 등록하는 것으로는 실제로 큰돈을 벌기가 쉽지 않습니다.

그럼 B2B는 필요 없는 것일까요?

그렇지는 않습니다. 처음 시작할 때 판매할 아이템도 없고 온라인 경험도 없다면 B2B 사이트를 이용해 어떻게 판매할 수 있는지 연습해 보세요. 그러면 B2B는 아주 유용한 사이트가 될 것입니다. 이렇게 B2B 사이트 등을 이용해 판매하면서 잘 팔리는 상품이 나오면 소량 구매가 아닌 대량 구매를 통해서 매입 단가를 낮추는 노력을 해야 합니다.

처음 시작할 때는 얼마나 팔리는지 알기도 어렵고 가격도 비싸 소량으로 구매하는 경우가 많습니다. 하지만 어느 정도 판매가 될지 예측되는 상황에서는 대량 구입을 통해 매입 단가를 낮추고 수익을 높이는 전략을 써야 합니다. B2B 사이트를 통해 돈을 버는 대부분의 판매자는 이런 방식을 사용하고 있습니다. 아울러 대량 매입하려면 해당 B2B 사이트에서 판매하는 판매자와 접촉하여 단가를 협상할 수도 있습니다. 만약 중국 등의 해외 제품이라면 알리바바 www.alibaba.com 와 1688 www.1688.com 등을 통해 직접 수입할 수도 있습니다.

위탁 판매도 고려하자

위탁 판매도 마찬가지입니다.

위탁 판매는 상품을 판매하려는 제조업체 등의 판매자가 온라인 판매자에게 상품 판매를 맡기는 판매 방식으로, 상세 페이지를 제공하는 경우도 있고 그렇지 않은 경우도 있습니다. 거래 조건은 상황에 따라 다르지만, 일반적으로 온라인 판매자가 배송하지 않고 제조업체 등의 판매자가 배송을 책임지므로 업무량과 재고 부담이 적은 경우가 많습니다. 제가 집필한 《돈이 된다! 스마트스토어》(진서원 출간)의 성공 사례로 이야기했던 덕구네도 위탁 판매를 통해 연 30억 원 이상의 매출을 올리고 있습니다.

만약 내가 판매할 아이템이 정해지지 않았다면 B2B 사이트뿐만 아니라 알리바바와 1688, 그리고 위탁 판매까지 고려하는 것도 좋은 방법이라고 이야기하고 싶습니다.

1688(또는 알리바바)에서 원하는 상품 찾기

① 1688(www.1688.com)이나 알리바바(www.alibaba.com)에 접속합니다. 여기서는 1688에 접속해서 폼롤러를 찾아보겠습니다.

② 판매하려는 상품의 키워드를 이용해서 원하는 상품을 찾을 수 있지만(구글 번역기 사용), 상품의 이미지만으로도 상품을 찾을 수 있습니다. 우선 판매하려는 폼롤러 상품의 이미지를 캡처하고 검색 입력 상자의 오른쪽에 있는 아이콘을 클릭해서 해당 이미지를 업로드합니다.

③ 수많은 유사 상품이 검색되면 해당 상품을 클릭하여 가격과 구매 조건 등을 확인합니다. 국내 쇼핑몰에서는 배송비 별도 2만 원 이상에 판매하는 제품인데, 1688에서는 2,000원 정도에 구매할 수 있습니다.

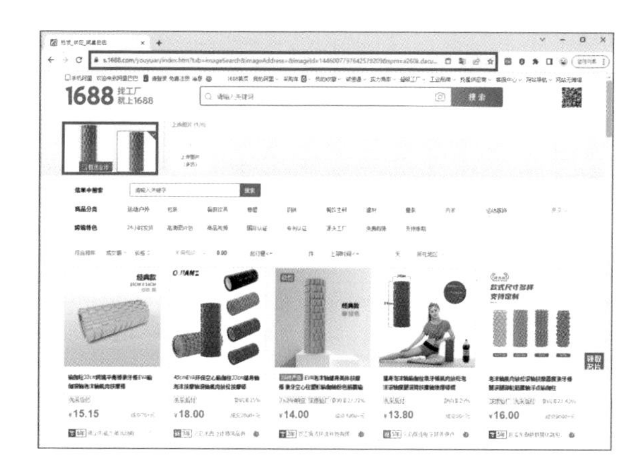

④ 외국 사이트에서 구매하는 경험이 많지 않다면 구매 대행업체 등을 통해 수입할 수 있습니다.

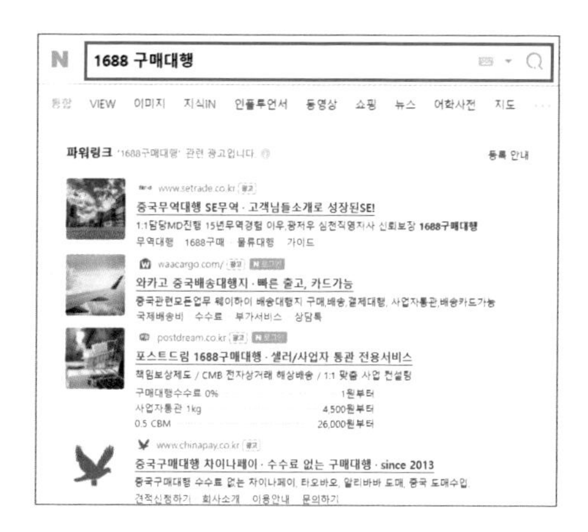

아이템 TIP 6

주력 판매 아이템을 선정하기 전 필수 점검 사항

온라인 판매를 처음 시작하면 정확한 방향을 설정하지 못하여 다양하게 시도하는 경우가 많습니다. B2B 사이트에 있는 상품을 대량 등록해 보기도 하고, 누군가가 대박이 났다는 이야기를 들으면 해당 상품을 판매해 보기도 합니다. 또한 지인이 물건을 공급해 준다고 하면 판매를 시도해 보기도 합니다. 이런 경험을 모두 거쳤으면 나만의 주력 아이템을 만드는 것이 매우 중요합니다. 이것저것 다 판매하는 만물상보다 몇 가지 주력 아이템이 결국 돈을 벌기 때문입니다. 이번에는 주력 판매 아이템을 정하기 전에 반드시 점검해야 하는 것들을 살펴보겠습니다.

점검 사항 1 내가 선정한 아이템을 얼마나 잘 아는가?

판매를 잘하려면 내가 판매하는 상품을 잘 알아야 합니다.

경쟁사 대비 어떤 것이 장점이고 특징은 무엇인지, 어떤 경우에 유용한지 등등 상품에 대해 정확하게 알아야 합니다. 이런 상품의 특성을 정확하게 모르면 상세 페이지를 만들기가 어렵습니다. 다시 말해서 잘되는 아이템도 중요하지만, 해당 아이템에 대한 지식을 습득하는 것도 중요합니다. 나도 모르는 제품을 잘 파는 것은 쉽지 않기 때문입니다. 만약 해당 상품군에 대해서 정확하게 모른다면 인터넷에 있는 정보만으로도 충분하기 때문에 해당 아이템에 대한 지식을 쌓는 데 노력해야 할 것입니다.

점검 사항 2 소비자 입장에서 객관적인 시각으로 보았는가?

해당 업종에서 오랫동안 경험한 판매자가 경험이 별로 없는 판매자보다 판매를 못하는 경우가 많습니다. 오랫동안 해당 분야에서 일했다면 무척 많은 지식을 가지고 있을 것입니다. 하지만 해당 분야의 경험과 판매는 전혀 상관없는 경우가 많습니다. '아이템 TIP 2. 소비자의 눈으로 아이템을 보자'에서 이야기했듯이 해당 아이템에 대한 객관적인 시각을 확보하지 못하면 판매가 원활하지 않을 수 있습니다. 그렇기 때문에 판매 전문가라고 자만하지 말고 소비자 입장에서 객관적인 시각을 갖추어야 합니다.

점검 사항 3 안정적으로 아이템을 공급할 수 있는가?

상품을 사입해서 상세 페이지까지 만들었는데 얼마 지나지 않아 품절이라고 공지하는 경우가 꽤 자주 있습니다. 곧 다시 입고된다면 괜찮겠지만 그렇지 않은 경우도 많습니다. 그래서 안정적인 공급처인지 생각해 봐야 합니다. 싸다고 무조건 거래하지 말고 여러 가지 측면을 고려해서 진행해야 합니다.

점검 사항 4 내 아이템의 시장성을 분석했는가?

아이템의 시장성이 얼마나 되는지 잘 모르고 시작하는 경우가 많습니다. 오프라인에서 시장성이 있다고 온라인에서도 시장성이 있는 것은 아니기 때문입니다. 그렇다면 온라인에서 팔릴지, 안 팔릴지는 어떻게 알 수 있을까요? 338쪽에서 이야기했지만, '네이버 검색광고' → '도구' → '키워드 도구'에서 검색 조회수를 꼭 살펴보세요. 계정이 있다면 G마켓, 옥션, 11번가 등에서도 검색 조회수를 살펴보아야 합니다. 이 정도만 살펴보아도 큰 실수는 하지 않을 수 있습니다.

점검 사항 5 내가 선택한 아이템은 나와 잘 맞는가?

온라인 판매에서 판매량을 기준으로 보면 의류 시장이 가장 큽니다. 하지만 누구나 돈을 벌 수는 없습니다. 특히 아이템이 자신과 맞지 않으면 더욱 힘듭니다. 저의 경우 의류만큼은 절대 성공할 수 없는 아이템입니다. 어떤 의

아이템 선정 전 꼭 점검할 사항과 개선 방향

목표	키워드	점검 사항	개선 방향
객관적인 시각을 가져라	객관성	경쟁사를 분석해서 나의 방향성을 정했나?	기존 업체가 하던 방식을 따라하기보다 내 상황에 맞춰서 어떻게 진행할지 생각해야 성공할 수 있다.
	상품성	판매하려는 아이템이 온라인에서 팔릴 만한 아이템인가?	어떤 상품군이 잘 팔리는지 알아야 한다. 예를 들어 의류, 화장품, 잡화는 온라인에서 제일 잘 팔리는 상품 중 하나다. 이것 말고도 어떤 것이 잘 팔리는 상품군인지 생각해 본다.
상품 분석에 집중해라	차별화	나의 여건과 경쟁사 분석을 기반으로 어떻게 차별화할지 생각했는가?	여성 의류는 분명히 잘 팔리는 상품이다. 하지만 모든 사람이 다 잘 팔 수 있는 것은 아니므로 나는 어떻게 판매할 것인지 생각해 본다.
	용이성	선정한 아이템이 내가 판매하기 쉬운 것인가?	초보 판매자라면 유행 상품과 시즌 상품, 사이즈와 색상이 다양한 상품은 조심한다.
	기획력	상품을 공부했는가?	똑같은 아이템이어도 기획력에 따라 판매량이 달라진다는 것을 명심한다.
누구에게 판매할지 생각해라	타깃	판매 대상은 누구인가?	'여자 대학생'이 아니라 '여자 대학생 중 캐주얼한 스타일의 옷을 찾는 사람'을 대상으로 의류를 판매하는 것이 더 쉬울 수 있다.
소비자의 니즈를 파악해라	니즈	소비자가 원하는 상품인가?	내 생각이 아니라 다른 사람들도 원하는 상품인지 생각해 본다.
성공한 아이템 선정 사례를 분석해라	아이템	판매하려는 아이템은 특별한 기준을 충족하는 상품인가, 아니면 온라인에서 많이 팔리는 상품인가?	• 경쟁자가 적은 블루오션 상품 • 마니아층을 공략한 상품 • 비싸도 잘 팔리는 상품 • 오프라인을 온라인으로 바꾼 상품 • 남을 위해 구매하는 상품 • 각종 아이디어 상품 • 특정 대상층을 공략한 상품 • 희소성이 있는 상품

류를 취급해야 부자가 되는지 몰라서가 아니라 저의 성격 때문입니다. 저는 어느 하나를 깊게 파고드는 성격이어서 수시로 변경하는 것을 좋아하지 않습니다. 그런데 의류는 계절에 맞추어 수시로 제품을 바꿔야 하니 제 성격과 맞지 않습니다. 물론 직원을 고용해서 판매할 수 있지만, 1인 기업으로 출발한다면 저에게 의류는 어려운 아이템이 될 것입니다. 이와 같이 개인의 성격과 아이템 궁합이라는 게 있습니다. 본인에게 잘 맞고 재미도 있어야 점점 더 잘하게 되지, 재미없으면 계속할 마음이 안 나겠죠?

5일 후 여러분의 모습이 기대됩니다!

머리말에서 2년 전 스마트스토어에서 온라인 창업을 한 정민 씨의 이야기를 했습니다. 스마트스토어에서는 어렵지 않게 상품 판매가 잘 되었는데, 같은 방식으로 쿠팡을 진행했더니 쉽지 않았다는 내용이었습니다. 정민 씨의 사례처럼 사업을 하다 보면 어려움에 봉착할 때가 있습니다.

어렵지 않게 스마트스토어에 안착했는데, 네이버의 정책 변경 때문에 상위 노출되었던 상품이 상위 노출되지 않아 판매량이 급락하는 경우도 있습니다. 또한 스마트스토어만 하면 되는지 알았는데, 어느 순간 쿠팡이 스마트스토어를 제치고 온라인 마켓 1등이 되어서 쿠팡을 할 수 밖에 없는 상황이 되기도 합니다.

이 책에서는 다른 마켓플레이스와 비슷한 것 같지만, 결코 비슷하지 않은 쿠팡에 대해 이야기했습니다. 상위 노출의 기준이 스마트스토어와 쿠팡이 어떻게 다른지, 스마트스토어에서는 광고가 필요 없었는데 쿠팡은 왜 광고가 필요한지, 그리고 어떤 경우에 광고가 필요한지, 판매 방식은 어떻게 다른지 등등 쿠팡에서 어떻게 하면 잘 판매할 수 있을지에 대해서 이야기하고 싶었습니다.

그렇다면 정민 씨는 잘 되고 있을까요?

다행히 이 책을 쓰는 기간 동안 정민 씨는 쿠팡에 잘 안착했습니다. 아직 시작한 지 얼마 되지 않아 스마트스토어보다는 쿠팡의 판매량이 적지만, 순위권 안에서 안정적으로 판매하고 있습니다. 아마 좀 더 시간이 지나 더 많은 상품평이 쌓이면 지금보다 훨씬 많이 팔릴 것입니다.

자, 그렇다면 비법은 무엇일까요?

사실 대단한 것은 없습니다. 제가 이 책에서 이야기한 내용에 맞추어서 진행한 것밖에 없습니다. 상위 노출의 기준에 맞추어서 상품 등록하고 기존 상세 페이지의 부족한 부분을 보강한 후에 광고를 통해 상품 판매를 시작한 것뿐입니다. 물론 현재는 광고를 하지 않아도 판매량이 많아서 어렵지 않게 상위 노출이 되는 상황입니다.

마지막으로 정민 씨에게 하고 싶은 이야기가 있습니다.

스마트스토어에서 시작해서 쿠팡으로 확장할 때의 기억을 떠올린다면 쿠팡 이후에 새로운 판매 채널이 나와도 어렵지 않게 헤쳐 나갈 수 있을 것이라고 확신한다는 것입니다.

지면이라는 한계, 또한 이 책을 읽는 독자 여러분이 어떤 상황인지 정확하게 알 수 없다 보니 이 책은 모든 분이 만족할 수 있는 내용이 아닐 수 있습니다. 하지만 이 책을 통해 쿠팡에서 판매할 때 가장 기본적이면서도 필수적으로 알아야 하는 상위 노출에 대한 기준과 상세 페이지, 그리고 광고에 대해 하고 싶은 이야기를 했습니다. 또한 대부분의 책에서는 이야기하고 있지 않지만, 광고 데이터를 이용해 어떻게 하면 매출을 늘리고 효율성을 높일 수 있는지에 대해서도 설명했습니다. 이 책이 완벽하지 않은 책일 수 있지만, 그래도 많은 분에게 도움이 되었으면 하는 바람입니다. 모든 독자 여러분의 성공을 진심으로 기원합니다.

엑스브레인

(cafe.naver.com/ktcfob)